W0196611

Peter Plöger

Einfach ein gutes Leben

Bibliografische Information der Deutschen Nationalbibliothek
Die Deutsche Nationalbibliothek verzeichnet diese Publikation in der
Deutschen Nationalbibliografie; detaillierte bibliografische Daten
sind im Internet über http://dnb.d-nb.de abrufbar.

1   2   3   4   5   15   14   13   12   11

Copyright © 2011 Peter Plöger
Alle Rechte der deutschen Ausgabe:
© 2011 Carl Hanser Verlag München
Internet: http://www.hanser-literaturverlage.de
Lektorat: Martin Janik
Herstellung: Stefanie König
Umschlaggestaltung: Brecherspitz Kommunikation GmbH, München,
www.brecherspitz.com
unter Verwendung einer Fotografie von iStockphoto; Fotolia
Satz: Presse- und Verlagsservice, Erding
Druck und Bindung: Friedrich Pustet, Regensburg
Printed in Germany
ISBN 978-3-446-42684-9

Peter Plöger

EINFACH EIN GUTES LEBEN

Aufbruch in eine neue Gesellschaft

HANSER

INHALT

1 AUSSTEIGEN?

Ich fahre einen alten Ford Fiesta, Baujahr 1995, gebraucht gekauft, Austauschmotor. Er ist vergleichsweise wenig gefahren worden, vielleicht war er einmal ein Garagenwagen, trotzdem rasselt er die ganze Zeit. Die Nockenwelle, sagt die Werkstatt, alle Fiestas dieser Baureihe rasseln, weil die Nockenwelle nicht wie bei anderen Modellen innen liegt, sondern *unter* dem Motorblock. Das Geräusch sei mithin konstruktionsbedingt. Ich horche nicht mehr danach, seitdem ich die Diagnose gehört habe, letztgültig beruhigt bin ich dennoch nicht. Ein Rasseln aus dem Motorraum bleibt ein Anlass für Restnervosität, etwas läuft nicht ganz rund, und nur geräuschloses Funktionieren gibt mir das kommode Gefühl, dass alles in Ordnung ist – Sozialisation, Gene, Lernen an schlechten Beispielen, ich weiß nicht. Vielleicht auch einfach die Tatsache, dass die wirklich bösen Geräusche wegen des neutralen Nockenwellenrasselns jetzt nicht mehr so gut zu hören sind.

Mein Bruder ist Automechaniker, er hört auch Dinge in Autos, die weit jenseits meiner Wahrnehmungsschwelle liegen. Er hat schon Abnutzungsschäden an Radlagern erkannt, bevor sie überhaupt aufgetreten sind. Ein bisschen wie der Maschinist Johann in *Das Boot*, der seine riesigen Dieselmotoren trotz der infernalischen Geräuschkulisse immer noch nach Ohr einstellt. Das Rasseln ist normal, bestätigt mein Bruder, aber was ist das für ein Klopfen hinten rechts?

Spätestens nach der Auspuffreparatur bin ich sehr sensibel für das Auto geworden. Ich höre die Flöhe husten, sagt man wohl. All die kleinen Nebengeräusche beim Fahren mögen nichts zu bedeuten haben, dennoch bleibt der beklemmende Eindruck: Etwas läuft nicht rund, und ich frage mich, was das sein könnte. Der Wagen fährt doch. Ich erwische mich bei skeptischen Gedanken: Soll ich ihn weiterfahren, bis er sein natürliches Ende bei Kilometer 200.000 plus x findet, oder ihn doch nach Ablauf der TÜV-Periode an einen Gebrauchtwagenhändler verhökern. Schließlich möchte ich nicht mit ihm liegen bleiben, mitten auf der Autobahn. Eigentlich ist so ein Auto ohnehin Luxus, wenn man in der Großstadt wohnt. Eigentlich müsste ich mich nur aufraffen, noch mehr mit dem Zug, der Straßenbahn oder dem Fahrrad zu fahren.

Lisa Pfleger und Michael Hartl stehen vor dem Regal im Supermarkt und hören es rasseln. Es rasselt nur in ihrer Vorstellung, aber dennoch so laut, als könnten sie es mit den Ohren wahrnehmen. Etwas stimmt nicht, es ist Sand im Getriebe, der Schuh drückt, und es hat mit der Frage zu tun, die beiden seit Längerem auf der Seele liegt: »Brauchen wir wirklich die Auswahl zwischen acht verschiedenen Sorten Butter oder fünf Anbietern von einfachem Tomatenketchup?« Die beiden jungen Leute haben es schwerer als ich mit meinem Auto. Ein Auto ist nur ein simpler Gebrauchsgegenstand, ihnen geht es aber um die ganze Konsumpalette. Bei ihnen wächst der Argwohn darüber, ob sie nicht doch auf Konstruktionsfehler im Marktgetriebe gestoßen sind und ob sie diese noch weiter hinnehmen wollen. Es fällt nicht leicht, sich einzugestehen, dass etwas grundsätzlich falsch läuft, wenn die große Masse der Zeitgenossen weiter in ein und dieselbe Richtung schiebt. Aber ganz allein sind die beiden auch nicht. Es rasselt an jeder Ecke, und immer mehr Leute hören hin.

Eine Ahnung

»Brauche ich das eigentlich?«, fragen Lisa und Michael. Ein Stück Büffelmozzarella in der Hand haltend, das man gerade aus dem Regal gezogen hat, ist das keine Frage, die einen weiterbringt – oder auch nur aus der Abteilung für Molkereiprodukte heraus. »Brauche ich das, oder will ich das einfach nur haben?« Die Frage ist schon differenzierter, hilft aber vor dem Käseregal genauso wenig. Liegen dort dann auch noch drei, vier Sorten Mozzarella aus, wird klar: Den Warenmarkt als solchen interessiert die Frage nicht. Er überschwemmt uns – ob wir wollen oder nicht – mit einem Angebot, das die mythologischen Füllhörner nach Askese aussehen lässt. Und seien wir ehrlich: Die meisten von uns interessiert die Frage auch nicht, wenn sie einkaufen gehen. Wir haben uns im Stillen meistens schon entschieden: zu einem generalisierten »Ja!« zum Kaufen schlechthin. So wandern Büffelmozzarella, Butter und die Flasche Ketchup in den Korb.

Wir, das heißt die Bewohner der sogenannten »westlichen Industriestaaten«, sind heute in der sehr glücklichen Lage, prinzipiell immer alles bekommen zu können, was wir zum Leben benötigen: Nahrung, Kleidung, ein Dach über dem Kopf, Wärme, elementare Körperpflegemittel und so weiter. Oben drauf gibt es noch sehr viel mehr Güter, die nicht unsere schiere Existenz sichern, die wir aber ebenfalls irgendwie »brauchen«: Fahrzeuge, Unterhaltungsmedien, Sportgeräte, Produkte, die uns schöner machen, und so fort. Darunter fallen die Dinge, die einen existenzsichernden Zweck mit einem Zusatznutzen kombinieren, elektrische Zahnbürsten zum Beispiel: Sie halten die Zähne gesund und sind darüber hinaus bequemer als die muskelkraftbetriebene Bürste. Sind wir selbst die Hersteller solcher Produkte, benötigen wir für die Herstellung Produktionsmittel, die den Herstellungsprozess ermöglichen, größtenteils also Maschinen, sowie Rohstoffe, die im Herstellungsprozess verbraucht werden. Um die zu erwerben, benötigen wir Geld. Als Konsumenten benötigen wir ebenfalls finanzielle Mittel, die uns einen Zugang zu den Gütern sichern, indem wir Arbeitskraft gegen Geld eintauschen und das Geld anschließend gegen die Güter.

Das alles – lebenswichtige Güter, Konsumgüter, Kapital-
güter, Rohstoffe, Geld, Arbeit – ist in Märkten organisiert.
Das heißt: Wir haben die Versorgung mit allem, was wir brauchen oder haben wollen, in Marktstrukturen eingelassen.
Märkte sorgen quasi automatisch – ohne einen allwissenden
Lenker – dafür, dass wir alle im Wohlstand leben können und
rundum zufrieden sind.

Etwa so könnte auch Peter Lustig die Marktwirtschaft erklären: Klingt komisch, ist aber so, wenn man die Sache brutal auf ihren kleinsten Nenner bringt. Jedenfalls ist das die
Art und Weise, wie sie funktionieren *würde*, funktionierte sie
gemäß dem, was Politiker, Wirtschaftsakteure oder Journalis-
tinnen[1] (zeitweise in Peter-Lustig-Manier) nicht müde werden
zu verbreiten. Ob als soziale Marktwirtschaft oder münzhar-
ter Neoliberalismus: Sie ist das Grundmodell der Wirtschaftsordnung, die wir alle wollen sollen. Weil sie uns all das liefert, was wir für ein gutes Leben brauchen.

Tut sie?

Lisa und Michael haben oft über genau diese Frage sin-
niert und jedes Mal wurde das Rasseln, Klopfen und Klappern lauter, bis sie es nicht länger ertragen wollten. Zu klar
war ihnen, dass irgendwo ein Schaden lag. Die Peter-Lustig-
Erklärungen erscheinen den beiden inzwischen zu dubios,
mehr als schlechte Entschuldigungen. Ihr Gewissen sagt
ihnen, dass sie, wenn sie den defekten Motor schon nicht
reparieren können, ihr eigenes Leben selbst in die Hand nehmen und der kaputten Maschine so gut es geht ausweichen
müssen.

Ähnlich ergeht es Frauke Hehl, allerdings ist ihr Thema
nicht der Konsum. Ihr war die Vorstellung einer Arbeit, die
sie tagtäglich für acht Stunden an einen festen Ort zwingt,
um dort Dinge zu tun, die sie sich nicht selbst ausgesucht
hat und deren Endprodukt sie nicht kennenlernen wird, ein
Gräuel. Sie sieht heute an den vielen Kontakten zu Arbeitslosen, die sie hat, und zu den ebenfalls zahlreichen Menschen,
die wie sie alleinselbständig arbeiten, wie sehr sich diese
Vorstellung gerade wandelt. Je mehr Menschen sie nach ihrer
Arbeit fragt, desto häufiger bekommt sie die Antwort »Teilzeit«, »drei verschiedene Jobs«, »gerade gar kein Job«, »immer

mal wieder Leiharbeit«, »heute Projektauftrag, morgen: w⌄...
nicht«, desto häufiger hört sie, die Leute hätten den Eindruck,
es stimme grundsätzlich nicht mehr mit den Jobs. Der Motor
kommt ins Stocken, der Arbeitsmarkt ist aus der Spur geraten. Längst nicht mehr erwarten alle eine Arbeit, die ein aus-
reichendes Einkommen liefern würde – aus gutem Grund. Wie
gut, wenn einem wie Frauke Hehl noch etwas einfällt, und
man abseits der marktgesteuerten Einkunftsquellen seinen
Lebensunterhalt sichern kann. Ihr Weg ist, so weit wie möglich auf Geldeinkommen zu verzichten und die frei gewordene Zeit als Ressource zu begreifen, um selbst und direkt für
die lebenswichtigen Dinge zu sorgen. In einem Nachbarschaftsgarten zum Beispiel, den sie selbst gegründet hat und in dem
sie gegenseitige Hilfe und eine Gemeinschaft von Gleichgesinnten findet, Gemüse anbaut und Tipps und Tricks zur
Selbstversorgung austauschen kann.

Niels Boeing hört nicht bloß ein diffuses Klappern. Er kann
sehr genau sagen, an welchen Stellen das ganze Getriebe
knirscht. Er würde gerne die große Panne vermeiden. Die
Stadt, in der er lebt, sieht er zunehmend von wirtschaftlichen
und politischen Interessen regiert, die mehr auf den globalen
Wettbewerb zielen als auf die eigenen Bürger. Je mehr bezahl-
barer Wohnraum dort zugunsten von Investitionsobjekten und
schicken Kreativquartieren verschwindet, die nur dem Zweck
dienen, die Stadt in eine hippe, mondäne, ergo wirtschaftlich erfolgreiche Trendcity zu verwandeln, desto klarer wird
Boeing, wie tief die Kluft zwischen den Interessen beider Seiten werden kann. Das weltweit agierende Kapital gibt den
Takt nun auch in den großen Städten an, seine Angelegenheiten werden mehr und mehr zur offiziellen Politik. Bürger
heißen aber unter anderem deshalb Bürger, weil sie selbst
handeln dürfen und sollen, um nicht alles mit sich geschehen
zu lassen. Also nehmen auch Niels Boeing und seine Mitstreiter die Sache in die eigenen Hände und machen mit immer neuen Aktionen die Straßen und Stadtviertel, in denen
sie wohnen, zu ihrer höchsteigenen Angelegenheit.

Lisa Pfleger, Michael Hartl, Frauke Hehl und Niels Boeing
stehen stellvertretend für die vielen kaum Sichtbaren, die ein

Unbehagen oder sogar eine schwelende Wut gegenüber der Form der Ökonomie antreibt, die wir als »Kapitalismus« kennengelernt haben und die heute das Wirtschaftshandeln auf der ganzen Welt bestimmt (indirekt auch das der verbliebenen sozialistischen Länder). Sie sind nicht länger zufrieden mit Lebensmitteln, die billig industriell gefertigt werden. Sie wollen keine Kleidung mehr, die nach einem halben Jahr ausbleicht und mit deren Kauf sie Hersteller unterstützen, die ihre Arbeiterinnen schlecht bezahlen und zu inakzeptablen Bedingungen schuften lassen. Sie sind empört über eine Industrie, die die natürlichen Lebensräume schwer schädigt. Sie reiben sich an den riesigen Warenüberschüssen, die von vornherein für den Abfall produziert werden und zum wirklichen Wohlstand keinerlei Beitrag leisten. Sie schütteln den Kopf über paradoxe Handlungsweisen, etwa Anbauflächen für Lebensmittel zu reduzieren, um dort Pflanzen anzubauen, aus denen Treibstoff hergestellt werden kann – nur um dann Lebensmittel mithilfe eben jenes Treibstoffes von weit her heranzuschaffen. Sie wünschen sich eine Arbeit, bei der sie Gestalt und Qualität von Gütern des alltäglichen Gebrauchs selbst bestimmen und mit der sie sich identifizieren können; sie sind erschüttert darüber, wie viel Macht Wirtschaftsakteure und ihre Lobbyisten bekommen haben; sie sind ermüdet von dem Druck, dass immer alles nach Geld bemessen wird, immer alles sich nach Kontoständen richtet. Sie suchen mehr Menschlichkeit, Selbstbestimmung und eine bessere und gesündere Versorgung mit den Dingen des alltäglichen Lebens. Das sind sehr viele sehr unterschiedliche Motive. Dennoch eint die Menschen in diesem Buch die Erfahrung, die Mängel der kapitalistischen Marktwirtschaft durchschaut zu haben – Mängel, die sie als systematische Fehler ansehen und mit denen sie sich nicht mehr zufriedengeben wollen.

Sie gehen los und schlagen der Marktwirtschaft ein Schnippchen. Sie ziehen sich ein Stück weit heraus aus dem Betrieb und nehmen die Dinge selbst in die Hand. Sie ahnen, dass die Zeit reif ist, zur Selbstorganisation überzugehen. »So kann es nicht weitergehen« ist für sie mehr als ein Stammtischspruch, sie haben ihn in konkrete Handlungen übersetzt. Mit Spaten und Hammer, mit Laptop, Transparenten und Saatbomben »entmarkten« sie ihren Alltag. Damit setzen sie Prognosen in die Tat um, die von einigen Weitsichtigen schon seit Längerem immer wieder artikuliert wurden. Maria Mies, die seit den 70er-Jahren in aller Welt zu Formen selbstversorgenden Wirtschaftens forscht, stellt fest: »Die Menschen merken, dass etwas zusammenbricht, ohne ganz zu verstehen, was da alles am Zusammenbrechen ist. Viele haben Angst vor Inflation. Sie merken, dass das Öl ausgeht, die Ressourcen der Erde endlich sind. Jetzt wird ihnen klar, dass Selbstversorgung notwendig ist.« »Konsumismus war die Leitkultur der zweiten Hälfte des 20. Jahrhunderts«, sagt auch Christa Müller von der Stiftungsgemeinschaft anstiftung & ertomis. »Diese Leitkultur beginnt zu bröckeln, weil sie auf der Illusion des unendlichen Wachstums beruht.«

Die diffuse Ahnung der Leute, die Mies und Müller umschreiben, nimmt allmählich konkrete Gestalt an. Noch sind die Umrisse der selbst organisierten Gesellschaft in der breiten Öffentlichkeit nicht sichtbar. Die latente Unzufriedenheit und das Unbehagen brechen sich allerdings Bahn, wenn konkrete Vorhaben und Ereignisse ihnen einen Anlass zum Widerspruch geben. In Deutschland werden neuerdings wieder grundsätzliche Fragen verhandelt. 2008 und 2009, die Jahre der Hypotheken-, Finanz- und anschließenden globalen Wirtschaftskrise, haben den Bundesbürgern bereits einiges abverlangt in puncto Geduld und Vertrauen in Politik und große Wirtschaft. 2010 lässt alle diejenigen mit offenem Mund staunend stehen, die noch vor Kurzem an die Trägheit der Deutschen geglaubt und von »Entpolitisierung« geredet haben.

Mitten in eine Phase einer bereits als »zweites Wirtschaftswunder« gepriesenen Konjunkturerholung platzen aufrüttelnde Ereignisse, die in ihrer Tragweite noch nicht zu beurteilen, in ihrer Aussage über die Stimmung im Land aber sehr wohl deutlich sind. Die Sarrazin-Debatte lenkt den Blick auf ein vielkulturelles Deutschland und seine Integrationsprobleme. Es ist kein Zufall, dass sich die Stimmung gegen »Fremde« gerade wieder in Zeiten einer gefühlten wirtschaftlichen Labilität so schnell aufheizen lässt: Sündenböcke werden dann am dringendsten gesucht, wenn der ökonomische Schock am größten ist. Unmut äußert sich allerdings auch an anderen Stellen und nach anderen Anlässen. Das Bauprojekt »Stuttgart 21« löst eine ungeahnte Protestwelle aus. Das abgetragene Argument der Politik, dass ein solches Infrastrukturprojekt doch schließlich in Zukunft allen nutze, wenn es der Region und damit allen ihren Bürgern wirtschaftlich (noch) besser gehe, verfängt nicht länger, weil offenbar der Zweifel daran wächst, dass die Kausalkette »Infrastrukturverbesserung – Wachstum – Wohlstand für alle« stets so glatt funktioniert. Gleichzeitig laufen die Proteste gegen den Ausstieg aus dem Atomausstieg weiter. Die Protestierer stehen fassungslos vor den ihrem Verdacht nach im Hinterzimmer zwischen Regierung und den Lobbyisten der Energieunternehmen ausgekungelten Entscheidungen. Dauerthema des Jahres 2010 aber ist die Diskussion um »Hartz IV«. Auch sie wirft grundsätzlichere Fragen auf: Wie sieht eine gerechte und ausreichende Versorgung, wie ein gutes Leben aus und was sollte der Staat für einzelne Bürger tun, die von sich aus nicht in der Lage sind, eine entsprechende Versorgungsgrundlage für sich und ihre Familien herzustellen?

Köchelt hier schon länger eine Unzufriedenheit auf dem Feuer, deren Dampfdruck jetzt an mehreren Stellen gleichzeitig den Kessel zum Pfeifen bringt? Wohl kaum ein Jahr in der jüngeren Geschichte hat so viele Unmutsäußerungen auf so breit gestreuten Feldern gehört wie 2010. Sind auch sie Zeichen dafür, dass immer mehr Bundesbürger sich an einer Wirtschaftsmaschinerie stören, die ihrem Gefühl nach nicht mehr rund und außerdem sowieso an ihnen vorbeiläuft? Ist der Grundkonsens im Schwinden, nach dem eine Wirtschaftsordnung, die sich immer stärker an finanzwirtschaftlichen Interessen ausrichtet, im Grunde gut für die ganze Gesellschaft ist? Man muss sich fragen, inwieweit die vielen spezifischen oder ortsgebundenen Proteste ein Zeichen für eine wachsende Fundamentalkritik sind.

Diejenigen, die abseits der Nachrichtensendungen füllenden Proteste im kleinen Maßstab das Heft ergreifen und eine stärkere Selbstorganisation für sich und ihre lokalen Gemeinschaften wählen, haben sich jedenfalls die Fundamentalkritik auf die Fahnen geschrieben. Ihre Zahl wird durch die Krisen der letzten Jahre eher gewachsen sein. »Ich höre jetzt häufi-

ger verunsicherte Bemerkungen von unseren Nutzern«, sa_.
Elisabeth Redler vom »Haus der Eigenarbeit« in München,
»die sagen: ›Mensch, dieses Wirtschaftssystem ist so instabil,
dass ich gut daran tue, mich autonomer versorgen zu können.‹« Und Elisabeth Voß, Betriebswirtin und Publizistin, die
gerade den *Wegweiser Solidarische Ökonomie* veröffentlicht hat,
ist überzeugt: »Die Idee der Selbstorganisation oder wirtschaftlichen Selbsthilfe ist deutlich im Aufschwung, es bilden
sich die unterschiedlichsten Szenen und Diskurse heraus. Im
Unterschied zu den früher eher anspruchsgeleiteten Vorhaben hierzulande stünde nun eher Handeln aus der Not heraus
an. Entwicklungen sehe ich vor allem im Bereich der Selbst-
hilfegenossenschaften und der Kooperation von Selbständigen.«

Auch Ulrike Urban vom Bielefelder Tauschring »Zeitpunkt«
sagt: »Wir ziehen uns schon ein bisschen raus aus dem großen Gefüge. Wenn ich so auf die Krise der Staatsfinanzen in
Griechenland gucke und es woanders auch unsicherer wird ...
Solche Ängste könnte ich ja auch haben. Ich weiß aber schon,
was ich mache, wenn die große Wirtschaft nicht mehr klappt.
Ich habe noch den Tauschring.« Die Menschen vertrauen
nicht mehr darauf, dass die Wirtschaft in Zukunft alles Le-
bensnotwendige vorhalten wird. Ein Armutszeugnis für die
Wirtschaftsordnung des Reichtums für alle.

Mitten im Überfluss von Unglück umgeben

Wirtschaft ist immer das, was wächst. So lautete bisher der
Glaubenssatz, dem Ökonomen, Politiker, Unternehmen und
Verbraucher gleichermaßen vertraut haben. Solange Wachstum da war, brauchten wir uns um die Wirtschaft keine Sorgen zu machen – folglich auch nicht um unsere Arbeitsplätze
und die Versorgung mit allem Nötigen. Nicht erst die Krise
von 2008/2009 hat daran ernste Zweifel aufkommen lassen,
wiewohl sie sie sicher vertieft hat. Das Meinungsforschungs-

institut Emnid hat in einer Umfrage herausgefunden, dass der Glaubenssatz nicht mehr von allen geteilt wird und sich die Meinung der Bevölkerung zu einem großen Teil in Skepsis gewandelt hat. »Mag sein, dass die Konjunktur wieder anzieht – aber nur noch ein Drittel der Bürger glaubt daran, dass das Wachstum automatisch auch ihre private Lebensqualität steigern wird«, fasst die *Zeit* eines der wichtigsten Ergebnisse der Studie zusammen. Eine ebenso kleine Zahl, 33 Prozent, glaubt noch an die Selbstheilungskräfte des Marktes und an die Stabilität rein kapitalistisch organisierter Ökonomien. Die Mehrheit denkt dagegen offen über andere Wirtschaftsordnungen nach. Interessant ist auch, dass eine deutliche Mehrheit immateriellen Werten vor materiellen den Vorzug gibt, das heißt der Gesundheit, den sozialen Beziehungen oder einer unversehrten Umwelt einen höheren Stellenwert einräumt als dem überkommenen, güterorientierten Wohlstand.[2]

Der Geograf und Nachhaltigkeitsforscher Daniel Dahm sieht die Stimmung im Land ganz ähnlich: »Es herrscht eine große Sprachlosigkeit. Die Ahnung kommt durch, dass der Markt es von allein eben doch nicht richtet. Das ist jetzt erst einmal eine Überforderung.« Er stimmt den Aussagen der Emnid-Umfrage auch in Details zu, spitzt sie sogar noch zu: »Die Wachstumsstrategie der Ökonomie ist gescheitert. Ich bin sicher, dass Ereignisse wie die Krise keine kurzfristigen Sachen sein werden.«

Nicht nur in Deutschland steigt die Kritik am Kapitalismus, weltweit werden die Gegenstimmen immer lauter. In einer Umfrage im Auftrag der BBC, die 2009 in 24 Ländern aller Erdteile durchgeführt wurde, antworteten durchschnittlich drei Viertel aller Befragten, dass entscheidende Veränderungen der globalen Ökonomie notwendig wären. In Deutschland, einem der Zielländer, sind ebenfalls 75 Prozent der Befragten dieser Meinung, wobei 67 Prozent sagen, dass Veränderungen speziell in ihrem Land anstünden.[3] Wie es aussieht, geht es nach Meinung der meisten Menschen in aller Welt nicht mehr weiter, wie es bisher war.

In all den Zahlen, den Äußerungen von Unmut, den Protesten und Reaktionen scheint sich ein Grundgefühl zu manifestieren, das der Psychoanalytiker Bruno Bettelheim schon in den 60er-Jahren auf den Punkt gebracht hat: Die Menschen, schrieb er, seien nicht glücklich, »obwohl wir jetzt größere Möglichkeiten haben, das Leben zu genießen«. Trotzdem seien wir »unglücklich darüber, dass Freiheit und Wohlstand unserem Leben keinen Inhalt und kein Ziel geben« – und das »inmitten von Überfluss«.[4] Trotz der Erfolge der kapitalistischen Wirtschaft, die nicht von der Hand zu weisen sind, sind die Bürger, die mit ihr leben, frustriert. Mitten im Überfluss, so scheint es, sind wir von Unglück umgeben.

Wogegen richtet sich aber das Unmutsgefühl, die Ahnung, dass etwas grundsätzlich falsch läuft? Und wenn es doch zu einem guten Teil von der Art, wie wir heute wirtschaften, ausgelöst wird, wie sieht dann diese Wirtschaft aus, die wir gemeinhin »kapitalistisch«, »marktwirtschaftlich« oder »den freien Markt« nennen?

Zunächst hat sie einen bestimmten »Auftrag«, das heißt: eine gesellschaftliche Funktion. Es ist die gleiche, die jede andere Form der Ökonomie auch hat: »Ökonomisches Handeln dient dem Zweck, existenzielle menschliche Bedürfnisse zu befriedigen.« »Wirtschaft« heißen also die Tätigkeiten, die sich auf die oben schon angesprochene Versorgung mit dem Lebensnotwendigen beziehen. Auf welche Weise das geschehen soll, darauf gibt die kapitalistische Ökonomie eine spezifische Antwort: Die herrschende Verfahrensweise geht davon aus, »dass das ökonomische Handeln sowohl der Produzenten als auch der Verbraucher nach dem Rationalitätsprinzip abläuft. Ergebnis soll sein, mit dem geringsten Aufwand den optimalen Ertrag zu erzielen.«[5]

Interessant ist nun, wie die Bedeutung von »Ertrag« mit Inhalt gefüllt wird. Ist Ertrag im Sinne von materiellem Output zu verstehen, besteht er mithin in einer möglichst großen Menge an zu verteilenden Gütern? Bedeutet er einen möglichst hohen Grad an Befriedigung der Bedürfnisse der Menschen? Ist »Ertrag« gleichbedeutend mit dem »Glück« – was aber heißt es dann für einen Menschen, im Glück zu leben?

Die kapitalistische Marktwirtschaft setzt hier die Menge an Gütern (und Dienstleistungen) gleich mit der Bedürfnisbefriedigung. Ein großes Güterangebot kommt demnach einem in der Summe hohen Grad an Befriedigung individueller Bedürfnisse gleich. Das zugrunde liegende Prinzip des »größtmöglichen Glücks« wurde bereits in der philosophischen Strömung des Utilitarismus formuliert, also während der Frühzeit des Kapitalismus. Hier geht es wohlgemerkt in erster Linie um das zusammengenommene Glück aller: eines Volkes, nicht des Einzelnen. »Gut ist nicht das Maximum an subjektivem Wohlbefinden aller beteiligten Personen«, da subjektive Einschätzungen nicht mehr erhoben werden, »sondern die optimale Realisation möglichst vieler Präferenzen«, also Neigungen zu bestimmten Gütern.[6]

Das moderne Menschenbild der Ökonomie ist gemeinsam mit diesen Grundannahmen entstanden. Zwei Konsequenzen folgen aus ihm: Zum einen wird der Mensch zum »Homo oeconomicus«, der ständig damit beschäftigt ist, seinen Nutzen zu optimieren, indem er noch mehr Präferenzsignale an die Umwelt abgibt und auf deren Realisierung drängt. Zum anderen ist der Nutzenoptimierer für die Ökonomik als Subjekt leicht handhabbar. Sie muss sich nun nicht mehr um die vertrackten inneren Zustände und Beziehungstypen des Individuums kümmern, zum Beispiel Frust, Zufriedenheit, Leid, Zuneigung, Abneigung, Hunger, Mitmenschlichkeit oder Anhänglichkeit. Der Markt ist dem Individuum als Person gegenüber völlig indifferent. Aktuell wird das ökonomische Menschenbild allerdings infrage gestellt, da nun auch den Experten dämmert, dass Menschen nicht bloß an Nutzenmaximierung interessiert sind, sondern auch an Dingen wie Gerechtigkeit, um nur ein Beispiel zu nennen.[7]

Durch die selbst erwählte Blindheit der Ökonomie für die inneren Antriebe und Beweggründe der handelnden Subjekte entsteht ein verzerrtes Verhältnis zu ihrem Grundauftrag, die Basis für die Lebensfähigkeit und das Glück der Menschen zu schaffen. Dieses verzerrte Verhältnis erwächst aus einer durchaus stringenten Logik innerhalb der Ökonomik, sieht von außen betrachtet allerdings krude aus. Das Buch wird an vielen Stellen zeigen, dass seine Akteure genau hier den Hebel ihrer Zweifel und ihrer Kritik ansetzen und infrage stellen, ob die heute gängige Form des Wirtschaftens tatsächlich am besten geeignet ist, den Grundauftrag zu erfüllen. Sie schließen sich in ihrem Urteil über die moderne Wirtschaftsweise also dem Politikwissenschaftler Robert Lane an:»Die heutigen ökonomischen und politischen Institutionen gehen zurück auf die utilitaristische Konzeption des Glücks, aber offenbar haben sie uns in eine Zeit größeren Unglücks geführt.«[8]

Was die kapitalistische Marktwirtschaft ursprünglich versprochen hat, lässt sich am besten mit einer nautischen Metapher aus der Frühzeit des Kapitalismus veranschaulichen: »Alle Boote treiben oben«, heißt es seitdem, wenn die Flut des allgemeinen Wohlstands steigt. Tragisch für die strengen Proponenten des freien Marktes: Die Metapher lässt sich sehr schön erweitern. Es macht eben immer noch einen Unterschied, ob man in einer fast wracken Jolle oder in einer schnittigen Hochseejacht sitzt (oder in einem U-Boot!). Auch gekenterte Boote treiben oben auf dem Wasser. Und die Flut ist mittlerweile dabei, weite Teile dieser Welt unbewohnbar zu machen. Das Glück für alle haben die steigenden Wasser jedenfalls bis heute nicht gebracht. Es sieht nicht einmal so aus, als würden sie das jemals können. Die Akteure dieses Buches sind sogar der Meinung, dass sie dem guten Leben eher schaden.

Erst in den letzten Jahren beginnt die Wirtschaftswissenschaft sich für »Glück« im Sinne des subjektiven Wohlbefindens zu interessieren. Ein neuer Forschungszweig, die Ökonomische Glücksforschung, etabliert sich allmählich. Ihre bisherigen Ergebnisse bestätigen, dass unser überlieferter Begriff von Wohlstand durch eine wachsende Wirtschaft tatsächlich nicht automatisch dazu führt, dass es den Leuten besser geht. Was also, so fragt auch die Ökonomische Glücksforschung, macht uns eigentlich zufrieden?

»Die großen sieben« heißt eine erste, vereinfachende Antwort: Familie, Finanzen, Arbeit, Beziehungen, Gesundheit, persönliche Freiheit, persönliche Werte. Die Reihenfolge dieser Glücksfaktoren sagt dabei nichts über ihre Gewichtung aus. Auffällig ist, dass kaum einer der Faktoren (ausgenommen Arbeit und indirekt Finanzen) über Märkte vermittelt wird. Was uns glücklich macht, sind also oft *eben nicht* erwerbbare Güter, sondern »weiche« Faktoren, die mit Zwischenmenschlichkeit oder persönlichen Eigenschaften zu tun haben.[9]

Der Schweizer Ökonom Bruno Frey hat genauer nachgeschaut und fand unter anderem heraus, dass Menschen, die sich Ziele selbst setzen und ihre Werte aus sich heraus finden, in der Tendenz glücklicher sind als solche, die von Belohnungen durch andere abhängen (indem sie beispielsweise finanziell entlohnt oder mit Anerkennung bedacht werden). Selbstbestimmung scheint also eine gewisse Rolle für das Wohlbefinden zu spielen. Frey fand diese Vermutung bestätigt, als er das Tätigkeitsfeld des ehrenamtlichen Engagements untersuchte. Sein Ergebnis: Tätigkeiten, die auf Freiwilligkeit und mehr Kontrolle seitens des Tätigen beruhen, werden hoch geschätzt, weil sie Unabhängigkeit und flache Hierarchien beinhalten, die Möglichkeit bieten, anderen zu helfen, die Chance besteht, interessante Kompetenzen ins Spiel bringen zu können, und weil selbstbestimmtes Arbeiten in sich eine hohe Motivation ist. Materielle Belohnungen spielten eine eher untergeordnete Rolle.[10] Wir werden später noch sehen, dass Selbstbestimmung in der Tat eine sehr große Bedeutung hat.

Und das Einkommen, das doch laut ökonomischer Theorie die Wurzel allen Wohlstands und damit allen Glücks in modernen Gesellschaften ist? Natürlich trägt es zum Wohlbefinden bei, aber bei Weitem nicht so sehr wie erwartet. Reichere Leute schätzen ihr Wohlbefinden im Schnitt höher ein als ärmere. Dennoch hängt der tatsächliche Effekt materieller Wohlstandsfaktoren von sozialen Prozessen ab. Zum einen vergleichen Menschen sich mit anderen Menschen, die in etwa ihren eigenen ökonomischen Status haben oder in deren Mitte sie leben. Gewinnen sie dabei den Eindruck, dass sie einigermaßen gut abschneiden, reicht das für ein gutes Maß an Zufriedenheit. Zum anderen gewöhnen sich die Leute an einen einmal erreichten Status. Ihr Blick richtet sich eher ein kleines Stück nach oben, wenn sie aber dort angekommen sind, schauen sie nicht etwa zurück, um zu genießen, was sie erreicht haben, sondern blicken wieder ein Stück auf. Und so weiter ad infinitum. Und schließlich gilt auch hier das alte ökonomische Gesetz vom abnehmenden Grenznutzen: Je höher auf der Leiter einer schon steht, desto weniger nützt ihm jeder weitere Anstieg des materiellen Wohlstands.[11] Schenken Sie einem malawischen Kleinbauern 100 Dollar, würde er ein Festessen für Sie geben. Donald Trump würde Sie und Ihren wedelnden Geldschein schlicht ignorieren.

Die Beobachtung, dass die positiven Effekte des steigenden materiellen Wohlstands auf das Wohlbefinden mit der Höhe des Wohlstandsniveaus abnehmen, ist als das »Easterlin-Paradoxon« bekannt geworden. Der Wirtschaftswissenschaftler Richard Easterlin hat es als Erster 1974 pointiert formuliert. Auch er führt es auf die mit dem Wohlstandsniveau steigenden Ansprüche der Bürger zurück, die ihre eigenen Errungenschaften immer wieder neu mit dem inzwischen gestiegenen Durchschnitt vergleichen. Das Paradoxon erinnert an ein im Englischen »hedonic treadmill« (etwa »Tretmühle des Glücks«) genanntes Phänomen: Steigender persönlicher Wohlstand bringt einen kurzen Anstieg in der Zufriedenheit, der sich jedoch schnell wieder abnutzt, durch neue Steigerungsanstrengungen ergänzt werden muss, auf die wiederum Abnutzungseffekte folgen, und so weiter. Man strampelt, um weiterzukommen, ohne zu merken, dass man doch nur ein Hamsterrad antreibt, in dem es kein dauerhaftes Aufwärts geben kann.[12]

Es ist schon staunenswert: Wir werden immer reicher, aber doch nicht zufriedener. Die grundlegenden Zweifel der Akteure in diesem Buch scheinen genau ins Schwarze zu treffen.

Da die Worte »Marktwirtschaft« und »Kapitalismus« oft so gebraucht werden, als meinten sie ein und dasselbe, ist an dieser Stelle eine kurze Anmerkung zur Verwendung der Begriffe am Platz. Die Marktwirtschaft ist um einiges älter als der Kapitalismus. Tatsächlich kann man überall dort, wo institutionalisierte Tauschbeziehungen nach dem Muster eines Marktplatzes stattfinden, von einer Marktwirtschaft sprechen, wie Fernand Braudel es tut. Dabei muss nicht notwendigerweise Geld als Tauschmittel benutzt werden.

Nach Braudel ist das Hauptunterscheidungsmerkmal des Kapitalismus zur Marktwirtschaft die Akkumulation von Kapital. Dazu braucht es eine Kapitalform, die angehäuft werden kann, sprich: ein nicht verderbliches Zahlungsmittel, mit dessen Hilfe Wert »gespeichert« werden kann. Das ist das Geld, früher in harter Münze, heute in Form von Kontoständen. Die Akkumulation gelingt den Kapitaleignern, indem sie ihr Kapital so einsetzen, dass es noch mehr Kapital abwerfen kann, etwa indem sie sich in die Tauschbeziehungen zwischen Produzenten und Verbrauchern einschalten, Arbeitsproduktivität abschöpfen oder geldbasierte Zinsgeschäfte betreiben. Mit dem Kapital aber vermehren sie auch Macht. Kapitalismus ist deshalb eine auf die Akkumulation von Kapital und Macht hin orientierte spezifische Form der Marktwirtschaft.[13]

Ich werde in diesem Buch für diese heute nahezu global praktizierte Wirtschaftsweise die Begriffe »Kapitalismus«, »kapitalistische Marktwirtschaft« oder »freie Marktwirtschaft« synonym benutzen. Das tue ich in dem Bewusstsein, dass der Begriff »Marktwirtschaft«, sofern er ohne Zusatz steht, bisweilen auch in verharmlosender Absicht benutzt wird, dann nämlich, wenn er einen »unschuldigen« Tausch unter transparenten und gleichen Bedingungen (dem Marktplatzprinzip) suggeriert, um von einer Kritik am Kapitalismus abzulenken.

Die Wirtschaft hat den Blick für die Grundbedürfnisse verloren

Der Unwille gegenüber der herrschenden Wirtschaftsweise geht tief bei den Menschen, die in diesem Buch zu Wort kommen. Sie handeln aus Gründen, die sie nicht immer aussprechen, selten aus einer totalen Ablehnung heraus, aber in der Konsequenz rütteln sie doch an den Grundfesten des Kapitalismus. Was sie alle implizit sagen, ist: Es kann nicht rund laufen für uns, weil die Ökonomie den Blick für grundlegende Bedürfnisse der Menschen verloren hat, Bedürfnisse, zu deren Befriedigung sie ursprünglich da sein sollte. Das würde bedeuten, dass sie ihren fundamentalen Auftrag nicht erfüllt. Dass die Selbstorganisierten sich nun selbst helfen, richtet die kritische Aufmerksamkeit auf den Kern der Ökonomie. Es ist ein Hinweis auf eine kulturelle Krise: Unser Wirtschaftssystem ist weniger als gedacht in der Lage, uns mit dem zu versorgen, was wir brauchen und was wir uns wünschen, es ist keine optimale Basis für ein gelingendes Leben einer möglichst großen Zahl von Bürgern. Welche Bedeutung diese Kritik hat, bleibt zu diskutieren. Bedenklich ist allein schon, dass ein offenbar so dringender Bedarf besteht, sich dermaßen grundsätzliche Gedanken über unsere Ökonomie zu machen.

Die Bedenken, die Lisa Pfleger, Michael Hartl, Frauke Hehl, Niels Boeing und all die anderen haben, sind natürlich von ihren jeweiligen Anliegen und Lebensumständen geprägt. In ihrer Quintessenz laufen sie allerdings auf drei Punkte hinaus, die ihre grundsätzliche Kritik umreißen:

Die kapitalistische Marktwirtschaft produziert Risiken: Sie lässt nicht alle Boote oben treiben. Sie ist in ihrer selbst gestellten Aufgabe nicht erfolgreich genug, da sie Menschen zurücklässt, die sie nicht zurücklassen müsste. Gemessen an den (materiellen) Möglichkeiten, die sie eröffnet, lässt sie zu viele Bedürfnisse unbefriedigt. Zum Beispiel stehen Menschen mit geringem Einkommen erheblich weniger Lebenschancen offen als den Einkommensstärksten.

Die kapitalistische Marktwirtschaft hat blinde Flecken: Sie konzentriert sich auf einen zu engen Bereich von Bedürfnissen und lässt damit schon in ihrem Grundverständnis – ihrem Menschenbild – zu wenig Raum für andere Bedürfnisse, die aber sehr wohl zum menschlichen Wohlleben gehören. Das Bedürfnis nach Kooperation etwa wird ausgeblendet und durch den Wettbewerbscharakter des Markthandelns sogar konterkariert.

Die kapitalistische Marktwirtschaft baut Hindernisse auf: Sie behindert zum Teil die Befriedigung von Bedürfnissen (sowohl solcher aus ihrem Kernbereich als auch solcher, die nicht in ihrem Menschenbild verankert sind) und beschneidet somit Lebenschancen. So sind große Teile des ehemals allgemein zugänglichen Naturraums oder der Gemeingüter in private Hände gegangen und werden durch (Über-)Nutzung zum Teil erheblich verändert (zum Beispiel durch Umweltverschmutzung) und für eine spätere Nutzung unbrauchbar gemacht.

Diese drei grundlegenden Punkte tauchen in wechselnder Formulierung bei vielen der Selbstorganisierer auf. Keiner von ihnen ist neu, sie sind in anderer Form bereits von vielen Seiten vorgebracht worden, von den frühen Kritikern des Kapitalismus bis zur Ökologiebewegung oder den Globalisierungskritikern der jüngsten Zeit. Sie erschöpfend zu diskutieren würde Bände füllen – die ebenfalls Argumente *für* die kapitalistische Wirtschaftsweise enthalten würden: Immerhin haben die westlichen Industrieländer ein Niveau der Ausstattung mit materiellen Gütern erreicht, das vorher undenkbar gewesen wäre. Gleiches gilt für die medizinische Grundversorgung oder die Verfügung über Mobilitätsmittel wie Autos (die Tatsache, dass es in diesen Bereichen überhaupt eine so breite und gute Grundversorgung gibt, ist an sich schon ein bemerkenswertes historisches Faktum). In einem dialektischen Prozess des Interessenausgleichs haben Sozialstaat, Wirtschaft und Interessenverbände außerdem dafür gesorgt, dass die zur Frühzeit des Kapitalismus noch erschreckenden Armutsfolgen und existenziellen Risiken in den Industrieländern entscheidend abgemildert wurden.

Ich möchte die Kritik, die kapitalistische Marktwirtschaft produziere Risiken, blinde Flecken und Hindernisse, dennoch sehr ernst nehmen. Die Bedenken, die die Menschen in diesem Buch umtreiben, bewegen sie aus gutem Grund zum Handeln. Und sie alle bleiben bei der Kritik nicht stehen, sondern tun etwas dafür, dass sich mindestens für sie selbst etwas ändert und wenn irgend möglich auch für das große Ganze. Um sie allein geht es in diesem Buch: um die selbst organisierte Gesellschaft.

Spaltengrün

»Der Kapitalismus ist kein Erfolg. Er ist weder intelligent noch schön, er ist weder gerecht noch tugendhaft – und außerdem funktioniert er nicht. Kurz gesagt, wir mögen ihn nicht und fangen an, ihn zu verachten. Wenn wir allerdings darüber nachdenken, was wir an seine Stelle setzen sollen, sind wir völlig ratlos.« John Maynard Keynes schrieb seine Einschätzung des Kapitalismus nieder, als dieser seinen weltweiten Triumphzug, das »Wirtschaftswunder«, hierzulande erst noch vor sich hatte; zu einer Zeit, als ihm im Staatssozialismus des »Ostblocks« erst noch ein ernsthafter Konkurrent erwachsen sollte, mit dem gemeinsam man sich zu zwei monolithischen ideologischen Blöcken hochstilisieren konnte. Ein wenig verwundert das Keynes-Zitat also schon. Wenn die kapitalistische Marktwirtschaft schon so lange so kritikreif ist, wo sind dann die gelebten Alternativen? Sind tatsächlich alle die ganze Zeit über so ratlos gewesen, wie Keynes vermutet?

Vielleicht musste erst die Wohlstandstrance des Wirtschaftswunders abflauen und der große Gegner Sozialismus seine Fahne streichen, bevor der Kopf wieder frei war für eine Vorstellung von dem, was an die Stelle des Kapitalismus treten könnte – beziehungsweise wie er verändert werden sollte, damit er den Menschen eher entspricht, denn wer sagt, dass man das Kind mit dem Bade ausschütten muss? Neue Ideen sind gefragt. Die Menschen in diesem Buch haben genügend davon.

Ihre Alternativen sind keine großen Würfe wie der Kommunismus/Sozialismus. Sie verzichten auf ausgearbeitete Theorien über die Gesellschaft und wie sie sein sollte, wollen keine religionsgleichen politischen Ideologien ins Dasein bringen. Sie finden ihre Alternativen im Kleinen, vor Ort, in der alltäglichen Praxis. Der eine verzichtet auf den Möbelkauf, um sich Stühle und Schränke künftig selbst in wochenlanger Arbeit in einem Haus der Eigenarbeit zu tischlern. Die andere findet eine Joggingbegleitung und selbst gemachte CD-Racks im Magazin ihres Tauschringes (und nirgendwo sonst). Die Dritte pflanzt wild Blumen auf Grundstücke, die ihr nicht gehören, um ihr vernachlässigtes Stadtviertel zu begrünen und damit lebenswerter zu machen.

Aus dem Privaten und dem lokal Begrenzten kann, wenn es mehr und mehr Menschen zum Handeln anregt, ein dritter Weg entstehen, der den beiden gleichermaßen wenig gangbaren großen, Kapitalismus und Sozialismus, in einigen Zügen ähnelt, aber doch eine ganz eigene Lösung für das Problem »Wie sollen wir wirtschaften?« darstellt. Am Anfang steht für die Selbstorganisierer oft der Impuls, Verantwortung zu übernehmen und ihre unmittelbare Umgebung selbst zu gestalten. Wenn niemand sonst, kein Bürgermeister, keine Arbeitgeberin, kein Nachbar und keine Regierungschefin, mit dem Umlenken beginnt, dann, so denken die Selbstorganisierer, müssen wir es eben tun. Das ist der Grundimpuls für eine starke Bürgerschaft, derer es in einer subsidiären Politik und Wirtschaft bedarf. Der dritte Weg wäre ein Weg bürgerschaftlicher Eigenverantwortung.

Lisa und Michael haben einen eigenen Garten für ihre eigenen Lebensmittel. Frauke Hehl hat sich ihre eigenen Formen des Broterwerbs erfunden. Niels Boeing und seine Mitstreiter wollen dafür sorgen, dass in ihrer Stadt die eigenen, nämlich die Interessen der Bürger, gewahrt bleiben. Die Vielfalt der Selbstorganisierer, ihrer Herkünfte und Aktivitäten hat mich überrascht. So verschieden sie sein mögen und so schwierig es ist, sie in einem einzigen Buch unter einen Nenner zu stellen, möchte ich sie hier doch zusammenbringen, weil sie alle zu einer Sache beitragen: Alternativen zu unserer Wirtschaftsform und den aus ihr resultierenden Lebensweisen zu entwickeln. Um die Überschaubarkeit zu wahren, habe ich den Selbstorganisierern fünf Motivbereiche zugeordnet, die sich in den folgenden fünf Kapiteln widerspiegeln. Eine kategorische Einteilung will ich damit auf keinen Fall erreichen, Überlappungen gibt es genug (Nachbarschaftsgärten zum Beispiel könnten in allen Bereichen eine Rolle spielen). Mein Versuch, etwas Ordnung in die überbordende Vielfalt zu bringen, sieht so aus:

Der erste Bereich ist derjenige der zum (Über-)Leben allernotwendigsten Güter, der Nahrungsmittel. Die Selbstversorgung mit Lebensmitteln ist historisch nicht neu, bei uns allerdings zwischenzeitlich in Vergessenheit geraten. Sie erlebt nun eine Renaissance, weitere Entwicklung offen. (Kapitel 2)

In den zweiten Bereich fallen alle sonstigen Güter und Dienstleistungen: Kleidung, Haushaltshilfe, Fahrdienste, Möbel, Computerzubehör oder Anleitung in Textverarbeitung. Auch den Handel mit diesen Gütern und Dienstleistungen möchte ich hier unter die Lupe nehmen. Denn sowohl in der Eigenarbeit, also dem Herstellen in Eigenregie, als auch dem alternativen Tausch beziehungsweise Markthandel tut sich einiges. (Kapitel 3)

Erwerbsarbeit hat in unserer Gesellschaft einen großen Stellenwert, deshalb gehört ihr ein eigener Bereich. Eine Vielfalt an alternativen Erwerbs- und Unternehmensformen hat sich über die Zeit herausgebildet, ein Prozess, der durch den Druck des Arbeitsmarktes weiter befördert wird. Stellenweise wird sogar die Frage laut, ob Arbeit in ihrer heutigen Form generell noch akzeptabel ist. (Kapitel 4)

Tätig sein in Gemeinschaften und in Kooperation mit anderen wird von vielen als Alternative zur Arbeit unter marktwirtschaftlichen Bedingungen gesehen. Wie hier konsequente Gegenmodelle gesetzt werden, die auf Zusammenarbeit statt auf Wettbewerb und Konkurrenz beruhen, ist Inhalt des vierten Bereiches. (Kapitel 5)

Schließlich leben Menschen auch immer in Räumen, die Menschen gestaltet haben. Diese Räume werden unter anderem für ökonomische Zwecke genutzt und unterliegen daher zum Teil ökonomischen Nutzenbedingungen. Der fünfte Bereich zeigt vor allem die Städte als einen solchen Lebensraum, der selbst Gegenstand von alternativen Vorstellungen eines guten Lebens sein kann. (Kapitel 6)

Lebensmittel, Güter, Arbeit, Gemeinschaft, Lebensräume: Die fünf Bedürfnisfelder, um die es hier gehen soll, fassen die einzelnen Bedürfnisse übersichtlich zusammen.

Mein alter Fiesta steht immer noch vor dem Haus neben dem Gehsteig. Neulich, als ich das Profil der Reifen überprüfte, fiel mir auf, wie viel Unkraut in den Spalten zwischen den Gehsteigplatten wächst. Ein hübsches Bild für das, worum es hier geht, so ein Gehsteig. Überall sind Lücken gelassen. Der Stein kann noch so hart sein, durch die Ritzen dringt immer wieder Grün. Es findet einen Weg. Es schiebt sich nach oben, breitet sich aus und wird, wenn man es lässt, irgendwann – in gar nicht langer Zeit – den gesamten Gehsteig überwuchert haben. Unkraut? Ein hässliches Wort für etwas so Lebendiges. Und gar nicht passend für die Menschen in meinem Buch.

Sie haben recht, denke ich. Wir werden uns an eine andere Gesellschaft mit einem anderen ökonomischen Verhalten gewöhnen. Es wird kein »wenn« und »falls« geben. Ich habe den Eindruck, die Selbstorganisierer haben feine Antennen für diejenigen Veränderungen bewiesen, die ohnehin in der Luft liegen. Sie haben das Grün längst keimen sehen, bevor es aus den Spalten ans Licht wachsen konnte. Weil sie nach ihrer Ahnung handeln, machen sie sich zu einem Teil einer größeren Veränderung, sie erfüllen ihre eigene Vorausschau, gleichgültig, ob es eine diffuse Unruhe oder eine exakte Prognose war.

Was mein eigenes sensibles Gehör angeht: Ich habe beschlossen, dem Rasseln und Klopfen nicht bloß nervös hinterherzulauschen, sondern mich auf die Suche nach Menschen zu machen, die es ebenfalls hören, die Ursachen gefunden und etwas dafür getan haben, sie zu beseitigen. Das ist ihr Buch.

2 LEBEN IN FÜLLE

Strom kommt aus der Steckdose. Gemüse kommt vom Markt.
Fleisch kommt von der Fleischtheke. Mehr müssen wir gar
nicht wissen. Fleisch und Gemüse schmecken uns auch, ohne
dass wir wissen, von welchem Hof sie stammen. Meistens ist
es ohnehin kein Hof, sondern eine Fleischfabrik oder eine Ge-
wächshausanlage. Mag sein, der Trend zu Lebensmitteln mit
Biosiegeln hat uns gelehrt, ein bisschen genauer hinzuschau-
en, vielleicht sogar zu fragen, welcher Bauer unser Essen produziert hat, ob es ein regionaler Erzeuger war oder überhaupt
ein Bauer und kein anonymer Großbetrieb. Und eigentlich
wäre uns noch wohler, wenn wir sagen könnten, auf welchem
Boden der Feldsalat gewachsen und mit welchem Dünger er
in Berührung gekommen ist, welche Hände ihn geerntet haben, ob er danach ganz schnell und frisch zu uns auf den Tisch
kam und ob diejenigen, die all das für uns erledigt haben, mit
ihrer Arbeit zufrieden sind und fair entlohnt werden. Unsere
Fragen bleiben unbeantwortet, den Feldsalat kaufen wir trotzdem.

Peter Huth muss weder fragen noch kaufen, er hat sich
entschlossen, Landwirt zu werden. Gemüse selber ziehen –
darüber muss er nicht nachdenken, es ist jetzt sein tägliches
Geschäft. Das war es nicht immer, Huth begann sein Berufsleben einmal als Maschineningenieur. Nach der Wiederverei-
nigung wurde er arbeitslos. Mit einer Gruppe von Freunden
zog es ihn 1992 ins Oderbruch. Der Landstrich zwischen Ber-

lin und der polnischen Grenze hat es später durch das Oder-hochwasser zu einer tragischen und kurzlebigen Medienbe-rühmtheit gebracht. Böse Zungen behaupten sogar, er sei es gewesen, der Gerhard Schröder eine zweite Wahlperiode als Bundeskanzler beschert habe.

Peter Huth hat an der Region vor allem interessiert, dass man dort gut leben kann und es in der Nachwendezeit genug Gelegenheiten gab, einen Hof zu erwerben. Seine Freunde und er fanden einen, der ihnen zusagte, der zudem eine lange Ge-schichte hatte. Das Vorwerk Basta gehörte einmal zu einer königlich preußischen Staatsdomäne, in der DDR war es ein Schweinezuchtbetrieb, nun stand es leer, nachdem die Schwe-inezucht dort aufgegeben worden war. Ein guter Platz, um mit der Landwirtschaft anzufangen, zumal das Land Branden-burg Fördermittel geben wollte. Das tat es schließlich doch nicht, die Freunde gingen lieber nach Mecklenburg-Vorpom-mern, Peter Huth aber entschloss sich, zu bleiben. Er baute den Hof auf, konnte ihn schließlich kaufen und 1999 endlich seinen eigenen Betrieb gründen. Heute hat er 25 Hektar Land für den Feldbau, eine kleine Schweinemast, eine bescheidene Schafherde mit zehn Muttertieren, Hühner, Enten, einen Gar-ten. Fleisch und Gemüse vermarktet er, das meiste nach Ber-lin, gibt es also ab in den Kreislauf des Lebensmittelmarktes.

Dann bleibt da aber noch genug für ihn selbst und seine Familie. »Schweine-, Enten- und Lammfleisch ist eine 100-pro-zentige Selbstversorgung«, sagt er. Dazu hat er Gemüse aus eigenem Anbau und den Garten. Für ihn ist die Selbstversor-gung mit Nahrungsmitteln nicht etwa nur ein schöner Ne-beneffekt eines gut funktionierenden Hofbetriebes. »Es spielt schon eine Rolle, ob ich mein *eigenes* Kotelett auf dem Teller habe«, betont Huth. Etwas zu einem Eigenen zu machen, in-dem er es nicht bloß passiv erwirbt, sondern selbst herstellt, ist ihm sehr wichtig.

Im Oderbruch ist er mit dieser Einstellung nicht allein. Pe-ter Huth hat guten Kontakt zu den Menschen in seinem Dorf und in der ganzen Region. »Es ist schon erstaunlich, wie viele Leute in unserer Gegend Wert darauf legen, ihre eigenen To-maten zu haben. Es soll aus dem eigenen Garten oder Ge-wächshaus kommen. Besonders bei den Kartoffeln spielt das hier noch eine große Rolle.« Huth ist froh über diese Lebenshaltung. Als sie ihren Hof gründeten, haben er und seine Familie sehr viel Unterstützung bekommen und gesehen: Die Leute im Oderbruch sehen Selbstversorgung positiv.

Dabei ist ihnen oft gar nicht bewusst, dass sie überhaupt welche betreiben. Das musste jedenfalls Dr. Kenneth Anders erfahren. Sein Büro für Landschaftskommunikation hatte im September 2009 unter dem Motto »Die weite Welt der Subsistenz« eine Sommerschule ausgerichtet, auf der Selbstversorger der Region mit Wissenschaftlern und Studenten in Kontakt kamen und dort offenbar teils zum allerersten Mal auf das Thema gestoßen sind, zumindest unter diesem Namen. »Viele betrachten Selbstversorgung gar nicht als solche. Sie sagen erst: Nein, mache ich nicht. Aber wenn man nachfragt, dann kommt doch: Ach ja, ein paar Möhren ziehe ich noch. Ach ja, Kartoffeln hab ich auch noch. Und ein Schwein.«

Als die Sommerschule ihre Ergebnisse in einem Theaterprojekt präsentierte, kamen sie von überall her aus dem Bruch, aus Letschin, Neulewin, Altwriezen oder Croustillier. Alteingesessene Familien wie Zuzügler, bodenständige Alleinunternehmer wie Aussteiger, die ihr Heil in der rauen Landschaft suchen, sie sind in der Region per se alle vertreten. Nach den sogenannten Sinusmilieus muss Kenneth Anders hier gar nicht schauen, für die Landwirtschaft im Oderbruch machen sie keinen Unterschied. Er findet »Postmaterielle«, »Traditionsverwurzelte«, »Experimentalisten« und die »bürgerliche Mitte« bunt durcheinandergewürfelt, als er sich unter die Zuschauer der Theateraktionen mischt. Doch hinterher erzählen sie ihm unisono, wie unheimlich viel sie auf der Bühne aus dem Leben in ihrer Region wiedererkannt haben, und dass ihnen damit erst klar wurde, welchen Stellenwert die Selbstversorgung in ihrem Landstrich hat. »Die Leute haben uns ihre Arbeit mit einem gewissen Stolz präsentiert und erkannt, dass sie es wert ist, gezeigt zu werden«, resümiert Anders.

»Ich klaue nicht, ich baue an!
Es wächst mir alles zu.
Durch Arbeit!

Gemüse und Obst, Eier und Saft, Fleisch und Holz.
Selbstversorgung ist mühsam.
Selbstversorgung macht selbst-bewusst.«
»Ich bin ungezogen. Ich versorge mich selbst,
obwohl es bei Aldi viel billiger ist!
Das ist meine Existenz: die Subsistenz!«

Die Theatertexte der Sommerschule sind konsequenterweise
ebenfalls selbst geschrieben. Sie erzählen bereits eine ganze
Menge über das Lebensgefühl der Selbstversorger im Oderbruch. Die Versorgung mit eigenen Lebensmitteln gehört
hier einfach dazu. Es ist kein Thema, über das man spricht.
Das gilt allerdings nicht nur für die Bewohner des Oder-
bruchs, sondern für die ganze Gesellschaft. Selbstversorgung
ist aus dem öffentlichen Diskurs und damit aus der öffentlichen Wahrnehmung verschwunden. Dass sie »selbst-bewusst
macht«, passiert also nicht einfach automatisch. Offenbar
braucht es dann und wann einen Bewusstmacher wie die Sommerschule. Das Büro für Landschaftskommunikation springt
in diese Bresche und will Selbstversorgung zurück in die
Köpfe bringen, die Reflexion weitertragen. Kenneth Anders
und sein Kollege Lars Fischer haben mit der Website oder-
bruchpavillon.de bereits eine Plattform dafür geschaffen, zu
der auch Peter Huth und andere Oderbrüchler ihre Beiträge
gegeben haben.
  Bei einem Besuch auf der Site des Oderbruchpavillons wird
schnell klar, wie viele unterschiedliche Facetten Subsistenz
haben kann und vor welcher Vielzahl von Hintergründen
Menschen Subsistenz betreiben. Peter Huth vereint gleich
mehrere der vielen verschiedenen Gründe dafür, Selbstversorger zu werden (oder zu bleiben), in seiner Person. Zum
einen hat er sich bewusst dafür entschieden und die Hofgrün-
dung über Jahre planvoll vorangetrieben. Zum anderen war
es fast eine Selbstverständlichkeit. »Ich kenne es nur so«,
einen Teil der angebauten Lebensmittel für den eigenen Bedarf zu behalten, einen anderen Teil durch Verkauf zu Geld
zu machen. Schon sein Großvater hatte neben der Erwerbsarbeit einen 1.000 Quadratmeter großen Garten, den er bis
ins hohe Alter bewirtschaftete.

Und schließlich will Peter Huth die Fackel weitertragen und seine Ideen und Erfahrungen an andere weitergeben. Auf seinem Hof ist genug Platz für Leute, die sich als Landwirte versuchen wollen. Den ausgebauten ehemaligen Rinderstall hat er inzwischen einer Gruppe jüngerer Leute zur Verfügung gestellt, die mit dem Gemüseanbau experimentieren wollen. Gerade haben sie mit der Vermarktung nach Berlin begonnen, genau wie er. Auf dem alten Vorwerk Basta treffen sich jetzt Vergangenheit, Gegenwart und Zukunft der Selbstversorgung.

Aus dem Geld ins (wirklich) eigene Leben

Menschen wie ihm ist es fremd, kategorisch oder ideologisch über Subsistenz zu denken und zu sprechen. Subsistenz ist genauso wenig rückständig wie weltabgewandt, kein Ding einer vormodernen Vergangenheit, das längst ad acta gehört, keine Vision von Spinnern, Gutmenschen oder ökomilitanten Weltverbesserern. Es sind nicht bloß die paar verbliebenen Altbauern, die noch ein letztes Stück Garten beackern, weil sie es doch immer so gemacht haben. Immer mehr junge Leute, die vorher nie etwas mit Selbstversorgung zu schaffen hatten, interessieren sich dafür und probieren sich aus abseits der ausgetretenen, täglichen Routen zu Aldi, Lidl, Rewe. Subsistenz kehrt zurück.

Lisa Pfleger und Michael Hartl, beide in den 20ern – sie Studentin, er Mitgründer einer Medienagentur –, haben ihren Traum von der Selbstversorgung wahr gemacht und sind im Januar 2010 in ein kleines Haus am Rande eines landwirtschaftlichen Betriebes südlich von Wien gezogen. In dem hochgelegenen Landstrich, der »Bucklige Welt« genannt wird, leben sie ihren Traum, auf den sie nicht erst warten wollten, bis die Zeit reif ist. Im ersten Jahr hat sich dort schon viel getan, besser gesagt: Lisa und Michael haben dort viel getan. Brot aus eigens hergestelltem Sauerteig gebacken zum Beispiel, ein Stück Land urbar gemacht, einen Gemüsegarten angelegt und gepflegt, Wildkräuter gesammelt, und – der kleine Hof ist noch mitten in der Erprobungsphase – sich eingehend informiert über die Vorratshaltung, natürliche Waschsubstanzen und heilende Kräuter. Die Anfänge sind gemacht, und es soll noch viel mehr folgen. »Ein Obsthain, ein Kräutergarten, Gemüse aus Mischkultur und verschiedenes Getreide sollen uns versorgen und gesund halten«, schreiben die beiden auf ihrer Website experimentselbstversorgung.net. Dort haben sie auch eine Art Credo hinterlegt, das in erster Linie für ihren Traum steht, gleichzeitig aber das Lebensgefühl sehr vieler der neuen Selbstversorger treffen wird.

»Es geht um unser Leben, unsere Zukunft, einen Hof und viel Verbindung mit der Natur. Es geht um Freiheit, Verantwortung und Unabhängigkeit. Das Leben in der heutigen Gesellschaft sieht für die allermeisten so aus, dass du von morgens bis abends damit beschäftigt bist, zu lernen, zu arbeiten oder dich vom Lernen und vom Arbeiten zu erholen. Du machst Dinge, die du nur tust, weil du dich ablenken musst. Ablenken davon, dass du in einem unsichtbaren Käfig steckst. In einem Käfig aus Arbeit, Beton, Abgasen und Konsum. Letzterer wird dir so verkauft, als sei er der Lohn für die Arbeit. Ein Teufelskreis: Wir arbeiten, um zu konsumieren, müssen dann mehr arbeiten, um das Gekaufte zu erhalten, und möchten dann aber, da wir ja jetzt mehr arbeiten, zur Belohnung mehr konsumieren. Und wir alle akzeptieren dies als gegeben und normal. Gibt es nur eine Person, die durch Geld und Besitz glücklicher wird als ein Mensch, der im Einklang mit seiner Umgebung lebt und innige, gute Freundschaften pflegt? Macht uns nicht mehr und mehr Besitz immer abhängiger von noch mehr Arbeit? Sehnen sich die meisten Menschen nicht deswegen von Zeit zu Zeit so sehr nach Urlaub, weil der Alltag für sie das genaue Gegenteil von Urlaub ist?«

Hinter Lisas und Michaels Versuch, ihre Idee wahr zu machen, steckt keine liebenswert-spinnerte Idee zweier Träumerle, sondern handfeste Gesellschaftskritik, das keimende Bewusstsein, dass es so nicht weitergeht mit uns allen, und der Mut, sich offen im Widerspruch zu seiner Zeit zu bewegen – nicht zu vergessen eine Prise Sendungsbewusstsein. Das Weblog auf ihrer Homepage soll andere darüber auf dem Laufenden halten, wie ihr Experiment fortschreitet, und ihnen so das Selbstversorgen schmackhaft machen. Subsistenz als Selbstversuch, an dem alle laufend teilhaben können.

Die Anfänge sind, wie könnte es anders sein, bescheiden. Das große Ziel ist, Lebensmittel so weit wie irgend möglich selbst zu produzieren und auf diese Weise wenigstens bei der eigenen Nahrung vom Kaufen unabhängig zu sein. Erste Schritte sind gemacht, alles Weitere folgt peu à peu, mehr geht im Moment ohnehin nicht. Die meiste Arbeit im eigenen Garten verlegen die beiden auf das Wochenende. Michael wohnt zwar schon ganz in dem Haus in der Buckligen Welt, er kann seine Erwerbsarbeit in der Agentur größtenteils von dort erledigen. Unter der Woche bleiben aber nicht so viele Stunden für die Kleinlandwirtschaft, wie er sich wünschen würde, da er nebenbei auch auf dem benachbarten Bauernhof mithilft. Lisa studiert in Wien, kommt nur für das Wochenende raus. Sie versucht, alles, was die Uni betrifft, am Freitag abgeschlossen zu haben, damit sie den Samstag und Sonntag frei hat für den Garten und das Haus.

In den ersten Wochen machten die beiden zunächst Bekanntschaft mit den Unwägbarkeiten der Landarbeit. Als sie das Gartenstück urbar machten, kam eine ganze Menge Bauschutt ans Tageslicht. Teile der Fläche waren durch Steine und Sand zusätzlich ungeeignet für die meisten Nutzpflanzen, sodass Michael und Lisa fruchtbarere Erde aufschütten mussten. Immer wieder schlägt durch, dass ihnen noch eine Menge praktischer Erfahrung fehlt. »Wir haben zum Beispiel zum Teil keine Ahnung gehabt, wie die Keimlinge der verschiedenen Pflanzen aussehen und so ist es uns schon passiert, dass wir Keimlinge als vermeintliches Unkraut wieder ausgerissen haben«, gesteht Lisa. »Es gibt noch unendlich viel zu lernen und wir haben etliche Fehler gemacht. Über das, was wir bisher geschafft haben, freuen wir uns total.«

Von Enttäuschung oder Ernüchterung ist bei Lisa und Michael also keine Spur zu sehen. Im Gegenteil: Die beiden fühlen sich durch ihre bisherigen Erfahrungen bestätigt, dass es genau richtig war, mit der Selbstversorgung zu beginnen. Überdies war bereits vor dem Januar 2010 die Entscheidung für den Hof gefallen. Sie war nur die »logische Konsequenz aus unserem Streben nach einem sehr nachhaltigen Leben

mit der Natur«, wie Michael zusammenfasst. Ein Erweckungs-
erlebnis, den berühmten Blitz in den Baum, hat es für beide
nicht gegeben. »Es waren eher kleine Erlebnisse, die sich un-
terbewusst angehäuft haben«, sagt Lisa. Erfahrungen mit Gartenarbeit zu Subsistenzzwecken hatten beide bereits gemacht.
Ihre Konsumgewohnheiten sind ihnen dabei nach und nach
immer bewusster geworden, aber ihnen wurde auch klar,
dass »korrektes Einkaufen« und mit weniger gekauftem Besitz zu leben allein nicht der Weisheit letzter Schluss ist. Irgendwann formte sich dann der Gedanke: Was, wenn wir ausschließlich so leben könnten – mit einem Garten voller Nahrungsmittel? Und dann sind sie hingegangen und haben es
einfach getan.

Ein Risiko gehen die neuen Selbstversorger in jedem Fall ein.
Manche lehnen sich sogar noch weiter aus dem Fenster als
Michael und Lisa, die immerhin ihren Job in der Stadt beziehungsweise ihren Studienplatz behalten haben. Das Paar
Giann und Vanella lebt in Südtirol auf einem Bergbauernhof,
den es konsequent zum Zweck der Selbstversorgung bewirtschaftet.[14] Fast alles, was sie zum Leben haben, beziehen sie
von dort. Sie mussten sich ihre Kenntnisse und Fertigkeiten
erst nach und nach aneignen, viel durch die alltägliche Arbeit im Gemüsegarten, an den Obstbäumen oder auf den
Weiden und in den Ställen, wo sie die Ziegen, Schafe, Hühner, Puten und die zwei Kühe untergebracht haben. Manches
mussten sie sich auch anlesen, von Bekannten oder Nachbarn
haben sie gute Ratschläge bekommen, vieles kam durch Ausprobieren dazu. Ihr Land mussten sie erst einmal kennenlernen. Zu einem Subsistenzhof sollte eben auch gehören, zu
wissen, wo in dem dazugehörigen Stück Wald die essbaren
Pilze, die Kräuter und die Wildfrüchte wachsen. Mittlerweile
wissen sie, wie's geht, und erarbeiten mit dem Vieh und den
Nutzpflanzen sogar Überschüsse, die sie im Ort zum Tausch
oder als Geschenke für Freunde verwenden.
Ihr Ziel ist ein eigenständiger Lebensunterhalt, der so
weit wie möglich ohne Geld gesichert sein soll. Sie wollen
»aus dem Geld« sein, wie man in Südtirol sagt. Der Natura-
lientausch funktioniert gut beim Handeln von Mensch zu

Mensch. Die Steuern, die Stromrechnung oder die Versicherungen müssen sie notgedrungen weiter mit Geld bezahlen, das sie unter anderem über die Viehhalteprämie einnehmen. Beim Zahnarzt kann es dagegen gerne auch einmal Lammfleisch sein.

Heißt aus dem Geld sein denn, aus dem Leben zu sein, dem Leben aller anderen? Sind die neuen Selbstversorger nichts weiter als Aussteiger, die mit der Moderne einfach nichts mehr zu tun haben wollen? Giann und Vanella würden wohl eher sagen, sie seien durch den Hof ins Leben wieder eingestiegen.[15] Sie sind nicht draußen, aber eigen, wie alle neuen Selbstversorger. Sie tun alle einen Schritt in eine Existenz, die für die meisten unvorstellbar wäre, abwegig, weit weg vom Gewohnten. Die einen tun den Schritt vorsichtiger, die anderen beherzter; die einen tun ihn absichtsvoll und mit einem Plan, die anderen beiläufig und ohne bewusste Reflexion. Keiner von ihnen dreht der von Märkten geprägten Gesellschaft jedoch ganz den Rücken zu, keiner von ihnen könnte. Michael und Lisa sind (vorerst) nur zeitweise in ihrem Häuschen in der Buckligen Welt, unter der Woche gibt es einen Job zu machen und ein Studium abzuschließen. Peter Huth hält seine Landwirtschaft größtenteils zum Verkauf, ist regelmäßig in Berlin unterwegs, um Kunden zu beliefern. Auch Giann und Vanella, die sich vielleicht am weitesten autark gemacht haben, treiben einen regen Tauschhandel mit allem, was auf ihrem Hof wächst und lebt.

Sie nehmen dafür die eine oder andere Härte in Kauf. Selbstversorgung kann (vor allem am Anfang) sehr unbequem sein. Der Lebensstandard fällt bisweilen zunächst ungewohnt niedrig aus. Das neue Heim muss vielleicht erst bezugsfertig gemacht werden. Und Garten- oder Landarbeit ist generell harte Arbeit. Nicht jeder kommt sofort mit einem Leben auf einem Hof zurecht. Widrigkeiten gehören zur Selbstversorgung dazu. Aber ist das nicht lediglich der Eintrittspreis für einen Lebensstandard, dessen tatsächliche Qualität nach den herkömmlichen Maßstäben gar nicht zu bemessen ist?

Die Wahl für ein auf den ersten Blick unbequemes Leben macht die neuen Selbstversorger noch nicht zu Aussteigern.

Schon allein weil aussteigen bedeuten würde, in der Gesellschaft, die sie kritisieren, keine Rolle mehr zu spielen. Die
Rolle der neuen Selbstversorger allerdings ist eben längst noch
nicht ausgemacht. Vielleicht sind es gerade sie, die einer sehr
jungen, noch kaum sichtbaren Entwicklung voranschreiten.
Jedenfalls muss vor dem neuen Leben aber ein Stück Abkehr
vom alten stehen.

Unter dem Müll

Dass Selbstversorgung in unseren »entwickelten« Industrieländern nur noch von ein paar traditionsbewussten Landleu-
ten oder weltabgewandten Grantlern betrieben würde, ist
ein Vorurteil, das wahrscheinlich nie ganz gestimmt hat und
heute ganz sicher nichts mehr mit der Realität zu tun hat. Die
neuen Selbstversorger sind oft noch jung, in jedem Fall zeitkritisch und bereit, etwas zu wagen. Und sie wohnen häufig
in der Stadt. In den Metropolen sprießt neuerdings wieder das
Grün, und das nicht, weil die städtischen Grünflächenämter
reger geworden wären, sondern weil eine moderne Selbstver-
sorgerbewegung die dicht besiedelten Flächen Berlins, Hamburgs oder Münchens als Gartenbauerwartungsland entdeckt
hat. »Urbane Subsistenz« ist ein Weckruf und eine Lebensauffassung geworden für viele, die der Konsumwüste müde geworden sind.

In Berlin beispielsweise ist die Zahl der urbanen Neugärtner groß genug geworden, um ein Netzwerk zu gründen.
Urbanacker heißt es und fasst über 40 Gemeinschaftsgärten,
Nachbarschaftsgärten, interkulturelle Gärten, Stiftungen und
Projekte zur städtischen Landwirtschaft zusammen. Das Netzwerk gibt es schon einige Jahre, sicherlich profitiert es auch
von dem derzeitigen Trend zum Gärtnern, aber das ist nicht
sein ganzes Erfolgsgeheimnis. Der Anbau von Nahrungsmitteln interessiert immer mehr Menschen und veranlasst
sie zum Handeln. Tatsächlich steht dieses Motiv bei denjenigen häufig im Zentrum, die sich in den zahlreichen Gemeinschaftsgärten engagieren.

Das hat auch Elisabeth Meyer-Renschhausen beobachtet und gleich ein ganzes Buch zu den Community Gardens in New York geschrieben.[16] Urban Gardening ist ein internationales Phänomen. Im Big Apple (was für ein sprechender Name!) hat urbanes Gärtnern schon eine längere Tradition als in Deutschland. Vor allem in den ärmeren Stadtvierteln steht dabei die Produktion von Lebensmitteln für den Eigenbedarf oder zum Tauschen im Vordergrund. In der Ära des Bürgermeisters Rudolph Giuliani wurde das »wilde« Gärtnern auf freien Parzellen mitten in den öden Wohnblocks noch als »Kommunismus« verschrien. Aber die städtischen Bäuerinnen ließen sich nicht abschrecken. Sie sind den Kampf um jeden Quadratmeter mit der Kommunalverwaltung, den Immobilienbesitzern oder den Bodenspekulanten gewohnt.

Unter dem Müll der Acker heißt Meyer-Renschhausens Buch. Der Müll steht nicht bloß deshalb im Titel, weil er oft als Einziger die brachen Flächen bevölkert, bevor ein paar Engagierte einen Nachbarschaftsgarten daraus machen. Nein, die Neugärtner müssen sich bisweilen selbst wie menschlicher Müll vorkommen. In New York sind viele von ihnen Arbeitslose oder chancenlose Einwanderinnen. Letztere bringen neben den Hoffnungen auf einen Neuanfang oft noch einen wertvollen Kenntnisschatz mit: Sie wissen, wie man einen Küchengarten bewirtschaftet. Für sie und andere, denen die Geldmittel fehlen, ist Gärtnern ein Mittel zum Überleben, eine Form der Selbsthilfe in einer Großstadt, die ihnen von sich aus nicht helfen wird.

Gemeinschafts- und Nachbarschaftsgärten sind in ihrer Gesamtheit eine schillernde Erscheinung. Es führte zu einem verkürzten Bild, ihren Sinn ausschließlich in der Nahrungsmittelversorgung der Mittellosen zu sehen. Die Kiezgärten, wie manche von ihnen in Berlin heißen, entstehen meist durch das Engagement einer bunten Mischung von Anwohnern mit einer ebenso bunten Mischung von Beweggründen, zu denen unter anderem die Aufzucht von Nutzpflanzen gehört. Auf der kleinen Fläche in der Schliemannstraße am Prenzlauer Berg beispielsweise stehen sowohl Obstbäume, Kräuter, Beeren und Gemüsebeete als auch Blumen, die einfach schön aussehen; es ist Platz genug für spielende Kinder wie eben auch für Gartenarbeit. Der Kiezgarten ist in erster Linie ein Treffpunkt und Gemeinschaftsraum (siehe Kapitel 6), in dem Menschen zusammen tätig (und natürlich auch mal untätig) sein können. Die Tätigkeiten haben selbstredend meistens mit dem Gärtnern zu tun. Spezialität an der Schliemannstraße: alte Kulturpflanzen wie Blaue Kartoffel oder Erdbeerspinat.

Der wohl bekannteste Gemeinschaftsgarten Berlins jedoch ist die »Rosa Rose«. Er entstand 2004 in Friedrichshain-Kreuzberg, als einigen Anwohnern der Kinzigstraße der Anblick der bereits seit Jahren brachliegenden Baulücke inmitten ihrer Häuser zu bunt (besser gesagt: zu grau) wurde. Der Bezirk ist mit nur wenig Grün gesegnet, die Gebäude sind einförmig, hoch und strahlen den Charme des Zweckmäßigen aus. Es lag nahe, das wartende Bauland, das bis dato im Besitz der Stadt lag, in die eigenen Hände zu nehmen und in einen blühenden Garten zu verwandeln. In einer gemeinsamen Anstrengung der inzwischen gewachsenen Gruppe begeisterter Grünflächenfreunde wurde die Brachfläche zuerst von dem Abfall befreit, der sich dort gesammelt hatte, und anschließend bepflanzt. Der Gemeinschaftsgarten wuchs in den folgenden Jahren prächtig, so wie die Gemeinschaft selbst auch. Man traf sich, gärtnerte, diskutierte, richtete kulturelle Veranstaltungen aus, freute sich daran, all das prinzipiell jedem, der kommen wollte, kostenlos zur Verfügung stellen zu können.

Der Nachbarschaftsgarten war nicht zuletzt auch ein Raum, um sich beziehungsweise etwas auszuprobieren. »Für mich ist der Garten ein riesiges Experimentierfeld«, schreibt eine der Besucherinnen in ihrem Weblog.[17] »Kann man einen Johannisbeerbusch als natürliche Rankhilfe für Erbsen einsetzen oder bekämpfen die beiden sich gegenseitig? Fühlen sich Erdbeeren am schattigen Fuße eines Haselnussbuschs wohler als in der prallen Sonne? Welche Pflanzen passen zum trockenen sonnigen Mikroklima des Gartens?« Genau wie Lisa und Michael oder Giann und Vanella auf ihren Höfen lernen auch die Gemeinschaftsgärtner durch Versuch und Irrtum, durch machen, hinschauen, anders machen.

Im Juli 2009 schließlich fiel für die »Rosa Rose« der Vorhang. Alles, was von ihr bleibt, ist ein Abgesang auf das »kleine, grünbunte Juwel in unserer kostbaren urbanen Natur, die das Leben inmitten von Stein und Beton so viel größer macht« auf der Homepage der Stiftung Interkultur (die auch das Netzwerk Urbanacker fördert). Die Stadt verkaufte das Grundstück an einen Investor, erst nur ein Drittel, dann den Rest. Immerhin konnten die Pflanzen gerettet und mit Lastenfahrrädern in einem feierlichen Umzug auf andere Brachflächen transportiert werden. »Wie Rhizomausläufer entstanden dabei auch in vielen anderen Stadtteilen kleine Rosa-Rose-Asylbeete.«[18] Ihre grüne Insel in direkter Nachbarschaft ist für die »Rosa Rose«-Gärtner einstweilen passé, sie hegen dennoch weiter die Hoffnung, an anderer Stelle einen Ort zu finden, an dem es weitergehen kann. Sowohl Anlass als auch geeignete Brachen gäbe es schließlich genug.

Urbane Gärten sind deswegen für Menschen mit den unterschiedlichsten Hintergründen so attraktiv, weil sie vielerlei Vorteile bieten. Den Arbeitslosen zum Beispiel geben sie nicht bloß ein Zusatzeinkommen in Form von Lebensmitteln, sondern auch ein Stückchen Würde zurück, das ihnen ohne die selbstwertspendende Lohnarbeit oft genug fehlt. Aber Elisabeth Meyer-Renschhausen hat noch mehr Effekte beobachtet. Gemeinschaftsgärten bringen ihre Mitglieder der Natur wieder näher. Gärtnern heißt stets, im Rhythmus der Pflanzen zu arbeiten, auf Tages- und Jahreszeiten zu achten, genau zu beobachten, umsichtig mit seinen »grünen Partnern« umzugehen. Das heißt auch, dass die Arbeit in der Regel geruhsamer ist und man mit den eigenen Kräften besser haushalten lernt. Außerdem bringt Gartenarbeit Leute zusammen. Sie ist kooperativ, die Gärtner teilen Geräte oder Land, tauschen untereinander ihre Erzeugnisse und Erfahrungen aus und kommen einander näher. Nicht zuletzt ist das wilde Gärtnern mitten in den Städten eine Form von Protest, wie im Fall der »Rosa Rose«. Man will sich nicht von der Stadt bevormunden lassen oder sich damit zufriedengeben, dass ein Investor kommt und entscheidet, wie die Nachbarschaft auszusehen hat (vgl. Kapitel 6).

New York, so Meyer-Renschhausen, gleicht in einem Punkt den großen Metropolen in Südamerika, Afrika oder Südostasien: Überall gibt es städtische Selbstversorgung. Auch Berlin, Hamburg oder Köln könnten sich hier einreihen. Zwar sagt uns unser Bild von großen Städten etwas anderes: Nämlich dass dort neben Wohnungen, Industrie, Dienstleistungsgewerbe und Verkehr kein Platz mehr sei für Äcker und Lebensmittel. Letztere kämen heutzutage ohnehin ausschließlich von draußen, vom Land, wo sie von einem spezialisierten Berufsstand, den Landwirten, hergestellt werden. Zum größten Teil ist das ja auch so. Städte werden durch das nahe gelegene Land versorgt – Berlin zum Beispiel lange Zeit überwiegend durch das Oderbruch. Was in diesem Bild aber untergeht, ist der große Anteil an urbaner Subsistenz, der nach wie vor weltweit die Mägen der Städter füllt – auch in den Industrieländern. In Russland wurden in den 90er-Jahren 90 Prozent aller Kartoffeln privat auf Datschen gezogen und geerntet. Von allen Nahrungsmitteln der Welt werden geschätzte zehn bis 15 Prozent von städtischen Familien in Gärten produziert, rund 200 Millionen dieser Familien überleben überhaupt nur wegen jenes Eigenbeitrages zum Haushalt.[19] Möhren und Johannisbeeren in einem kleinen Hinterhausgarten mitten in der Stadt: Das ist für uns ein historischer Schnappschuss aus der Nachkriegszeit wie der Henkelmann und die fein geblümte Haushaltsschürze. Aus den Gemüsebeeten wuchs zum Schluss ein Carport, in den Kaninchenställen liegt längst das Brennholz für den neuen Kamin. Und dennoch: Die urbane Selbstversorgung war nie ganz tot. Unsichtbar, mag sein. Jetzt schließlich kommt sie mit Macht zurück. Wer weiß, ob sie nicht künftig notwendig sein wird, um den Appetit der rapide wachsenden Zahl der Städter noch stillen zu können.

In den Niederlanden hat man bereits begonnen, nach technischen Lösungen für kommende Nahrungsengpässe zu suchen und das Konzept der »Vertical Farms« entwickelt: Gebäude, in denen landwirtschaftliche Nutzflächen in Etagen übereinander angelegt werden, sollen als eine Art mehrgeschossiges Gewächshaus dienen. Eine autarke Energieversorgung über Windräder wäre denkbar. Der geringe Flächenverbrauch spräche für die Idee. Dennoch wurde das Projekt »Delta-Park«

in Rotterdam aufgrund der geringen öffentlichen Akzeptanz nicht realisiert. Die Bevölkerung denkt offenbar anders über ihre künftige Ernährung, als sie weiterhin durch überdimensionale Treibhäuser sicherstellen zu lassen.

Andere Wege will das Münchener Projekt »Agropolis« gehen, das sich eine kleine Gruppe aus Stadtplanerinnen, Architekten und einer Stadtsoziologin ausgedacht hat. Die »Wiederentdeckung des Erntens im urbanen Alltag steht auf dem Programm«. Dazu wollen Tobias Baldauf, Margot Deerenberg, Florian Otto, Joerg Schroeder und Kerstin Weigert das Erschließungsgebiet Freiham an der westlichen Münchener Peripherie in einen »Agrikulturpark« verwandeln. Dort, wo jetzt noch die A 99 den Verkehr an den bebauten Gebieten der Vorstädte vorbeileitet, soll ein Zentrum der regionalen Landwirtschaft entstehen, das die Münchener mit frischen Ackererzeugnissen beliefert. Parallel dazu soll in der ganzen Stadt die Umwandlung von Brachflächen aller Größen bis hinunter zu privaten Dachgärten oder Terrassen in Nutzflächen für die urbane Landwirtschaft angeregt werden. Musteranlagen in Freiham werden demonstrieren, wie es laufen soll. Nach den Vorstellungen der Agropolis-Vordenker wird prinzipiell jeder freie Quadratmeter zugänglich gemacht für »die kreative Aneignung von untergenutzten Flächen wie Flachdächern, Fassaden, Lücken und Nischen, die Aufwertung von Hausgärten, Balkonen und Gemeinschaftsgärten«.[20] Viel Platz für Selbstversorger also.

Das Agropolis-Projekt ist in der Tat aus einem Nachdenken über eine autarke Versorgung der Stadt mit Nahrungsmitteln hervorgegangen. Autarkie ist das erklärte Ziel des Vorhabens, die Landwirtschaft mitten in die Stadt zu holen. Aus der alten Zweiteilung in einen Stadtraum und einen außerhalb liegenden Versorgungsraum machen die Agropolis-Entwickler ein gemischtes Konzept, eine Agro-City, wenn man so will. Ihre Vorstellungen kommen gut an: Auf dem 2009 von mehreren Landesministerien ausgerufenen Ideenwettbewerb »Open Scale« konnte das Projekt den ersten Platz gewinnen.

Eine größtenteils nachtaktive Spielart der urbanen Selbstversorgung kommt in Deutschland seit wenigen Jahren allmählich ans Tageslicht. Sie sucht unter dem Müll nicht den Acker, sondern gleich nach Essbarem. »Mülltaucher« steigen nach Ladenschluss in die großen Container hinter den Discountern und Verbrauchermärkten und fahnden nach Lebensmitteln, die dort nur gelandet sind, weil ihr Haltbarkeitsdatum abgelaufen ist. Falk Beyer (29) ist einer von ihnen. Er kommt ohne bezahlten Job aus, engagiert sich aber im Jugendumweltbüro seiner Stadt Magdeburg. Auch sein Ziel ist, mit so wenig Geld wie möglich seinen Unterhalt zu bestreiten. Also zieht er abends mit ein paar Gleichgesinnten los und holt sich Obst, Brot und Gemüse aus der Tonne. Das, was sie finden, ist sehr oft noch gut, in jedem Fall genießbar, manchmal völlig makellos, die Verpackungen noch ungeöffnet. Beyer und seine Freunde nehmen mit, so viel sie essen können. Sie praktizieren dabei den bewussten Umgang mit Lebensmitteln, der allzu oft schalen Rentabilitätserwägungen geopfert wird.

Die haben auch Anna Poddig auf die Palme gebracht, selbst ernannte »Vollzeitaktivistin« und Autorin des Buches *Radikal mutig – Meine Anleitung zum Anderssein*, mit dem sie 2009 durch alle Medien gegangen ist. Poddig ist Jahrgang 1985 und hat trotzdem schon so ziemlich alles gemacht, was die deutsche Protestkultur herzugeben imstande ist. Mit dem Mülltauchen oder Containern, wie es auch heißt, erreicht sie nicht nur einen Gutteil ihrer Lebensmittelversorgung, sondern protestiert auch gegen die Praxis der Einzelhandelsunternehmen.

»Unmengen von Lebensmitteln werden weggeschmissen, weil es sich finanziell nicht lohnt, damit sparsam umzugehen«, schreibt sie. »Die Lebensmittel reduziert abzugeben lohnt sich meist nicht, die Gewinnspanne wäre dann zu niedrig. Es kommt am Ende mehr Geld dabei heraus, wenn neue Ware bestellt wird und die ›nicht stimmige‹ ohne größeren Arbeits-, Zeit- und Personalaufwand im Müll verschwindet.«[21]

Das ist nicht gut genug, finden sowohl Poddig als auch Beyer, und haben sich damit in eine Reihe gestellt mit ungezählten anderen Mülltauchern weltweit. In den USA heißen sie »Freegans« (von »free« und »vegans« = Veganer) oder »Dumpdiver«. New York ist den Deutschen einen kleinen Schritt voraus, dort gibt es bereits Führungen zu den besten Containering-Plätzen.

Hier wie dort gleichen sich die Mülltaucher jedoch in ihrer Grundhaltung der Kritik an der unmäßigen Verschwendung in unserer Konsumgesellschaft. Wie die ARD in ihrem Dokumentarfilm »Frisch auf den Müll« berichtet, ist die Liste des Unfassbaren in Lebensmittelhandel und -produktion tatsächlich besonders beeindruckend. Die Verbrauchermärkte etwa halten laut Bericht stets rund ein Fünftel mehr Waren vorrätig, als überhaupt verkauft werden können, um den Kunden eine von ihnen erwünschte breite Auswahl anzubieten. Gemüse und Obst werden zum Teil bereits beim Erzeuger zu 40 bis 50 Prozent aussortiert, da es den Auswahlkriterien der Hersteller nicht entspricht. Was Flecken hat, kommt schon mal weg. Das gilt auch für alle verpackten Produkte, deren Mindesthaltbarkeitsdatum abgelaufen ist – was jedoch nicht, wie landläufig angenommen, bedeutet, dass die Ware beim Verzehr gesundheitlich bedenklich wäre. Joghurt zum Beispiel trägt einfach ein gewisses Risiko, seine Cremigkeit einzubüßen, wenn er länger steht. In der Folge heißt das: Rund die Hälfte aller Lebensmittel landet vor Gebrauch auf dem Müll. Deutschland verschwendet hochgerechnete 20 Milliarden Euro jährlich für Bananen, Bockwurst, Bauernsalat, die es gar nicht erst isst. Allein 500.000 Tonnen Brot werden pro Jahr weggeworfen, so viel, dass manche Bäckereien dazu übergegangen sind, ihre Öfen mit den Überschussschrippen zu heizen. Die Kosten tragen andere: der gerodete tropische Wald, das globale Klima, die afrikanischen Bauern, denen die Weizenpreise verdorben werden.[22] Da kann man schon ins Grübeln kommen, zumal wir das alles tagtäglich mit jedem ausgegebenen Cent unterstützen.

Die Mülltaucher sind vielleicht tatsächlich die besseren Verbraucher. Sie selbst sind sich indessen darüber im Klaren, nicht etwa in moralisch sicherer Entfernung zum System zu stehen. Mülltaucher sind mitten drin. Was sie tun, soll auch gar kein Ausstieg sein.

»Oft haben sie Arbeit, eine Wohnung im bürgerlichen Viertel und nicht selten ein festes Einkommen. Sie wühlen nicht im Abfall, weil sie arm sind, sondern weil sie gegen eine Konsumkultur protestieren wollen, die sich einen solchen Wegwerfwahn leistet.«[23]

Es geht ihnen nicht darum, ein anderes Lebensmodell zu entwerfen, eine Alternative zu Marktwirtschaft und ressourcenintensiver Lebensmittelindustrie. Es geht um einen stillen Protest an der Maßlosigkeit, die sich diese Gesellschaft leistet. Sicher versorgen sie sich in erster Linie mit Essen. Auf die Art, wie sie es tun, nutzen sie aber eine Nische, die das Verwertungssystem von Produktion und Handel offen lässt, und geben so mit jedem Brot, das sie aus dem Abfall ziehen, einen Kommentar zum System ab. Auf dem Parkplatz einer Lidl-Filiale mit Gummistiefeln gewappnet in einen Container voll Abfall zu springen wird bei ihnen mithin zu einem politischen Statement. Sie wollen auf ein gesellschaftliches Fehlverhalten aufmerksam machen, das Falk Beyer so zusammenfasst: »Die Verschwendung und die Vernichtung von Lebensmitteln, während gleichzeitig Menschen in aller Welt Hunger leiden und auch in Deutschland soziale Armut weiter vorherrscht.«[24] Leben aus dem Müll wird so im doppelten Sinn zu einem gut versorgten Leben: Nahrungsmittel sind im Überfluss da und gleichzeitig kann ich für die Gemeinschaft tätig sein, indem ich mit kritischen Kommentaren zu ihrer Verbesserung beitrage. So viel gutes Leben aus einer Abfalltonne? Wer hätte das gedacht!

Wir brauchen das ja auch

Peter Huth im Oderbruch, Lisa und Michael in der Buckligen Welt, Giann und Vanella in Südtirol, die »Rosa Rose«-Gärtnerinnen in Berlin, Frank Beyer in Magdeburg – sie alle verzichten auf einen einfachen Gang zum Gemüsehändler um die Ecke oder zum Verbrauchermarkt in der Vorstadt und haben sich stattdessen Möglichkeiten gesucht, auf andere Art und Weise an ihr tägliches Brot zu gelangen. Sie alle haben es geschafft, das Geld mindestens partiell zu umgehen und einen Teil ihrer Nahrung mit den eigenen Händen herzustellen. Bei einigen ist es (noch) ein eher kleiner Teil, bei anderen steht er bei fast 100 Prozent. Warum aber tun sie das? Sie haben doch auch ohne den eigenen Acker alles, was sie brauchen,

oder? Warum stellen sie sich nicht bequem in die Kassen-
schlange, warum müssen sie stattdessen sammeln, ackern,
schuften, schwitzen?

Not zumindest treibt sie nicht an. Auch wenn es auf den
ersten Blick eine solche Anmutung haben mag: In Abfallcon-
tainern zu wühlen ist kein sicheres Zeichen von Verwahrlo-
sung und Armut. Im Gegenteil, die Zahl der Obdachlosen und
Erwerbslosen in den Mülltauchergruppen ist verschwindend
gering.[25] Mülltaucher würden auch ohne ihre unorthodoxe
Art der Lebensmittelakquise gut über die Runden kommen.
Not sitzt ebenso wenig den neuen Selbstversorgern, den (Teil-
zeit-)Bäuerinnen und Stadtgärtnern im Nacken. Die meisten
sind ausreichend oder sogar gut versorgt. Die Selbstversorgung wäre, in haushälterischen Begriffen gedacht, allenfalls
ein Zubrot zur Existenzsicherung. Als das Büro für Landschaftskommunikation die Ankündigung für die Sommerschule im Oderbruch formulierte, schrieben Kenneth Anders
und sein Kollege hinein, die Leute würden aus Tradition, Lust
oder Not die Selbstversorgung wählen und forderten damit
unfreiwillig eine Reaktion heraus. »Den Notbegriff«, sagt Anders nach der Sommerschule, »den haben alle abgelehnt. Vor
allem die Älteren und diejenigen, die es aus einer alten Tradition heraus machen.«

Die Tradition, auf der anderen Seite, ist allerdings auch
nicht der springende Punkt. Denn sicherlich sind noch viele
Familien auf dem Land – im Oderbruch, in Südtirol oder anderswo – gewohnt, einen Teil ihres alltäglichen Bedarfes in
Eigenproduktion herzustellen, und das seit Generationen, sodass man von Traditionen durchaus sprechen kann. Dennoch
ist sich Anders nach seinen Erfahrungen sicher, dass die Tradition ohne einen bewussten Entschluss keine große Rolle
spielen würde. »Es ist nicht so: Weil die Eltern das gemacht
haben, macht man das auch, sondern es hat schon mit einem
gewissen Anspruch zu tun, den die Leute aus dieser Tradition heraus an sich selbst stellen.« Schließlich haben sich
(ob frische Zuzügler aus Berlin oder Langverwurzelte) vor
ihren unterschiedlichen Hintergründen alle zur Subsistenz
entschieden.

Warum also das Wagnis und die Widerstände auf sich nehmen? Tatsächlich hat der Entschluss zur Selbstversorgung ja durchgreifende Konsequenzen für die Lebensführung (das ist schließlich auch ihr Sinn). Man verlässt ein gewohntes, recht bequemes Leben und begibt sich in ein zunächst ungewisses neues. Dinge wie eine funktionierende Heizung oder eine Versicherung gegen Arbeitslosigkeit, die man bisher nie missen musste, fehlen plötzlich und müssen ersetzt oder erst bereitgestellt werden, und das kann heißen: noch mehr Eigenarbeit. Ohne Anstrengung, auch beim Überwinden innerer Widerstände, geht das nicht.

Neben einem Haufen Arbeit müssen sich Selbstversorger auf die von Irritation zeugenden Reaktionen ihrer Mitmenschen gefasst machen. Vanella und Giann mussten erst lange Zeit die spöttischen Gesichter der eingesessenen Dorfbewohner ertragen, die ihre Höfe auf eine herkömmliche, marktorientierte Weise bewirtschaften und nicht wie die beiden Neuen nach ihrer Idee, »aus dem Geld« zu gehen. Das Kopfschütteln der Mitmenschen muss erst durch den Nachweis des Erfolgs beschwichtigt werden, dazu gehört ein gewisses Maß an Sturheit und Überzeugung.

Das Risiko, eben keinen Erfolg zu haben und zu scheitern, steht natürlich ständig im Raum. Wenn man einen kleinen Gemüsegarten angelegt hat, hält sich das Wagnis in Grenzen. Ein ganzer Hof mit all der Arbeit und den finanziellen Anfangsinvestitionen legt die Risikolatte ein gutes Stück höher. Sicherlich hat es also Sinn, nicht von vornherein seine Existenz vollständig auf Selbstversorgung zu bauen.

Schließlich drohen so manchem Stadtgärtner und Mülltaucher ernsthafte Konsequenzen vonseiten des Gesetzgebers und seiner Exekutive. Bauerwartungsland, das der Kommune oder einem Investor gehört, in Eigenregie zu vergärtnern, ist streng genommen nicht legaler als eine Hausbesetzung, auch wenn die Stadt im Einzelfall das eine oder andere Auge zudrücken mag. Und dass die Rechtsabteilung der Investoren sich nicht schrecken lässt von der schlichten Schönheit jahrelang sorgfältig gehegter Beete, versteht sich. In der Illegalität bewegen sich auch die Mülltaucher. Im Container oder im Regal: Alle Lebensmittel gehören dem Supermarkt, so lange, bis sie von einem Entsorger abgeholt werden. Und dann gehören sie dem Entsorgungsbetrieb. Vor dem Gesetz ist Containern, man kann es drehen und wenden, wie man will, Diebstahl.

Keine Not, keine Bindung an eine Tradition, kein bequemes Leben, stattdessen vermeidbare Härten und Risiken. Nach dieser Formel dürfte es eigentlich gar keine Selbstversorger geben. Dass diese Leute eigen sind und wagemutig, kann allein noch nicht erklären, warum sie tun, was sie tun. Scheinbar gibt ihnen die Selbstversorgung etwas, das sie ohne sie vermissen müssten, und das sie deshalb trotz aller Hindernisse und Einschränkungen zu erlangen versuchen. Wir müssen also fragen, welche Bedürfnisse hier eigentlich hochkochen. Was wollen, was *brauchen* die Selbstversorger?

Vordergründig geht es um Nahrung. Menschen sind keine besseren Säugetiere, insofern auch sie ständig Nachschub an Proteinen, Kohlenhydraten und Vitaminen benötigen, schlicht um am Leben zu bleiben. Der Hunger und Durst nach Lebensmitteln gehört also zu den basalen Grundbedürfnissen für uns alle. Ohne Nahrungsmittel geht alles andere auch nicht. Da sind wir wie die Tiere, meint auch Peter Huth: »Wir kommen ja daher und brauchen das ja auch. Da liegt die Basis: Wir brauchen alle erst mal sauberes Wasser und was zu essen, dann kann der Rest passieren.« Der Rest ist alles, was Menschen sonst noch tun: Einen Spaziergang machen, einem Kind die Windeln wechseln oder eine Konzerthalle bauen.

Demnach müsste es bei der Selbstversorgung zuvörderst um Hunger gehen. Das aber kann nicht sein. Zum einen sprechen alle Beispiele, die ich bis hierher präsentiert habe, eine andere Sprache; sogar die Mülltaucher werden nicht durch leere Bäuche getrieben. Zum anderen muss in unserer Gesellschaft tatsächlich kaum jemand langfristig Hunger leiden. Für den allergrößten Teil der Mitteleuropäer sind die alltäglichen Mahlzeiten gesichert.[26] Das immerhin hat die kapitalistische Marktwirtschaft geschafft: eine flächendeckende, allgemeine Bereitstellung von Lebensmittelbeschaffungsstellen, die wir Einzelhandel nennen.

Wenn Hunger und Durst nicht die einzigen Bedürfnisse sind, die von der Selbstversorgung gestillt werden, dann muss es darüber hinaus noch andere geben. Immerhin spielt der

Wunsch, Nahrung in Eigenproduktion herzustellen, offenbar eine tragende Rolle. Das jedenfalls unterstreicht Lisa Pfleger, wenn sie auf die Frage hin, welches Motiv bei ihr für die Gründung eines Hofes vorherrscht, ausruft:»Wie klasse wäre das, Verantwortung für das Grundlegendste – unsere Nahrung – zu übernehmen!« Welche Bedürfnisse kann man mit selbst produzierter Nahrung aber noch befriedigen?

Die Lust am Experiment, die Lisa und Michael meinen, wenn sie vom»Experiment Selbstversorgung« sprechen, scheint eine gute Spur zu sein. Die beiden wollen sich ausprobieren und auf verschiedenen Ebenen Neues lernen: angefangen mit den im weitesten Sinne technischen Fertigkeiten, die sich auch Vanella und Giann oder die Gemeinschaftsgärtner erst in der Praxis aneignen mussten, zum Beispiel das Wissen darüber, welche natürlichen Schädlingsbekämpfungsmittel am besten für ihre Pflanzen geeignet sind oder welche Standorte im Garten für welche Nutzungen am besten taugen. Sich ausprobieren heißt zweitens – und das ist hier vielleicht noch wichtiger –, sich selbst in einer neuen Rolle kennenlernen, in die man sich erst einfinden muss; sich autark zu machen in Dingen, von denen man existenziell abhängt, wenn man vorher ausschließlich in der Rolle des Konsumenten festgesteckt hat. Insofern sind hier die Mülltaucherinnen mitgemeint, weil auch sie sich in einem gewissen Sinne außerhalb der üblichen Verwertungsketten stellen. Sie verzichten ebenfalls teilweise auf geldvermittelten Konsum und schöpfen das ab, was der ökonomische Kreislauf als unprofitabel zurücklässt. Damit finden auch sie sich in einer neuen Versorgerrolle wieder, nämlich der des Verwerters aus dem Wert gefallener Güter.

Containern findet anders als Garten- oder Landbau nicht »in der Natur« statt, weshalb ein weiteres Motiv für die Selbstversorgung auf die Mülltaucher nicht zutreffen kann: das Motiv »Einklang mit der Natur«. In den durch Wachstumsphasen, Tag-Nacht-Zyklen, Jahreszeiten und so fort bestimmten Rhythmen der Nutzpflanzen und -tiere zu arbeiten gefällt vielen der neuen Selbstversorger. Sie erfahren sich als Teil der biologischen Zusammenhänge, in denen Pflanze, Tier und Mensch eingebunden sind. Das ist keine Frage des Geschmacks, sondern eine der Verbundenheit mit den materiellen Quellen, aus denen wir hervorgegangen sind. Davon, sie wieder geltend zu machen, hängt schließlich – davon können wir mittlerweile ausgehen – die Zukunft des Planeten ab. »Wir brauchen die Erfahrung der Zugehörigkeit zur natürlichen Mitwelt. Einstweilen benehmen wir uns gerade so, als wären wir Interplanetarier, die auf der Erde zugereist sind und jederzeit wieder abfliegen könnten. Wir müssen uns verwurzeln. Das ist auch das Grundthema des Prinzips der Nachhaltigkeit«, erläutert der Naturphilosoph Klaus Michael Meyer-Abich. Von der Erfahrung der Natur als Grundlage allen Lebens wären die Selbstversorger aber ausgeschlossen, wenn sie ihr Tagwerk ausschließlich nach Uhren und Kalendern ausrichteten.

»Zurück zur Natur« könnte das Argument auch für die Lebensmittel selbst heißen. Wir kennen schon fast keine Nahrung mehr, die nicht mit Pestiziden, Düngemitteln, Wachstumshormonen, Luftschadstoffen oder neuerdings technisch modifizierten Genen in Berührung gekommen ist. Gleichzeitig verändert sich die Qualität, was wir, sobald wir die Chance auf einen direkten Vergleich bekommen, schmecken oder sogar an unserer Gesundheit merken können. Den Selbstversorgern sind eigene Qualitätsstandards wichtig. Die Kontrolle darüber, was zum Beispiel in einer Kartoffelpflanze im Einzelnen enthalten ist, kann natürlich bei Pflanzen, die von offenen Feldern stammen, niemals eine 100-prozentige sein. Aber selbstverständlich kann ich die Zwiebel aus Neuseeland im Supermarktregal liegen lassen und lieber meine eigenen ins Beet setzen oder auf Spritzmittel verzichten und ein paar unschöne Fraßlöcher im Salat in Kauf nehmen. Gleichzeitig hole ich damit ein Stück weit die Kontrolle über mögliche Gesundheitsgefahren, die sich mit industriell gefertigten Lebensmitteln zum Teil verbinden, zurück. Selbstgemachtes ist (zumindest kann ich das hoffen) gesünder.

Selbstbestimmung ist generell ein großes Thema für die Selbstversorger. Sie möchten bei dem, was auf den Teller kommt, nicht nur wissen, »was drin ist«, sondern auch bestimmen, wie und wo sie es anbauen, wie sie die Arbeit organisieren. Sie möchten der eigene Herr oder die eigene Herrin auf dem eigenen Acker sein. Wiederum gibt es in ihrer Rechnung keine Uhren und Kalender außer denen, die die Natur unumstößlich setzt. Die Arbeit selbst machen heißt für sie, die Arbeit zu machen, wie sie es für richtig halten. Dass ihnen dabei schon mal Fehler unterlaufen können, nehmen sie in Kauf und lernen daraus.

Vereinzelung ist überhaupt kein verbreitetes Phänomen bei den neuen Selbstversorgern, im Gegenteil. Selbstversorgung ohne andere wäre kaum möglich. Nicht nur in den Nachbarschaftsgärten wird auf gemeinsames Tätigsein gesetzt. Kooperation ist nötig – bei der Feld- und Gartenarbeit, beim Transport, beim Tauschen, bei der Vermarktung, schließlich beim gemeinsamen Genießen, überall sind Nachbarinnen, Partner, Freundinnen oder Kunden dabei. Der Wettbewerb ist hier suspendiert, das Motto heißt nicht »survival of the fittest«. Eine solche zugewandte Haltung spendet nicht nur Gemeinsinn für alle Beteiligten, sondern jeder Einzelnen die Gewissheit, ein tätiges und wertvolles Mitglied einer Gemeinschaft zu sein – und damit menschliche Würde.

Wie nicht anders zu erwarten, treibt die neuen Selbstversorger also eine ganze Menge anderer Dinge um als schlichter Ernährungsbedarf. Sie finden hundert gute Gründe, der vermeintlich so reichlich gebenden Welt des allzeit möglichen Konsums den Rücken zu kehren und sich durch eigene Arbeit zu alimentieren. Gute Gründe zwar, aber doch sicherlich Gründe, die ihrer jeweiligen Lebenssituation oder ihrer Veranlagung geschuldet sind und demnach nur in ihrer eigenen Biografie von Bedeutung sein können – sollte man denken. Wenn das zuträfe, könnten die Selbstversorger getrost den Part der bunten Truppe übernehmen, die eben ein etwas anderes Dasein als der Rest der Menschheit für sich erwählt hat: ein Subsistenzzirkus, der anders ist als das Gewohnte, aber auch nicht weiter stört. Das sind sie jedoch nicht. Ihre Motive sind keineswegs so speziell, dass sie mit dem Rest der Menschheit nichts zu tun hätten. Im Gegenteil, mit der Selbstversorgung praktizieren sie genau genommen etwas, für das wir alle gute Gründe hätten.

Selbstversorgung ist für alle interessant, weil sie eine ganze Reihe von Grundbedürfnissen zufriedenstellt, die prinzipiell von jedem Menschen geteilt werden. Über Essen und Trinken hinaus brauchen wir noch mehr, das nicht so unmittelbar über Leben und Sterben entscheiden mag, aber ohne das wir dennoch nicht auskommen. Wir brauchen zum Beispiel Schutz vor diversen von außen kommenden Einflüssen: vor zu großer Kälte oder Wärme, vor Verletzungen oder vor Witterungseinflüssen. Neben diesen körperlichen Bedürfnissen meldet aber ebenso unsere Psyche ihre Ansprüche an: Wir brauchen Schutz vor Schmerzen oder vor Ängsten, wir brauchen das Gefühl von Sicherheit. Die Eigenschaften und Fähigkeiten, die wir an uns als Individuen jeweils erkennen, wollen wir gefördert sehen und in unserer Lebenswelt einsetzen können. Wir wollen als Mensch mit diesen Eigenschaften wahrgenommen werden, wegen ihnen respektiert und geliebt werden. Und damit beziehen sich unsere Bedürfnisse über uns als Einzelne hinaus auf andere Menschen: Wir brauchen Anerkennung, wir wollen mit anderen in Verbindung stehen, mit anderen tätig sein, uns als Teil einer Gruppe Gleicher fühlen.

Wo so viele »Ich brauche ...«-Sätze durcheinanderklingen, muss eine versteckte Ordnung zu finden sein, dachte sich der US-amerikanische Psychologe Abraham Maslow, da unsere Psyche sonst jegliche Orientierung verlöre. Von ihm stammt die bis heute bekannte »Bedürfnispyramide«, die alle menschlichen Grundbedürfnisse in eine Hierarchie setzt. Deren Fundament bildet derjenige Bedarf, der als Erstes befriedigt werden muss: die körperlich-existenziellen Bedürfnisse. Darauf setzen alle weiteren Stufen auf bis zur Spitze der Pyramide: das Sicherheitsbedürfnis (Schutz, Wärme, Unversehrtheit und so weiter), das Bedürfnis nach sozialer Bindung, das Bedürfnis nach Wertschätzung, das Bedürfnis nach Selbstbestimmung und schließlich an der Spitze die Suche nach Transzendenz.[27]

Maslow konnte glaubhaft machen, dass die Bedürfnisse in seiner Liste grundsätzlich allen Menschen zu eigen sind, und zeigte, dass sie in der Entwicklung der Persönlichkeit eine wichtige Rolle spielen. Unumstritten ist er damit allerdings nicht geblieben. Philosophen, Ethnologen, Ökonomen und Soziologen führen immerhin seit der Antike Debatten darüber, welche Bedürfnisse es denn genau sind, die wir unbedingt befriedigen *müssen*, wollen wir nicht dauerhaften Frust riskieren, psychische oder physische Krankheit oder gar den – allmählichen oder instantanen – Tod. Dass es Bedürfnisse gibt, deren Gültigkeit man auf die ganze Menschheit übertragen kann, steht nicht in Zweifel. Die Frage ist eher, auf welcher Stufe der Pyramide man den Schnitt machen muss, unter dem noch universelle Bedürfnisse herrschen und über dem die individuellen Unterschiede den Ton angeben.

Martha Nussbaum, US-amerikanische Philosophin, hat den menschlichen Grundbedürfnissen in ihren Arbeiten ebenfalls viel Aufmerksamkeit gewidmet. Auch sie findet »zentrale Eigenschaften unserer gemeinsamen Humanität« und begründet die Gewissheit ihrer Erkenntnis mit zwei Beobachtungen:

»Erstens, dass wir uns über viele Unterschiede der Zeit und des Ortes hinweg gegenseitig als Menschen anerkennen. ... Zweitens haben wir einen weithin akzeptierten Konsens hinsichtlich jener Eigenschaften, deren Fehlen das Ende einer menschlichen Lebensform bedeutet.«[28]

Nussbaum und ihr indischer Kollege Amartya Sen stellen die Frage nach den zentralen Eigenschaften des Menschseins allerdings etwas anders als Maslow. Sie fragen nicht: »Was brauche ich?«, sondern: »Wozu muss ich in der Lage sein?« Sie richten ihr Augenmerk auf die *Fähigkeiten*, über die ein Mensch verfügen muss, damit sein Leben gelingen kann. Lebensqualität richtet sich in ihren Augen danach, was Menschen *zu erreichen in der Lage sind*. Sie sprechen daher nicht von »Grundbedürfnissen«, sondern von »Verwirklichungschancen« oder »Grundbefähigungen«. Es geht ihnen um die Möglichkeiten eines jeden, seine Lebensperspektiven zu verwirklichen. Sen hat den Ansatz deshalb »Capability Approach« (Verwirklichungs- oder Befähigungsansatz) genannt.

Der Befähigungsansatz schaut mit zwei verschiedenen Blicken auf die Eigenschaften, die er beschreibt. Zum einen sieht er sie als Fähigkeiten und Fertigkeiten des Individuums an, also als ein Können: Ich kann etwas Bestimmtes tun, weil ich (biologisch, psychisch ...) dafür ausgestattet bin. Zum anderen spricht er von den Lebensumständen, in denen das Individuum lebt – dem Ort, der historischen Zeit, der Gesellschaft und den politischen Rahmenbedingungen, das heißt von den Umständen, die das Individuum in der Ausübung seiner Fähigkeiten entweder fördern oder behindern: Ich kann etwas Bestimmtes tun, weil mein Lebenskontext es zulässt. Durch die Rahmenbedingungen sind also bestimmte »Verwirklichungschancen« gegeben. Ob ich die Verwirklichungschancen in konkrete Handlungen oder Zustände (die Sen und Nussbaum »Fähigkeiten« nennen) umsetze, hängt von mir selbst ab.

Ein Beispiel soll erläutern, wie der Capability Approach im Konkreten aussieht: Ein Auto würde die Möglichkeiten einer Frau, die vorher keinen Führerschein hatte, um einiges erweitern. Sie wäre mit seiner Hilfe in der Lage, erstens schneller von A nach B zu kommen; zweitens könnte sie nun auch nach C gelangen, das bislang für einen Fußmarsch außerhalb der Reichweite lag. Sie würde ihre Handlungsmöglichkeiten also vergrößern. Das kann sie nur erreichen, indem sie eine neue Fähigkeit, nämlich Auto fahren, erlernt, mit anderen Worten ein Können erwirbt. Dazu müssen ihr aber zunächst die Verwirklichungschancen zur Verfügung stehen: Sie muss ein Auto erwerben können, es müssen Straßen vorhanden sein, auf denen Autos fahren können, sie muss in einer Familie leben, die ihr das Autofahren nicht kategorisch untersagt, und so weiter.

Was sollten Menschen im Allgemeinen laut dem Befähigungsansatz können? Während Sen in diesem Zusammenhang noch gar nicht von »sollen« spricht, wird Nussbaum dezidiert normativ. Was er Verwirklichungschancen nennt, sind bei ihr »Grundbefähigungen«, die sie in einer elfteiligen Liste zusammenstellt. Sie stellt sich die Frage: Welche fundamentalen Fähigkeiten würde ein Mensch – egal in welchem Teil der Erde er lebt – haben, gegeben, es gäbe keine Einschränkungen für ein gelingendes und zufriedenstellendes Leben? Ihr Ergebnis sieht folgendermaßen aus:

1. Die Fähigkeit, ein volles Menschenleben bis zum Ende zu führen; nicht vorzeitig zu sterben oder zu sterben, bevor das Leben so reduziert ist, dass es nicht mehr lebenswert ist.

2. Die Fähigkeit, sich guter Gesundheit zu erfreuen; sich angemessen zu ernähren; eine angemessene Unterkunft zu haben; Möglichkeiten zu sexueller Befriedigung zu haben; sich von einem Ort zum anderen zu bewegen.

3. Die Fähigkeit, unnötigen Schmerz zu vermeiden und freudvolle Erlebnisse zu haben.

4. Die Fähigkeit, die fünf Sinne zu benutzen, sich etwas vorzustellen, zu denken und zu urteilen.

5. Die Fähigkeit, Bindungen zu Dingen und Personen außerhalb unserer selbst zu haben; diejenigen zu lieben, die uns lieben und für uns sorgen, und über ihre Abwesenheit traurig zu sein; allgemein gesagt: zu lieben, zu trauern, Sehnsucht und Dankbarkeit zu empfinden.

6. Die Fähigkeit, sich eine Vorstellung vom Guten zu machen und kritisch über die eigene Lebensplanung nachzudenken.

7. Die Fähigkeit, für andere und bezogen auf andere zu leben, Verbundenheit mit anderen zu erkennen und zu zeigen, verschiedene Formen von familiären und sozialen Beziehungen einzugehen.

8. Die Fähigkeit, in Verbundenheit mit Tieren, Pflanzen und der ganzen Natur zu leben und pfleglich mit ihnen umzugehen.

9. Die Fähigkeit, zu lachen, zu spielen und Freude an erholsamen Tätigkeiten zu haben.

10. Die Fähigkeit, sein eigenes Leben und nicht das von jemand anderem zu leben.

10a. Die Fähigkeit, sein eigenes Leben in seiner eigenen Umgebung und seinem eigenen Kontext zu leben.[29]

Die maslowsche Pyramide findet sich in der Liste komplett wieder. Auch hier spiegeln sich Bedürfnisse nach Existenzsicherung, Schutz und Sicherheit, Bindung zu anderen Menschen, nach Liebe und Anerkennung sowie nach einem autonomen Leben wider. Die geeignetsten Kandidaten für den Kanon der allgemeinen Eigenschaften menschlichen Lebens liegen also offenbar auf dem Tisch.

Nussbaum geht nun aber noch weiter und stellt die Frage, in welchem Rahmen man denn davon sprechen kann, dass ein

Leben überhaupt ein menschliches Leben ist. Zumindest muss es eine untere Grenze geben, ab der die Kennung »Mensch sein« sinnlos wird. Für Nussbaum ist die Grenze der menschenwürdigen Existenz erreicht, wenn die Realisierungschancen für die elf Grundbefähigungen nicht mehr über ein Minimum hinausreichen, ein Mensch in seinen Handlungsmöglichkeiten also über die Maßen eingeschränkt ist. Darüber hinaus zieht Nussbaum aber noch eine weitere Schwelle ein, nämlich eine zweite Grenze der Ausprägung der Grundbefähigungen, über der man nicht mehr nur von minimaler Menschenwürde, sondern von einem *guten* Leben sprechen kann. An welchen konkreten Grenzen diese beiden Schwellen jeweils liegen, sei kulturell verschieden. Es kann durchaus vorkommen, dass die Schwelle einer »hierarchisch höheren« Befähigung die einer basaleren überdeckt. Veganer beispielsweise ziehen ihre Achtung gegenüber Tieren dem Bedürfnis nach dem Nahrungstyp Fleisch und anderen tierischen Produkten vor (wenn auch nicht dem Bedürfnis nach Nahrung schlechthin).

Nussbaum unterscheidet also zwischen einem gar nicht menschenwürdigen Leben, minimal gelingendem menschlichem Leben und dem »guten Leben«, das die vergleichsweise meisten Handlungs- und Verwirklichungschancen beinhaltet. Kurz gesagt: Je weiter die Befähigungen eines Menschen reichen, je weiter mit anderen Worten seine Handlungsmöglichkeiten innerhalb des Spektrums der Grundbefähigungen sind, desto näher ist er dem guten Leben. Ich habe ein besseres Leben, wenn ich nicht lediglich in der Lage bin, mir Essen zu beschaffen, sondern darüber hinaus mit dem Beschaffen gleichzeitig mein Bedürfnis nach einer intakten Beziehung zu anderen befriedige, meiner Verbundenheit mit Pflanzen und Tieren nachgehe oder eine selbstbestimmte Tätigkeit ausübe.

Wichtig hier: Für ein wirklich gutes Leben (das heißt eines, das über das minimale *Gelingen* hinausgeht) müssen meine Grundbefähigungen erstens ein gewisses Niveau erreichen und zweitens müssen sie das in ihrer ganzen Breite tun. Essen in märchenhaftem Überfluss, das die Tischplatte beziehungsweise den Einlegeboden im Kühlschrank durchbiegt, wird mein Nahrungsbedürfnis sicher mehr als befriedigen. Wenn die anderen Bedürfnisse dabei unerfüllt bleiben, habe ich mich vom guten Leben dennoch sogar entfernt. Das Gleiche gilt, wenn ich zwar prinzipiell in allen elf Punkten fähig bin, aber nur eingeschränkt oder immer nur zeitweise.

Für Sen und Nussbaum *sollen* Menschen ein möglichst hohes Niveau ihrer Grundbefähigungen (beziehungsweise Verwirklichungschancen) erreichen. Das ist die Existenz, die wir suchen sollten: Mehr von dem erreichen zu können, was zu einem guten Leben führt. Der Befähigungsansatz hat einen normativen Anspruch. Was er nicht vorschreiben will, ist, in welcher konkreten Weise die Grundbefähigungen realisiert werden. Das kann von Gesellschaft zu Gesellschaft unterschiedlich sein. Grundbefähigungen sind Chancen, die den individuellen Freiheiten und kulturellen Prägungen Raum lassen. Sie bringen die Potenziale auf den Punkt, die Menschen für die Ausgestaltung ihres jeweils eigenen guten Lebens zur Verfügung haben sollten. Das ist ein entscheidender Unterschied zum Begriff der »Grundbedürfnisse«, die in der Vorstellung oft eher zu einer einmaligen, abschließenden Befriedigung führen. Bedürfnisbefriedigung, könnte man sagen, macht satt, Grundbefähigungen machen frei.

Hunger nach dem guten Leben

Das alte Thema der Philosophie, das »gute Leben«, führt uns an dieser Stelle wieder zurück zu den neuen Selbstversorgern. Ihnen ist es um mehr zu tun, als nur ihre basalen Bedürfnisse zu stillen. Die menschlichen Grundbefähigungen wiederum führen nur dann zu einem guten Leben, wenn sie in ihrer Breite realisiert werden, nicht bloß in einer Auswahl (dafür aber umso intensiver). Ist das Ziel der Selbstversorger also ein gutes Leben in dem Sinne, in dem die Philosophie vom »guten Leben« spricht?

»Bei denen, die ich getroffen habe, ist das so gewesen«, sagt Kenneth Anders. Peter Huth, sein Mitstreiter im Oderbruch wird auf die Frage nach dem guten Leben konkret: »Naturver-

bundenheit. Freiheit, sich sein Leben und seinen Tag
len zu können.« Für ihn sind das Gründe, sich jeden]
für die Selbstversorgung und den eigenen Hof zu entscheiden.
Er macht weiter, weil er im Oderbruch gefunden hat, wonach
er gesucht hat. Ähnlich wie Huth fühlt sich auch Michael
Hartl in der Buckligen Welt dem guten Leben schon ein ganzes Stück näher.

»Das erreichst du, wenn du tief in dir zufrieden bist. Ich
glaube, übermäßiger Konsum kann dazu nichts beitragen. Es
geht darum, wieder die Wunder im Kleinen zu erkennen und
sich daran zu erfreuen. Es geht um innere Ruhe. Also weg
von der Hektik des heute als normal angesehenen Alltags.
Weg vom sich immer schneller drehenden Rad der Neuigkei-
ten und Modetrends. Und es geht um Dankbarkeit. Für alles,
was ist, was einem geschenkt wird, und für die Situation, in
der man lebt. Ich glaube zwar nicht, dass dazu ein Umzug auf
einen kleinen Hof nötig ist, aber es erleichtert diese Punkte
ungemein.«

Die Selbstversorger suchen tatsächlich in ihrem Streben
nach Grundversorgung, einer gesunden Lebensgrundlage,
Naturerfahrung, Verbundenheit, Gemeinschaft und Selbstbestimmung nach der Erfüllung menschlicher Grundbefähigungen. Sie wollen sich einem guten Leben nähern. Das ist
ihr übergreifendes Motiv.

Für Michael Hartl fängt das gute Leben dort an, wo er dem
gewohnten Alltag in der Stadt mit seiner Konsumorientierung
am entferntesten ist. Es ist sicher kein Zufall, dass er nicht
nur seine Grundbedürfnisse dort am ehesten befriedigen
kann, sondern ihre Bedeutung überhaupt erst kennenlernt.
Michael und Lisa sind sich dessen sehr bewusst, dass das
Kennenlernen damit beginnt, die vertraute Konsumentenrolle mit der aktiven Rolle des Experimentators an der eigenen
Existenz zu tauschen. Es ist ein risikoreicher Tausch, nicht
bloß, weil die Existenzsicherung scheitern könnte, sondern
weil die beiden mit ihrer neuen Rolle vielleicht nicht klarkommen könnten. Bisher allerdings klappt alles gut. Mit jedem Tag auf dem eigenen Hof können sie sich weiter in Fähigkeiten üben, deren Ausübung ihnen die Zufriedenheit
schenkt, von der Michael spricht. Zum Beispiel sich in Ver-

bundenheit mit den Pflanzen zu setzen, mit denen sie täglich umgehen. Lisa ist jedes Mal aufs Neue fasziniert von der Natur: »Für mich gibt es nichts Erfüllenderes, als einen Samen mit wenigen Millimetern Größe in die Erde zu stecken und zu erleben, wie daraus tatsächlich eine Pflanze sprießt. So ein Wunder der Natur übersteigt dann manchmal meine Vorstellungskraft.«

Selbst produzierte Lebensmittel, innere Ruhe, Verbundenheit mit der Natur – die neuen Selbstversorger finden einiges von dem, was sie für einen Teil des guten Lebens erachten und in der marktorientierten Konsumgesellschaft vermissen, in ihren Subsistenzprojekten. So auch die Selbstbestimmung. Kenneth Anders hat im Oderbruch niemanden erlebt, für den sie keine Bedeutung gehabt hätte. »Das geht schon damit los, dass sie entscheiden, wo der Misthaufen hin soll, dass sie wissen, wie man mit Bienenvölkern umgehen muss. Sie erfinden was, sie handeln aus eigenem Antrieb.« Wo sie im »normalen Leben« in der Regel Weisungsempfänger wären (zum Beispiel auf der Arbeitsstelle) oder auf verschiedenste Weise subtilerer Kontrolle unterlägen (im Straßenverkehr etwa), sind sie als Selbstversorger freigelassen, über ihr alltägliches Handeln autark zu entscheiden. Das nehmen sie als Zuwachs an Lebensqualität wahr, bestätigt auch Peter Huth: »Ich leiste mir den Luxus, die Dinge so zu machen, wie ich sie machen will und Produkte herzustellen, zu denen ich stehen kann.« Selbstversorgung heißt für Huth also auch authentisch zu sein, zu wissen, dass er nach seinen Fähigkeiten arbeitet, und die Qualität des Produktes zu kennen, das daraus resultiert.

Dass Autarkie in den Entscheidungen weder Egoismus noch soziale Isolierung bedeutet, sondern Selbstversorger in der Regel enge Netze gegenseitiger Hilfen und Kooperationen knüpfen, habe ich ebenfalls bereits herausgestellt. Subsistenzproduktion erfüllt damit die Grundbefähigung, mit anderen und für andere leben zu können. Subsistenz ist sogar grundsätzlich kooperativ (vgl. Kapitel 5), erklärt Maria Mies, Sozialwissenschaftlerin mit langjähriger Erfahrung in empirischen Forschungsprojekten zur Subsistenz in Europa und der sogenannten Dritten Welt. »Selbstbestimmung ist Teil des guten

Lebens, funktioniert aber nur in der Gemeinschaft und auch nicht auf Kosten anderer Gemeinschaften oder der Natur.« Der individualistische Begriff von Selbstbestimmung (»Ich tue, was ich will!«) hat mit Selbstversorgung also nichts zu tun. Indem Kooperation an eine so zentrale Stelle rückt, stellt sich Subsistenzproduktion der kapitalistischen Produktion, in der es um wettbewerbsgetriebene Maximierung von Profiten geht, diametral gegenüber. Es wird nicht für den anonymen Markt produziert, sondern für eine überschaubare Zahl von an Produktion und Handel Beteiligten, die sich untereinander kennen, sodass alle einen fairen Vorteil schöpfen können.

Die neue Selbstversorgung ist alles in allem in einem doppelten Sinne nonkonformistisch: zum einen *artikuliert* nonkonformistisch, nämlich überall dort, wo ihre Protagonisten politische Statements oder Zeitkritik mit ihr verknüpfen. Die Mülltaucher tun das sehr prononciert mit ihrer spezialisierten Kritik. »Einsteiger ins gute Leben« wie Giann und Vanella oder Lisa und Michael zum anderen nehmen den Konsumismus als Ganzes mit seiner Denkweise in Märkten und Profiten aufs Korn. Sie alle begreifen die Selbstversorgung als Alternative zum Kapitalismus und zur herkömmlichen Lohnarbeit, die sie zwar nicht auf die Dimension eines Gesellschaftsmodells ausdehnen, aber der sie viel praktische Bedeutung für ihr eigenes Leben abgewinnen können. Damit machen sie aber bereits einen Schritt hinaus und hin zu einer anderen Vorstellung davon, wie wir wirtschaften und arbeiten könnten. Und es ist dabei gerade das konsequente, oft bewusst durchdachte Streben nach einem guten Leben, das sie vom »business as usual« absetzt. Sie finden es nicht mehr, das gute Leben, die Zufriedenheit, die Erfüllung ihrer Bedürfnisse. Sie ahnen, dass all das für sie nicht mehr möglich ist in der Welt, in der sie leben. Sie fackeln nicht lange und gehen über zum »unusual business«, weil sie Anhaltspunkte genug dafür haben, dass sie in der Selbstversorgung mehr von dem guten Leben finden, das sie sich vorstellen. Selbstversorgung ist ihre eigene, nonkonformistische Art, ihr jeweils eigenes Ziel von einem guten Leben zu erreichen. »Ich denke«, resümiert Michael Hartl, »Selbstversorgung ist kein Ziel, das man erreichen kann, sondern ein Weg. Ein Weg zu mehr Verantwortung, zu mehr Naturverbundenheit, zu gesünderem Essen.«

Es überrascht schließlich gar nicht mehr, dass die neuen Selbstversorger von Ansichten über das gute Leben geleitet werden, die sich so gut mit denen der gelehrten Köpfe wie Maslow, Nussbaum oder Sen decken. Fast könnte man meinen, Subsistenzproduktion sei eine praktische Umsetzung der philosophischen Ideen von Glück und Zufriedenheit. Das ist sie natürlich streng genommen nicht. Hier nähern sich lediglich zwei Denkweisen einander von zwei verschiedenen Seiten, eine aus der Richtung der geistigen Abstraktion, eine aus der Richtung praktischer Handlungsweisen.[30] Dass sie sich in der Mitte treffen, ist allerdings kein Zufall. Funktionierende Subsistenzproduktion befriedigt eine ganze Sammlung menschlicher Grundbedürfnisse. Subsistenzproduktion, kurz gesagt, *ist* ein menschliches Grundbedürfnis. In der Selbstversorgung könnten unter den richtigen Voraussetzungen alle Menschen Chancen auf das gute Leben finden.

Es lohnt sich, an dieser Stelle noch einmal sorgfältig die zwei Perspektiven auf das gute Leben voneinander zu unterscheiden: die der Grund*bedürfnisse* und die der Grund*befähigungen*. Selbstversorgung erfüllt eben nicht nur Wünsche, sie reagiert nicht nur auf das »Ich brauche …«. Sie hilft auch Fähigkeiten zu erkennen, zu realisieren, sie ermöglicht den Menschen eine erweiterte Verwirklichung ihrer jeweiligen Lebenschancen. Verzichte ich in meinem Garten auf den Einsatz von Pestiziden und chemischen Düngemitteln, ermögliche ich mir ein gesünderes Dasein und gleichzeitig einen selbstbestimmten Umgang mit meiner Nahrung – von beidem schneide ich mich ab, bleibe ich bei industriell gefertigten, verpackten und marktvermittelt vertriebenen Nahrungsmitteln. Subsistenz ist ein *ermöglichender* Ansatz, der Menschen Türen zu einem zufriedeneren Leben aufschließt. Denn: Je mehr Grundbefähigungen wir realisieren können, desto näher kommen wir einem gelingenden, einem guten Leben. Mit anderen Worten: Über Subsistenz reden heißt, über gutes Leben reden. Und ein gutes Leben streben wir alle an, es ist ein echtes, generalisierbares Grundbedürfnis.

Wenn ich bisher die Worte »Subsistenz« und »Selbstversorgung« synonym benutzt habe, so ist das streng genommen nicht korrekt. »Selbstversorgung« bedeutet das, was die Wortbestandteile bereits aussagen: sich selbst (und andere in der näheren sozialen Umgebung) mit Lebensnotwendigem zu versorgen. »Subsistenz« schließt Selbstversorgung zwar mit ein, ist jedoch noch wesentlich mehr. Der selbstversorgende Teil der Subsistenz ist zunächst der, der die eigene Reproduktion sicherstellt (sprich das Am-Leben-bleiben), sagt Christa Müller von der Stiftungsgemeinschaft anstiftung & ertomis. Seit über zehn Jahren kümmern sich Müller, ihre Kolleginnen und Kollegen von ihrem Münchener Büro aus um die Förderung und Erforschung der Praxis von Selbstorganisation und Subsistenz. Müller kennt alle möglichen Spielarten aus ihrer alltäglichen Arbeit. Um einen groben Überblick zu schaffen, unterscheidet sie zwischen privater Subsistenz, also zum Beispiel der Selbstversorgung im eigenen Garten, der Nachbarschaftshilfe oder der Hausarbeit und öffentlicher Subsistenz, etwa durch zivilgesellschaftliches Engagement für Tierrechte, für Fair Trade oder den Aufbau eines urbanen Gemeinschaftsgartens. Quer dazu zieht Müller eine weitere Unterscheidung, nämlich die zwischen materieller und immaterieller Subsistenz. Beispiele für die erste sind wiederum der Garten, die Arbeit in Kochgruppen oder die Landwirtschaft in Erzeuger-Verbraucher-Gemeinschaften. Das Engagement für Fair Trade wäre dagegen eine Form der immateriellen Subsistenz, »die eine solidarische und fürsorgende Geisteshaltung (Care) voraussetzt«.

Zunächst scheint es kaum Sinn zu ergeben, einer so unübersichtlichen Vielzahl von Aktivitäten einen gemeinsamen Namen zu verleihen. Was sie alle eint, ist jedoch, dass sie sich außerhalb der herkömmlichen, durch die kapitalistisch-marktwirtschaftliche Ordnung vorgegebenen Verwertungszusammenhänge bewegen. Subsistenzaktivitäten sind daher oft mit politischen Zielen verbunden, mit einer Änderung der Lebensverhältnisse in einem größeren als dem privaten Maßstab. Subsistenz führt in Müllers Deutung niemals nur zur Autarkie des Einzelnen.

»Subsistenz stellt Verbindung her, Verbundenheit mit anderen, man kann zum Beispiel gemeinsam einen produktiven Begegnungsort mitten in der Stadt schaffen, so etwas bringt einen aus den anonymisierten Marktbeziehungen heraus. Gleichzeitig ist immer die Perspektive damit verbunden, das eigene Leben selbst zu gestalten und unabhängiger zu werden.«

Marktvermittelte Versorgung macht nur scheinbar unabhängig, indem sie uns mit einem universell tauschbaren Zahlungsmittel (Geld) ausstattet und uns eine Menge frei wählbarer Waren zur Verfügung stellt. Subsistenzproduktion dagegen »ist gesellschaftlich notwendige Arbeit, die es auch ermöglicht, außerhalb des Erwerbsarbeitsbereichs Raum zu schaffen, zum Beispiel dafür,« – an dieser Stelle zitiert Müller Amartya Sen – »ein als sinnvoll erkanntes Leben zu führen«.[31]

Bei der Subsistenz geht es mithin tatsächlich nicht nur um die schlichte Versorgung mit Notwendigem. Die Idee ist eine viel weitere. Es geht um Freiheit, Glück, Selbstbestimmung, Durchhalten, langen Atem, Widerständigkeit.[32] Subsistenz orientiert sich nicht wie die herkömmliche Güterproduktion am Geld. Sie hat ein anderes Ziel: Leben. Die Subsistenzproduktion, so fasst es die Subsistenzforscherin Maria Mies pointiert zusammen, bemüht sich um die Erhaltung des Lebens und der Lebensmittel. Sie mit bloßer Renitenz oder aber mit pastoraler Romantik zu verwechseln geht weit fehl. »Es wäre nötig, in die Köpfe zu bringen, dass Subsistenz kein Rückschritt ist, sondern das gute Leben.« Mies schüttelt den Kopf darüber, dass die Leute sich hierzulande so an ihre Abhängigkeit von Geld gewöhnt haben. »Wie soll ich leben ohne Arbeit«, fragen sie. Mies bedauert auch die Landwirte, die so viel Land und Tiere haben und dennoch der (innerhalb des Systems natürlich zutreffenden) Ansicht sind, sie könnten davon nicht leben. »Sie haben einen Begriff von Leben, der so verkümmert ist, so verarmt ist, der nur auf Geld beruht. Das Schwierige ist, den Leuten nahezubringen, dass wenig Geld kein Mangel ist« – aus Mies' Subsistenzperspektive gesehen. »Subsistenz bedeutet kein armes oder rückständiges Leben, sondern ein Leben in Fülle.«

Luxus Mülltauchen

Ein Leben in Fülle? Mit Lebensmitteln, die man mühsam aus dem Boden kratzen muss, um die man sich immer wieder neu bemühen, um die man sich permanent kümmern muss? Wie kann ein Leben im Dreck ein Leben in Fülle sein? Haben wir das Mittelalter nicht längst hinter uns gelassen? Man kann die Unkenrufe schon hören.

Der Gedanke wirkte weniger fremd und missverständlich, wenn wir gewohnt wären, »Fülle« nicht mit »materieller Fülle« gleichzusetzen, die sich mit Geld erwerben lässt. Wir nehmen das »Zugriff haben auf«, das »sich beschaffen können« sehr wichtig und regeln den Zugriff über eine Währung, die damit zu einem höchsten Gut wird. Haben ist uns wichtiger als Sein, um mit Erich Fromms viel zitiertem Wortpaar zu sprechen. Eben so ist unsere Ökonomie eingerichtet, die uns ein bis zum Rande vollgestopftes Füllhorn an Gütern vor die Nase hält: genau richtig für jemanden, der fragt, was es alles zu besitzen gibt, abstoßend für denjenigen, der fragt, wie er ein gutes Leben leben kann.

Das Füllhorn ist kein Luxus. Mülltauchen ist Luxus. Mülltaucher beschaffen sich etwas zu essen und protestieren gleichzeitig gegen den herkömmlichen Modus der Essensbeschaffung. Sie sind widerständig gegenüber der Art und Weise, in der mit Nahrungsmitteln umgegangen wird, und nehmen diesen Umgang nicht einfach hin. Damit realisieren sie die Fähigkeiten, die Nussbaum als Nummer sechs und Nummer zehn in ihre Liste der Grundbefähigungen aufgenommen hat: »die Fähigkeit, sich eine Vorstellung vom Guten zu machen und kritisch über die eigene Lebensplanung nachzudenken« sowie »die Fähigkeit, sein eigenes Leben und nicht das von jemand anderem zu leben«. Ihre Widerständigkeit wird nicht einfach ihr Gewissen beruhigen, sie ist Teil des guten Lebens, das für die Mülltaucher dank des Mülltauchens eher ein solches ist als das Leben mit gekauften Nahrungsmitteln. Obwohl sie von außen wie Pauper aussehen, wenn sie nachts über den Containern hängen: Mülltaucher haben mehr. Genauer gesagt: Mülltaucher *leben* mehr.

Dieses Lebensgefühl kann man bei allen Selbstversorgern

heraushören. Das Leben ist reicher geworden, reich*haltiger*. Die Mühen und der Mehraufwand werden nicht als solcher empfunden. Die Selbstversorger tun ja in Stunden gesprochen vielleicht auch gar nicht mehr. In jedem Fall aber bekommen sie mehr von einer Qualität, die sie durch Märkte und gekaufte Güter nicht bekommen hätten: mehr Ruhe, mehr Zufriedenheit, Erzeugerstolz, Nähe zur Natur – was auch immer es im Einzelnen sein mag. In diesem Sinn leben Selbstversorger im Luxus.

Darin liegt etwas Absurdes. Gerade die marktwirtschaftlich erzeugte Warenvielfalt sollte uns doch den Luxus schenken, sogar bis ins Unendliche steigern können. Tatsächlich tut sie das in einem eingeschränkten Verständnis auch. Der Wohlstand an den unterschiedlichsten Waren und Dienstleistungen ist – rechnet man alle Güter zu einer Gesamtmenge zusammen – nie größer gewesen als jetzt. Aber damit hat es sich eben auch schon. Das gute Leben erschöpft sich bei Weitem nicht darin, eine beliebige Menge Güter haben zu können. Wohlstand, zu dem nur das zählt, das man zählen kann, ist ein Widerspruch in sich: ein beschnittener Luxus. Wir haben zu viel von dem einen und zu wenig von allem anderen.

Dennoch halten nach wie vor die meisten Menschen in den sogenannten entwickelten Ländern den Weg zur Kasse für den Weg zum Glück. Das gute Leben selbst scheint für uns konsumierbar geworden zu sein: Ein Griff zur EC-Karte, und wir halten es in der Hand. Tatsächlich aber entfernen wir uns damit von der Selbstbestimmung und können auf diese Weise kein gutes Leben erreichen. »Wer die Realisierung seiner Wunschwelt durch den Konsum materieller Glücksgüter anstrebt, bleibt an die Konsummuster gebunden, die eine marktorientierte Produzentenlogik vorschreibt.«[33] Mit anderen Worten: Die Struktur der kapitalistischen Marktwirtschaft hat dann ihre Muster in die Köpfe abgelegt und wird so zum unentrinnbaren Gefängnis.

Die neuen Selbstversorger spüren, dass sie nicht frei sind. Ihr Unbehagen treibt sie raus aus den Gewohnheiten. Sie merken, dass das Marktprinzip, wenn es so praktiziert wird wie in den Industriegesellschaften, sie letztlich dauerhaft und umfassend unter Zwänge setzt. Ihnen fehlt der Spielraum, den die sogenannte »freie Marktwirtschaft« ihnen nur rhetorisch zugesteht. In der Theorie haben alle die gleiche Freiheit, nämlich die Marktfreiheit: zu kaufen und anzubieten, was sie wollen (und können!). Auf dieser Grundlage soll ansonsten jeder das Recht und die Möglichkeiten haben, sein Leben nach seinen Wünschen und Fähigkeiten zu gestalten. Marktfreiheit schafft aber eben nicht schon per se Raum für alle anderen Freiheiten. Es gibt viele unterschiedliche Vorstellungen von einem gelingenden Leben, die wenigsten lassen sich für Menschen erfüllen, die auf eine Konsumentenrolle beschränkt sind, das zeigen die Beispiele der Selbstversorger.

Die große Ironie liegt darin, dass die kapitalistische Produktions- und Verteilungsform von Gütern gar nicht funktionieren könnte ohne Subsistenzproduktion. Vermutlich wird sogar der weitaus größere Teil der globalen Wertschöpfung durch Subsistenzarbeit geleistet (Kapitel 3): durch meistens von Frauen besorgte unbezahlte Hausarbeit, Erziehungsarbeit, Versorgungsarbeit, Ehrenamt, Nachbarschaftshilfe und so weiter. Ohne all diese Leistungen wäre der Arbeit zum Gelderwerb (die letztendlich den Mehrwert erbringt, der den Kapitaleignern zufließt) die Grundlage entzogen, sie könnte nicht erbracht werden. In der klassischen innerfamiliären Arbeitsteilung zwischen Männern und Frauen beispielsweise sind es die Männer, die die Erwerbsarbeit erledigen, sprich das Geld nach Hause bringen. Das könnten sie nicht, wenn ihnen ihre Frauen nicht genau dafür den Rücken frei halten würden durch ihre (unentgeltliche) Arbeit: Essen zubereiten, Haushaltsführung, Kinder erziehen und so fort – oder in klassisch marxistischer Terminologie: Wenn sie keine Reproduktionsarbeit leisten würden. Reproduktionsarbeit aber ist nichts anderes als Subsistenzarbeit. »Subsistenzproduktion ist gewissermaßen das Gegenteil von Warenproduktion und gleichzeitig ihr notwendigster Bestandteil«, weil sie das Warensystem subventioniert, resümiert Christa Müller.[34] Dass es ohne Subsistenzproduktion keine Warenproduktion, ohne Warenproduktion aber sehr wohl Subsistenzproduktion gibt, hat bereits Veronika Bennholdt-Thomsen hervorgehoben.

Dennoch wird Subsistenz heute völlig entwertet. Selbstversorgung gilt als rückständig oder »nicht mehr nötig«. In Deutschland, wo noch vor 50 Jahren die meisten Haushalte in der einen oder anderen Form kleine Produktionsstätten zur Eigenversorgung waren (Gemüsegärten, Beteiligungen an Schlachtungen, kleine Werkstätten im Hof), ist die Subsistenz als ernst zu nehmende Wirtschaftsform komplett aus der öffentlichen Wahrnehmung verschwunden. Das Verschwinden liegt vielleicht auch dem Neglect zugrunde, den die Selbstversorger im Oderbruch ihren eigenen Kleinwirtschaften gegenüber zeigen. Erst als Kenneth Anders und sein Kollege sie darauf ansprachen, wurde ihnen wieder bewusst, dass sie überhaupt Selbstversorgung betreiben. Anders jedenfalls ist zu der Ansicht gekommen, dass die »kleinen« ökonomischen Formen sehr wohl vital sind, allerdings unter der Blindheit der meisten Zeitgenossen leiden. »Wir sind Analphabeten der Selbstorganisation«, schreibt er. »Strategien der Selbstversorgung werden in Deutschland meist als historisch überlebte Lebensform oder als romantische Nische wahrgenommen«[35] und dementsprechend wird ihnen jegliche ökonomische Bedeutung abgesprochen.

Offensichtlich war die sogenannte »kapitalistische Landnahme«, die schon Rosa Luxemburg für den Kolonialismus beschrieben hat, in dieser Hinsicht sehr effektiv. Sie hat nicht nur dafür gesorgt, dass kapitalistische Wirtschaftsformen immer weitere Wirtschaftsweisen überformt und immer mehr Lebensbereiche »kolonisiert« haben. Sie war offenbar ebenso erfolgreich darin, die Wahrnehmung der Menschen in den Industrieländern im Laufe der Jahrzehnte so zu prägen, dass wir »Wirtschaft« immer zuerst mit »Marktwirtschaft« gleichsetzen – allenfalls noch mit »Sozialismus«, kaum aber mit »Subsistenz«. Die Landnahme hat die Subsistenzproduktion nicht getilgt, sie hat sie nur unsichtbar gemacht. Sie musste sie unsichtbar machen, andernfalls wäre sie kaum so erfolgreich gewesen. So zumindest argumentieren Maria Mies und auch Christa Müller. Wir überschätzen das Gewicht von Akkumulation, Geld, Konsum, freien Marktkräften und degradieren jegliche ökonomische Tätigkeit, die nicht in das kapitalistische Schema passt. Müller kritisiert dieses Ungleichgewicht:

»Man kann es auch ein Kolonisierungsverhältnis nenn
Es geht immer darum, das ›andere‹ unsichtbar zu machen.
Kapitalistisches Wirtschaften geht davon aus, dass Natur
nichts kostet, ebenso die Arbeitskraft möglichst vieler Menschen – Frauen, Bauern in der Dritten Welt werden alle behandelt, als wären sie Natur.«

Maria Mies hat das Verhältnis zwischen der kapitalistischen Ökonomie der Industriegesellschaft und der subsisten-
zorientierten Ökonomie in den eigenen Ländern und im Rest
der Welt als Eisberg beschrieben, von dem nur ein kleiner
Teil über der Wasseroberfläche zu sehen ist: Kapital und
Lohnarbeit. Unter der Oberfläche befindet sich aber der größ-
te Teil der Wirtschaft, der unsichtbar bleibt: die von Müller
oben benannte Frauenarbeit, die Landwirtschaft in den Ländern der »Dritten Welt«, aber auch die ebenso ohne einen
Ausgleich als »freies Gut« vernutzte Natur. Der ganze unter-
seeische Teil ist die Subsistenzproduktion.[36]

Das Spiel ist falsch und immer mehr Menschen ahnen das.
Die Quintessenz des Ganzen ist nämlich: Menschen haben
eine Reihe von grundlegenden Bedürfnissen, einige davon
sind Bedürfnisse nach materieller Versorgung. Die kapitalistisch-marktwirtschaftliche Ökonomie in den modernen Industriegesellschaften tut so, als gäbe es einige wenige streng
einzugrenzende Arten von Bedürfnissen, die Wirtschaft zu
stillen hätte, dann folgten die anderen automatisch nach.
Demnach wären wir in Deutschland seit 200 Jahren auf dem
geradesten Weg ins gute Leben für alle. Dem widersprechen
die Fakten, hierzulande und anderswo. Wir können unsere
Bedürfnisse nicht zur Gänze befriedigen.

Die Selbstversorger votieren deshalb für einen anderen
Weg zum guten Leben, in der Tat für ein anderes gutes Leben. Sie stimmen nicht mit den Füßen ab. Sie bleiben hier,
aber entziehen sich, so weit es ihnen jeweils möglich ist, dem
Konsum und den geldorientierten Märkten. Manche bleiben
den schon bewährten Formen treu und gründen eine Hof-
wirtschaft. Um überraschende Ideen sind die neuen Selbstversorger aber nie verlegen. Immer neue Formen von tätiger
Abkehr entstehen.

Eine der brandneuen ist »Mundraub«. Katharina und Kai waren es leid, überall herrenloses Obst herumhängen zu sehen, das niemand pflückt. Sie hatten eine Idee, erzählten ein paar Leuten davon und starteten im August 2009 den ersten »Mundraubzug«: Rund um Berlin suchten und fanden sie Obst tragende Bäume und Büsche, erkundigten sich nach den Besitzern und danach, ob diese das Obst freigeben würden, dann kartografierten sie ihre Fundorte. Die Karte ist im Internet für jeden einzusehen und wird ständig aktualisiert.[37] Inzwischen ist ganz Deutschland bunt gesprenkelt mit den Piktogrammen für Äpfel, Kirschen, Birnen, Walnüsse, Mirabellen, Orangen, Pflaumen und Zwetschgen. Die Freiobstkarte reicht von Marokko im Süden über Spanien, Italien, Österreich bis nach Schweden. Mundraub wollen nicht nur leckeres Obst essen und ihre Mitmenschen zum gleichen Genuss animieren, sie wollen Ressourcen finden und andere an der Suche beteiligen. Mit ihrer Strategie bringen sie zum einen die Standorte der Ressourcen ins Bewusstsein, zum anderen aber auch die Idee, dass wir nicht allein von kaufbaren Lebensmitteln leben müssen. Das macht sie zu echten Selbstversorgern.

Kenneth Anders im Oderbruch hätte wohl seine Freude an Mundraub. Er hat sich der Selbstorganisation verschrieben, weil er von den Selbstversorgern lernen will, wo noch Spielräume zu finden sind und wie man diese nutzt. Er schätzt den Erfindungsreichtum und die Unabhängigkeit dieser Leute. »Ich glaube«, sagt er, »dass jeder in seinem Leben die Möglichkeit hat, den Anteil an Selbstorganisation zu vergrößern, dass es für jeden etwas Schönes ist und dass es ein größeres Maß an Autonomie bringt.« Wenn man sich die neuen Selbstversorger anschaut, dann muss man das nicht mehr glauben – man sieht, dass es eine Tatsache ist.

3 SELBER MACHEN

Richard Christian lächelt etwas verlegen, als er die beiden kleinen, zylinderförmigen Metallteile präsentiert. »Dieses hier ist noch nicht so gut. Es funktioniert nicht. Aber das andere geht, das nehme ich.« Im gedämpften Licht der »HEi-Tec-Werkstatt« in der Münchener Wörthstraße ist für das Laienauge kaum ein Unterschied zwischen den Teilen zu erkennen, beide Zylinder sehen sauber aus, stabil, nach vertrauenswürdiger Mechanik. »Jetzt weiß ich, wie es geht, eine Nabe zu machen. Das Nächste wird sein, sie in das Rad einzubauen.« Rad? »Ich baue Hochräder. Gerade verbessere ich noch einige Teile, aber jetzt sehe ich, wie alles funktioniert, und kann anfangen, das ganze Rad zusammenzusetzen.«

Richard ist selbst Laie, hatte vor einiger Zeit noch keinen Schimmer von den tieferen mechanischen Geheimnissen von Nabe und Ritzel, wohl aber eine Leidenschaft für alte Hochräder. Er ist aus England nach München gekommen, um Philosophie zu studieren, schreibt inzwischen seine Doktorarbeit. Dann hat er hier eine Möglichkeit entdeckt, selbst solche Räder zu bauen, obwohl er nie einen entsprechenden Beruf gelernt hat. Er hat sich sofort mit Begeisterung an seine zweite »Meisterarbeit« begeben. Philosophie und Metallarbeit – das geht gut zusammen. »Es ist Verstehen: Ich verstehe, wie die Mechanik funktioniert, sehe, wie Metalle sich benehmen, bekomme ein Gefühl für die Werkzeuge und was ich mit ihnen anfangen kann. Am Anfang wollte ich Fahrräder bauen, weil ich es lustig fand, jetzt geht es mir um die Probleme beim Bauen, um Ingenieurprobleme. Ich stoße immer wieder auf Schwierigkeiten, komme nicht weiter. Irgendwann knacke ich sie aber, habe wieder etwas Neues gelernt, dann weiß ich, wie man dieses oder jenes Teil baut. Und das mache ich dann. Mein erstes Fahrrad ist bald fertig.«

Er lächelt nicht mehr verlegen, sondern wie in gespannter Erwartung auf sein abgeschlossenes Werk, sein erstes Hochrad, sein Gesellenstück, wenn man so will. Er könnte jetzt sicher noch stundenlang weiter darüber reden, wichtig ist ihm aber zuerst, den anderen Bezug zur Welt zu unterstreichen, den er durch die Arbeit an seinem Rad bekommen hat: Man greift ein, sagt er, sieht, wie die Abläufe sind. Begreifen durch Eingreifen – lernen durch Praxis. »Es geht nicht um Fahrräder«, sagt Richard, »es geht um das Bauen.«

Umso mehr bedauert er, dass handwerkliches Können in unserer Zeit so abgewertet worden ist. Das ist es in der Tat. Immer mehr Menschen verrichten ihre Erwerbsarbeit nicht mehr mit den Händen, sondern mit den Fingern: auf einer Tastatur, die im Büro, in der Werkshalle oder zu Hause steht und in jedem Fall im Sitzen bedient werden kann. Aus Handwerk ist Fingerwerk geworden, aus konzentriertem Schaffen mit und an einem Material ein bewegungsloses Ausgerichtetsein auf einen Bildschirm. Nicht nur in der Arbeit, auch in der Freizeit haben wir alle ein Gutteil unserer Zeit statt mit Greifbarem mit Dargestelltem zu tun, mit Vorgestelltem, der Möglichkeit nach Vorhandenem, dem wir auf Bildschirmen und Papier ein Abbild schaffen. Etwas selbst in die Hand zu nehmen sind wir nicht mehr gewohnt, wir kennen es schlicht aus unserem Alltag nicht, umso weniger, als wir die Ergebnisse handwerklichen Tuns ja auch genauso gut kaufen können. Sind wir außer »Analphabeten der Selbstorganisation«, wie Kenneth Anders sagte, auch »Analphabeten des Selbermachens« geworden?

Der Philosoph Klaus Michael Meyer-Abich sieht den Grund in unserer falschen Vorstellung von Mühelosigkeit. »Mit den Händen arbeiten, das wäre eine Mühsal, die die Mühe wert ist. Ich meine nicht die Mühsal der bloßen Plackerei. Wir haben mit der körperlichen Mühsal zu viel abgeschafft. Die Menschen sind ja erstaunlicherweise trotzdem noch müde von ihrer Arbeit im Büro. Für die meisten – die ja auch nicht ihre hauptsächliche Stärke im Kopf haben – wäre es besser, sich viel mehr zu bewegen, körperlich zu arbeiten, im Leib sich selbst zu finden. Aber dafür haben wir die falsche Wirtschaft.«

Richard Christian will »eingreifen«. Er will nicht arbeiten, ohne etwas unter den Händen zu haben – jedenfalls nicht ausschließlich – ebenso wenig wie die vielen anderen, mit denen er die offenen Werkstätten teilt. Im »Haus der Eigenarbeit« (HEi) haben sie einen Platz für sich gefunden, einen Ort, an dem sie in ihrem Wunsch bestärkt werden, mehr selbst zu machen. In direkter Nähe zum Orleansplatz im Stadtteil Haidhausen gelegen, ist das HEi für alle Münchener gut zu erreichen. Das Publikum kommt, der Bedarf nach Eigenarbeit ist offenbar groß, und das HEi hat viel zu bieten. Neben der Metallwerkstatt stellt es Material und Werkzeuge für sieben weitere Gewerke zur Verfügung: Holz, Schmuck, Feinmechanik, Buchbinden/Papier, Textil, Polstern und Keramik. Daneben gibt es einen Bereich »Gesund und kreativ« mit gemischten Angeboten sowie Ausstellungen mit Kunstwerken und Designstücken, die vor Ort entstanden sind. Jeder, der in einem der Bereiche an einem bestimmten Projekt arbeiten möchte, dem zu Hause aber die Möglichkeiten fehlen und der vielleicht noch keine entsprechenden Fertigkeiten hat, kann im HEi alles materiell Notwendige finden und bekommt dazu noch Anleitung und Unterstützung. Sei es, dass eine Kundin einen Stuhl flechten, etwas über Elektrodenschweißen und Oberflächenbehandlung wissen, Tonschmuck herstellen, eine Hose ändern oder Laminat verlegen lernen möchte, sie ist in jedem Fall am richtigen Ort (zu all diesen Themen werden sogar Kurse angeboten).

»Eigenarbeit heißt: Die Leute bestimmen selber, wann und was sie arbeiten. Gut, es könnte schon mal sein, dass eine Ehefrau dahinter steht, aber sonst ...«, lacht die Leiterin des HEi, Elisabeth Redler, und wird sofort wieder ernst. »Wir stellen die Ressourcen zur Verfügung und ermutigen zu selbst bestimmten Tun als Alternative zum fremdbestimm das wir in der Regel in der Erwerbsarbeit vorfinden

Das HEi versteht sich jedoch nicht in erster Lin

Ort, an dem ein Ersatz für die Erwerbsarbeit geschaffen werden soll. Den könnte man hier auch gar nicht leisten. Erwerbseinkommen durch die selbst hergestellten Gegenstände zu ersetzen ist ein nachgeordneter Gedankenschritt. Nach Redlers Verständnis heißt das Gegensatzpaar eher »Eigenarbeit versus Kaufen«. Das entspricht auch den Vorstellungen der Kunden. Viele verschiedene Leute kommen ins HEi, die allermeisten teilen jedoch den Antrieb, einen Gegenstand für den alltäglichen Gebrauch mit den eigenen Händen herstellen zu wollen, statt ihn bei IKEA oder Karstadt aus dem Regal zu ziehen. Was sie hier in der Wörthstraße bekommen, können sie sich an keinem anderen Ort erwerben: ein ganz einzigartiges Stück. Und mehr noch – eines, von dem sie sagen können: Das habe ich selbst gemacht!

Genau wie bei den neuen Selbstversorgern spielt für die Eigenarbeiter das Selbstgemachte die erste Geige. Genau wie diese müssen auch jene sich erst »selbst ausprobieren«, schauen, wie sie mit der neuen Rolle als Teilzeit- oder Gelegenheitsproduzent von Gütern des alltäglichen Bedarfs zurechtkommen, die sie in der Regel im bisherigen Leben noch nicht gespielt haben. Natürlich kann nicht gleich jeder eine Drehbank bedienen oder ein Buch akkurat binden. Aber alle wollen lernen, und viele von denen, die öfter kommen, erwerben einen erstaunlichen Grad an Kunstfertigkeit. »Bei so manch einem steigt der fast bis zu professioneller Qualität«, sagt Josef Schromm, den hier alle vertraulich »Sepp« nennen. Er betreut zusammen mit seiner Kollegin Monika Haberl die Buchbinde- und Papierwerkstatt. Die Qualität weiß er wie kaum ein anderer zu beurteilen, als Buchbinder hat er 55 Jahre Berufserfahrung, gibt seit über 30 Jahren Kurse, gut 20 Jahre davon im Haus der Eigenarbeit. Die Kunden, die er in der Papierwerkstatt erlebt, sind meistens Angestellte, die am Computer arbeiten, vier von fünf sind Frauen. Sie besuchen die Werkstatt, weil sie sich zeigen wollen, dass sie noch mit der Hand arbeiten können, hat Schromm beobachtet. »Sich ausprobieren« ist in ihrem Fall also wörtlich zu nehmen, sie testen, wie weit sie kommen können. Am Ende staunen sie über sich: »Das kann ich ja!«, und kommen wieder. Josef Schromm staunt mit und freut sich über jeden Erfolg.

Die Kunden sind stolz auf das, was sie durch Eigenarbeit (er)schaffen. Auch diejenigen, die schon handwerkliche Vorerfahrungen haben, können im HEi ihre Fertigkeiten besser realisieren als anderswo. Das Eigene macht den Unterschied. Das Selbstgemachte hat für die Eigenarbeiter per se mehr Wert als irgendetwas Gekauftes, auch wenn beide Gegenstände ihre Funktion in genau gleichem Maß erfüllen sollten. Aber nicht nur die hergestellten Dinge werden in Wert gesetzt, auch der eigenarbeitende Mensch. Dadurch dass er sein Können kennenlernen, es einsetzen und erweitern kann, lernt er in der Arbeit auch sich selbst neu kennen und erlangt ein neues Selbstwertgefühl. Das Haus der Eigenarbeit versteht den Selbstwert in diesem Sinn als einen Teil der Gesundheit und engagiert sich deshalb dafür, dass seine Kunden »in ihren Fähigkeiten gestärkt und zufrieden nach Hause gehen«[38]. Richard Christian jedenfalls fühlt sich inzwischen, nachdem er alle Details, die ein Hochrad ausmachen, ausgetüftelt hat, mehr als fit dafür, ein ganzes zu bauen. Danach ist aber noch nicht Schluss, sagt er, dann kommt sicher noch ein nächstes dran.

Gestrickte Lebensqualität

Was du auch machst, mach es nicht selbst.
Auch wenn du dir den Weg verstellst.
Was du auch machst, sei bitte schlau.
Meide die Marke Eigenbau.

Tocotronic sind in der deutschen Popmusik selbst so etwas wie eine Marke und können deshalb sicher sein, dass ihr Aufruf »Mach es nicht selbst« gehört wird. 2010 ist der Song auf ihrem Album »Schall und Wahn« erschienen, und wohl spätestens seit diesem Zeitpunkt muss man vom Selbermachen wieder als einem weitläufigen Trend sprechen, denn sobald die Popbranche ein Thema karikiert oder kritisiert, muss es ein »nächstes großes Ding« sein. Selbermachen *ist* ein aktuelles großes Ding. Nicht bloß Bands wie Tocotronic haben da-

rauf schon reagiert, auch die Nachrichtenmedien (*Spiegel,*
Frankfurter Allgemeine Sonntagszeitung, Focus[39]) haben die
neue Welle bereits abgedeckt, und das Buch zum Thema ist
2008 erschienen: Holm Friebes und Thomas Ramges *Marke*
Eigenbau. Die Republik hat einen neuen Trend entdeckt.

Leute rennen nicht bloß dem Haus der Eigenarbeit die Türen ein. Sie haben auch längst entdeckt, wie sich zu Hause
mit relativ beschränkten Mitteln eine veritable Eigenproduktion organisieren lässt. Näh-, Strick- oder Häkelarbeiten werden aus der staubigen Ecke gezerrt, in der Omas Handarbeits-
korb und die alte Adler-Nähmaschine stehen, und als »do it
yourself« oder cool »DIY« rehabilitiert. Mehr noch, Handy-
socken oder lustig-dekorative Tierfiguren stricken gilt als sexy,
wer es tut, ist im Trend. Damit lässt sich sogar Geld verdienen: Ein Blick auf die Artikelliste in DIY-Webportalen wie
DaWanda oder dem amerikanischen Vorgänger Etsy lässt
erahnen, was mittlerweile alles durch heimisches Basteln
und Werken hergestellt wird, wie viele Anbieter es gibt und
schließlich auch wie groß die Nachfrage nach den Produkten
ist. Die Palette ist riesig und geht weit über »einfache« Hand-
arbeiten mit Nadel und Faden hinaus hin zu Einrichtungsge-
genständen, Möbeln, Kleidung, Schmuck, Kosmetikartikeln,
Küchenbedarf, Elektrogeräten. Dabei wird nicht bloß drauf-
losgewerkelt. Die Szene hat sich professionalisiert. In Ratge-
bern[40] kann jeder nachlesen, wie man es richtig macht: Hän-
gelampen, Seife, Strickkleider, Topflappen, Laptoptaschen, An-
sichtskarten, Broschen, Spiegelrahmen, Bücherregale oder für
Leute, die gerne recyceln: Läufer aus alten Plastiktüten.

Wer die neue Lust am Selbermachen aber schlicht als ulki-
gen Trend abqualifiziert und alsbald im Strom der Geschichte verschwinden sieht, der schießt sicher zu kurz. Die aktuelle ist nicht die erste Do-it-yourself-Welle und insofern eigentlich keine große Neuigkeit. Heimwerken ist seit den Tagen, als
auch die sogenannten kleinen Leute begannen, sich ein Eigen-
heim leisten zu können, immer ein Hobby für viele geblieben.
Die Gründung der großen Heimwerkermarkt-Ketten hat ein
Übriges dazugetan. Schließlich hat sich sogar die ätherische
Modewelt, die von den sägemehlverstaubten Wirkungsstätten
der Hobbyhandwerker gar nicht weit genug entfernt sein kann,

des Selbermachens angenommen. In Vivie
die Punkbewegung schon einmal eine Vo
die das notdürftige Zusammenwerkeln von
vorgefundenen Teilen in den Rang eines B
hoben hat. Mit ihrer Frühjahr-Sommer-K
sie den Schlachtruf »Do it yourself« noch
Interessant ist, dass sie mit ihrer Kollektion offenbar auf die
sich damals am Höhepunkt befindende Finanz- und Wirtschaftskrise reagierte.[41] In schwierigen Zeiten ist DIY als Not-
hilfe für viele attraktiv, das hat auch die Modewelt spitzge-
kriegt und nutzt das Fluidum des Improvisierten zur passenden Stunde.

Selbermachen ist eine Idee, die immer wieder in die unterschiedlichsten Bereiche ausstrahlt, und kann deshalb nicht
als augenblicklicher, flüchtiger Trend abgetan werden. Ein
zweiter Grund ist, dass schon seit Längerem Personen und
Institutionen aktiv daran arbeiten, den Gedanken des Selbermachens zu befördern. Die Stiftungsgemeinschaft anstiftung
& ertomis, die wir bereits in Kapitel 2 kennengelernt haben,
ist eine davon, das Haus der Eigenarbeit eine andere. Das HEi
hat darüber hinaus eine ganze Reihe von Schwesterhäusern
im ganzen deutschsprachigen Raum, die sich alle der Förderung der Eigenarbeit verschrieben haben, namentlich in
Aachen, Achern, Berlin, Bozen, Hamburg, Kempten, Leipzig,
Lindau, Marburg, Nienburg, Nürnberg, Owingen, Poppau,
Potsdam, Regensburg und Tübingen.[42] Im »Netzwerk Offene
Werkstätten« sind einige von ihnen zusammengeschlossen.
In all diesen Städten finden Selbermacher einen Platz, um
ihrem Wunsch nach dem Tätigsein in Eigenregie nachzu-
gehen.

Nein, das Interessante an der neuerlichen Welle ist nicht
ihre Höhe oder die glitzernde Gischt, die sie produziert. Das
Interessante ist die Gezeitenkraft, die ihr zugrunde liegt. Neu
ist nicht die Woge an sich, neu ist aber, dass sie uns auf die
Grundbedürfnisse aufmerksam macht, die hinter ihr stecken.
Sie erzählt uns etwas über das wachsende Unwohlsein, das
sich in unserer Gesellschaft ausbreitet, das Bauchgrummeln
über die eigene Lebensweise. Das Konsumieren bedeutet den
Menschen immer weniger, stellt auch die Konsumpsycholo-

monetta Carbonaro fest, sie haben Sehnsucht nach dem authentischen, deshalb bedienten sie sich des Eigenbaus. Die Leute streben nach handfesten Dingen, assistiert die *Frankfurter Allgemeine Sonntagszeitung*, sie suchen nach »einem Gegenmodell zum ›digitalen Lebensgefühl‹ des 21. Jahrhunderts, das Glücksmaximierung auf Knopfdruck verheißt«. Langsamkeit, Allmählichkeit sei wieder gefragt, sich Zeit nehmen.[43] Und das Greifbare. Liegen hier wieder »greifen« und »begreifen« so eng zusammen wie bei Richard Christian im HEi? All das würde heißen, dass dem Stricken, Sägen und Schrauben eine weit tiefere Bedeutung zukommt, als die bunte Oberfläche vermuten lässt.

Welche Bedeutung kann das aber sein? Elisabeth Redler gründet ihre Antwort auf ihren Erfahrungen mit den Kunden des HEi.

»Das ist die Frage: Was ist ein Grundbedürfnis? Das Bedürfnis nach Ausdruck, nach Vergewisserung der eigenen Kreativität, das ist deutlich zu spüren, dass das Leute umtreibt, weil die sonstige Arbeit oft sehr virtuell, sehr einseitig ist. Eigenarbeit wird auch als Ausgleich gesehen für eine sonstige Arbeitsexistenz in der Erwerbsarbeit oder vielleicht auch in der Hausarbeit, die nicht so erfreulich ist oder immer wiederkehrende Tätigkeiten mit sich bringt. Freiheit spielt eine große Rolle hier, schon vom Grundgedanken der Eigenarbeitsidee her. Die Leute nehmen sich die Freiheit, aus dem üblichen Konsumtrott auszuscheren.«

Kreativ sein, der einseitigen und routinehaften Erwerbsarbeit entgehen, eine Alternative zu dem überlebten Konsumeinerlei finden: Das klingt nach den Gründen, die auch die Selbstversorger in ihre Gärten und in die Natur geführt hat. Tatsächlich sind hier einige Motive sehr ähnlich. Auch das schon erwähnte Sich-ausprobieren-Wollen, die Inwertsetzung der Produkte und der eigenen Fähigkeiten oder die Maxime »Selber machen statt kaufen« sind schon von den Selbstversorgern her bekannt. Und wieder sind es Motive, die sich zusammenfügen zu einem Gegenbild zu dem kapitalistisch-marktwirtschaftlich organisierten Grundpfeiler alltäglicher Existenz, der Güterversorgung durch Erwerbsarbeit und Konsum. Wie schon die Selbstversorgung stellt sich auch Eigen-

arbeit diesem Grundmodell skeptisch gegenüber. Die Eigenarbeiter beziehen durch ihr praktisches Tun Stellung zu Erwerbsarbeit und Konsum. Sie treibt es wie ihre Geschwister
im Geiste, die Selbstversorger, heraus aus dem Herkömmlichen. Elisabeth Redler sagt über die Kunden des HEi: »Bei
uns haben sie das Gefühl, überhaupt eine Perspektive zu
haben, auf etwas hinzuarbeiten, tätig zu sein, statt sich abhängig zu fühlen.«

Selbstversorgung mit Lebensmitteln und Selbstversorgung
mit Gebrauchsgütern sind grundsätzlich sehr ähnliche Tätigkeiten und mit vergleichbaren Zielen und Effekten verknüpft.
Tätig zu sein und sich unabhängig zu fühlen liegen bei beiden im Fokus. Oft sind Selbstversorger gleichzeitig (zumindest dann und wann) mit Eigenarbeit beschäftigt, sei es nur,
dass sie kleine Reparaturen ohne fremde Hilfe erledigen (was
durchaus schon zur Eigenarbeit gerechnet werden muss). Für
die Protagonistinnen des Subsistenzansatzes wie Maria Mies
oder Christa Müller gehört Eigenarbeit auch ganz klar zur
Subsistenzproduktion. Das ist nur folgerichtig: Der Weg zum
guten Leben führt vielleicht durch den Selbstversorgergarten,
aber er endet nicht an dessen Tor. Die ganze Fülle eines guten Lebens erschließt sich uns erst, wenn *im Gesamt* unserer
Tätigkeiten und Lebensbereiche unsere Grundbefähigungen
zum Tragen kommen. Dementsprechend umfasst auch der
Subsistenzansatz sowohl die Selbstversorgung als auch die
Eigenarbeit (und noch mehr, nämlich den Gütertausch, wie
wir gleich sehen werden).

Im heutigen Modus der Güterproduktion und -versorgung
wird Subsistenz umfassend abgewertet, mithin auch die Eigenarbeit. Die Produktion (egal ob von Feldsalat, Sitzmöbeln
oder Oberbekleidung) ist gänzlich entsprechend der gesellschaftlichen Arbeitsteilung aufgespalten und delegiert an spe-
zialisierte Professionen. Die Distanzierung von Produktions-
instanz zu Güterabnehmern wird zusätzlich noch erhöht
durch die Art und Weise der Verteilung der Güter. Sie ist dem
Handel vorbehalten, der den geldvermittelten Tausch organisiert und im Wesentlichen über die Palette der zu verteilenden Güter bestimmt (die damit zur Ware werden). Der Abnehmer der Güter tritt darin als Konsument auf, der sich ausrei-

chende Mengen Geldes verschaffen muss, um seine Funktion erfüllen zu können. Sicher: Die Konsumenten würden die Situation nicht als »Abwertung von Subsistenz« bezeichnen. Dennoch stinkt sie ihnen mehr und mehr, denn sie spüren, dass mit der Ignoranz gegenüber der Subsistenz auch ihre fundamentalen Bedürfnisse als Menschen deklassiert werden. Ihr Können und ihr Potenzial werden nicht abgerufen, sie haben keine Möglichkeiten, ins Leben zu treten, und verkümmern. Die Menschen ahnen allmählich, dass sie in einer Welt des Überflusses im Grunde genommen zu kurz kommen. Subsistenz, so dämmert ihnen, ist der eigentliche Überflussspender.

Tauschen, schenken, gewinnen

Lebensmittel lassen sich also gut mit eigener Hand herstellen – »Lebens-Mittel« (gemäß des Subsistenzansatzes) im weitesten Sinne, also auch solche, die nicht verzehrt werden, aber zu einem erfüllten, erfolgreichen, gelingenden Leben beitragen und insofern ebenfalls Notwendigkeiten sind. Fahrräder zum Beispiel. Die Selbstversorgerinnen und Eigenarbeiter schaffen oft eine ganze Menge in dieser Richtung, zum Teil staunen sie ja sogar selbst darüber, was alles möglich wird, sobald sie sich auf das Experiment Subsistenz eingelassen haben. Nichtsdestotrotz: Alles herzustellen, was man benötigt und haben möchte, ist eine Aufgabe, die schnell die individuellen Möglichkeiten übersteigt. Man kann vielleicht alles kaufen (nein, auch das nicht), aber nicht alles selber machen. Das liegt zum Teil an den eigenen Kapazitäten, zum Teil an den Rahmenbedingungen, aus denen man nur schwerlich komplett heraustreten kann (und will). Giann und Vanella, die in puncto Selbstversorgung schon sehr konsequent sind, beziehen immer noch Strom durch den Energieversorger, führen Steuern und Gebühren ab und müssen Ärzte bezahlen. Dafür brauchen sie Geld, wenn auch vergleichsweise wenig. Lebensmittel, die sie nicht auf ihrem Hof herstellen, tauschen sie mit anderen Bauern, auch in diesem Sinne sind sie nicht vollständig autark. Dazu kommt die schiere Fülle an Dingen des alltäglichen Gebrauchs. Selbst der begabteste Tüftelfuchs und die fleißigste Strickliesel haben nicht die Schnittmuster für alles Mögliche im Kopf. So läuft es unter den entschlossensten Subsistenzpraktikern wie in der ganz normalen Marktwirtschaft auf eine Arbeitsteilung hinaus: Der eine macht das, die andere jenes, und wer mehr haben möchte, als er herstellen kann, muss zu den anderen gehen.

Zur Subsistenz gehört mithin eine Form der – terminologisch gesprochen – Distribution von Gütern. Die Güter müssen von dort, wo sie mit Überschuss hergestellt werden können, dahin, wo sie nachgefragt werden. Das gilt analog natürlich für Dienstleistungen. Natürlich könnten Subsistenzgüter und -dienstleistungen mit Geld erworben werden, ohne dass sie ihren Charakter als Subsistenzmittel verlieren. Die ältere Form der Distribution, die im Zusammenhang mit Subsistenzproduktion jedoch häufiger anzutreffen ist, ist der Tausch, also der Handel ohne ein zwischengeschaltetes Zahlungsmittel.

So simpel wie bei einem direkten Tausch von einer Tauschpartnerin zur anderen muss es jedoch nicht notwendigerweise ablaufen. Tauschen ist eine sehr alte Form der Ökonomie, die auch auf einem lokalen und regionalen Niveau seit Jahrtausenden gut funktioniert. Zum Teil wird der Tauschakt durch Währungen vermittelt, die – anders als Geld, das auch der Anhäufung von Kapital dienen kann – einzig diese eine Funktion erfüllen. Solche Formen lokaler Ökonomien erleben bei uns seit einiger Zeit wieder eine Renaissance. Der Tauschring »Zeitpunkt« in Bielefeld etwa ist einer von aktuell über 300 Tauschringen in Deutschland. Sein Währungsmodell steckt bereits im Namen. Alle Leistungen werden mit »Zeit-Punkten« vergütet, die dem Leistungsempfänger von seinem Punktekonto abgezogen werden. Dabei ist es gleich, woraus die Leistung besteht – eine Stunde Arbeit ist eine Stunde Arbeit, egal ob Kuchen backen, Begleitung beim Joggen, Hilfe am PC, Näharbeiten, Mitbenutzen von Bürogeräten, Möbelreparatur, Jonglage auf einem Kindergeburtstag, Bulli ausleihen, Tarotkarten legen, Radiomitschnitte auf CD brennen oder Doppelkopf spielen. Natürlich können auch

stände getauscht werden, deren Wert dann nach einem
mten Schlüssel in Zeiteinheiten kalkuliert wird. Durch
die prinzipielle Gleichsetzung mittels der Punktewährung
erreicht der Tauschring insgesamt, dass höher qualifizier-
te Leistungen genauso viel wert sind wie niedriger qualifi-
zierte.

Für den »Zeitpunkt«-Vorstand ist das ein programmati-
sches Ziel seines Tauschringes. Ihm geht es unter anderem
darum, den vermeintlich einfachen Tätigkeiten ihren Wert zu
geben, der Hausarbeit zum Beispiel, erklären Ulrike Urban
und Luzie von Arnim. »Im Prinzip war das der Startpunkt der
Tauschringe«, erinnert sich Urban. »Am Anfang war gar kein
Mann dabei. Das war einmal eine Idee von Frauen, die gegenseitig auf ihre Kinder aufgepasst haben und so weiter.« Der
Bielefelder Tauschring gehört zur Gründungswelle der deutschen Tauschringe, er wurde 1996 ins Leben gerufen und war
einer der ersten, die die Vereinsform angenommen haben. Es
ist kein Zufall, dass damals gerade Frauen sich für Tauschringe interessiert haben und dass die rund 100 Mitglieder
nach wie vor überwiegend Frauen sind. Sie betrifft das Thema Subsistenz generell eher als Männer. Subsistenztätigkeiten, die größtenteils von Frauen erledigt werden, beispielsweise Haus-, Familien- oder Versorgungsarbeit, sind stets
unterbewertet worden, wiewohl sie an der Basis aller Wertschöpfung liegen (siehe Kapitel 2). Wertet der Tauschring
diese Tätigkeiten also wieder auf, versucht er letztlich, eine
ökonomische Schräglage zu korrigieren.

Noch auf ein anderes, der herkömmlichen Ökonomie eigenes Ungleichgewicht hat »Zeitpunkt« ein Auge: Die Punktewährung verhindert eine Akkumulation von Währungsein-
heiten. Niemand kann sich durch Ansparen zu einem »Zeit-
punkte-Kapitalisten« machen, da im System eine Umlauf-
sicherung eingebaut ist. Pro Monat werden jedem Mitglied
fünf Punkte vom Konto genommen (ein negativer Zins quasi), sodass ein Anreiz besteht, die Zeiteinheiten möglichst
bald »auszugeben«.[44] So wird verhindert, dass sich größere
Ungleichheiten in der Verteilung des Punktevermögens ein-
schleichen können. Soziale Gerechtigkeit ist ein weiteres er-
klärtes Ziel von »Zeitpunkt«.

Ein häufiges Missverständnis über Tauschringe ist, sie seien Foren für direkten Tauschhandel. Direkter Tausch von Mitglied zu Mitglied ist zwar möglich, bleibt aber die Ausnahme. In der Regel heißt tauschen bei »Zeitpunkt« und anderen Ringen: Jemand kommt und schneidet mir die Hecke; ich buche dafür eine Stunde von meinem Zeitkonto ab, er bekommt eine Stunde dafür gutgeschrieben; eine Woche später muss er seinerseits eine Stunde abbuchen, als er von meiner Nachbarin selbst gekochte Suppe holt. Der Nachbarin hole ich meinerseits zur Adventszeit den Christbaum vom Markt, der ihr zu schwer ist, und helfe ihr beim Dekorieren. Ich tausche also meist mit irgendjemandem aus dem Ring, von dem ich vorher oder nachher gar nicht unbedingt Leistungen bezogen haben muss.

Dennoch haben beide Tauschpartner etwas davon, betont Luzie von Arnim, »auch der, der etwas gibt, weil er weiß, dass er sich bald etwas davon leisten kann«, Tauschen fördert Lebensqualität. Im Tauschring bekomme ich ein kleines Surplus.

»Es ist ein hochwertigeres Leben. Die Sachen, die ich zum alltäglichen Leben brauche, regele ich nicht über den Tauschring, die sind anderweitig abgedeckt. Durch den Ring leiste ich mir ein Mehr. Oft sind das Sachen, die mir einfach guttun. Dieses Stückchen vom normalen Leben zum etwas besseren Leben, das wird über den Tauschring geregelt.«

Das klingt nach Martha Nussbaum: das Stückchen mehr, der Übertritt über die Schwelle vom normalen zum besseren, zum guten Leben. Aber warum sollte tauschen im Ring die Lebensqualität verbessern und einen dem guten Leben näher bringen?

Über die Korrektur ökonomischer Schräglagen habe ich oben bereits gesprochen. Sie ist selbstredend wichtig, um so weit wie möglich objektive Gerechtigkeit zu schaffen und den Akteuren das Gefühl zu vermitteln, sie werden fair behandelt. Der Tauschring bemüht sich ganz allgemein darum, jede Einzelne als wertvollen Menschen wahrzunehmen. Die getauschten Leistungen werden hier ebenso inwertgesetzt wie die Leistungserbringer. »Jeder kann etwas« ist das Motto, das sicher gerade bei denen gut ankommen wird, die sonst in der sogenannten Leistungsgesellschaft durch das Gitter fallen würden »Für Leute, die weniger Geld, aber mehr Zeit haben, Hartz-IV-Empfänger zum Beispiel, ist der Ring eine Möglichkeit, Anerkennung zu bekommen und sich mehr leisten zu können«, sagt Ulrike Urban.

Menschen und Dingen Wert zu verleihen ist ein starkes Charakteristikum von Lebensqualität. Daneben ist es auch der Kontakt zwischen den Mitgliedern, der den Tauschring ausmacht. Der Ring stellt eine ungewöhnliche Art der Kooperation dar. Das Besondere ist, dass die Tauschhandlungen auf selbstverständlicher Gegenseitigkeit beruhen. Für etwas, das ich gebe, verlange ich vom Empfänger keine Kompensation, wie in einem marktökonomischen Tausch. Die hole ich mir an anderer Stelle im Ring. »Ich kann Sachen machen, die mir Spaß machen; Sachen, die mir schwerfallen, kann ich aber abgeben, ohne dass ich Danke sagen muss, das ist einfach Gegenseitigkeit«, sagt Luzie von Arnim. Deshalb versteht sich der Tauschring als eine Form der Nachbarschaftshilfe.

Auf den vielleicht wichtigsten Schritt raus aus dem business as usual der Marktökonomie weist ein Satz in der Broschüre von »Zeitpunkt« hin: »Wir wollen Fähigkeiten und Tätigkeiten, die häufig nicht mehr angeboten werden, anderen Menschen wieder zur Verfügung stellen.«[45] Hier erweist sich am deutlichsten, welche blinden Flecken der herkömmlichen Ökonomie Tauschringe zu korrigieren versuchen. Auf dem Markt wird eben nicht alles angeboten, weil die Märkte in unserem Wirtschaftssystem nach einer Rationalität funktionieren, die die Rentabilität von Einsätzen in den Vordergrund rückt. Die Frage ist dann letztlich: Was setzt man ein, was bekommt man raus, und lohnt sich also das Engagement? Im Tauschring ist das anders. Von Arnim:

»Ich kann darüber Leistungen beziehen, die ich sonst nie beziehen könnte. Eines unserer Mitglieder war eine schwerbehinderte Frau. Sie bekam ihre Pflegeleistungen durch den Sozialdienst und die Nachbarn. Aber alles, was sie in diesem Sozialnetz nicht unterbringen konnte, konnte sie im Tauschring unterbringen, Leistungen, die einfach zu klein sind für kommerzielle Dienste zum Beispiel. Für einmal Brot und eine Sorte Aufschnitt lasse ich mir keinen Lieferservice kommen, das wäre viel zu teuer. Ein Tauschringmitglied aber kann das machen.«

Umgekehrt, aus Sicht der Leistungserbringer, wird ebenfalls ein Schuh draus: Ich kann Kompetenzen und Fähigkeiten einsetzen, für die sich niemand (außer privat) interessieren würde. Ein guter Jogger (der aber vom Profi-Leichtathleten weit entfernt ist) kann sich im Tauschring als Begleitung für weniger erfahrene Läufer anbieten und so eine »Hobby«-Kompetenz anderen zu beiderseitigem Gewinn an Lebensqualität zur Verfügung stellen. Das Angebot steht so auch tatsächlich im Katalog von »Zeitpunkt«. Kurzum: Die sogenannte »freie Marktwirtschaft« lässt Versorgungslücken. Der alternative Markt »Tauschring« deckt sie auf und schließt sie durch entsprechende Angebote. Auf solche Weise erhöht er die Lebensqualität aller Beteiligten und bringt sie so dem guten Leben in der von ihnen gewählten Form näher.

So gut, wie das Tauschringmodell als Alternative zur Marktwirtschaft zunächst erscheint, es ist unterm Strich selbst ein Marktmodell, wenn auch eines, das sich eine bargeldlose Struktur gegeben hat. Die vielen guten Seiten, die es hat – in dem Sinne, dass es tatsächlich für neue Qualitäten in der Versorgung mit Gütern und Dienstleistungen sorgt –, sollen damit gar nicht kleingeschrieben werden. Doch die Kritik ist ebenso ernst zu nehmen: Marktprozesse verselbständigen sich mitunter, sodass Tauschringe, je größer und anonymer sie werden, anfälliger werden für eben jene Ungleichheiten, die sie ursprünglich vermeiden wollten.

»Es kann leicht passieren, dass jemand eine seltene, stark nachgefragte Fertigkeit wie zum Beispiel Autoreparieren nicht einfach so eins zu eins in einem Tauschring gegen eine weitverbreitete Tätigkeit tauscht. ... Was ist, wenn jemand viel mehr Unterstützung braucht, weil er oder sie zum Beispiel Kinder betreuen muss? Was ist, wenn jemand nichts anzubieten hat?«[46]

Den Eins-zu-eins-Tausch konsequent abgeschafft haben deshalb die Umsonstläden und schaffen es damit, den Warencharakter von Gegenständen komplett ad absurdum zu führen. In einem Umsonstladen kann einfach jede mitnehmen,

was sie gerade meint zu brauchen. Diese kleine Minimal-
einschränkung gibt es allerdings noch: Keiner soll einfach
kommen und die Regale leer machen (und anschließend damit einen ganzen Trödelmarktstand bestücken). Manche Umsonstläden haben deshalb eine Mitnahmehöchstzahl eingeführt. Die Kunden sollen sich, bevor sie zugreifen, ernsthafte
Gedanken darüber machen, ob sie den Gegenstand im Regal
wirklich benötigen oder nicht. Der Laden hat also gleichsam
eine aufklärerische und didaktische Funktion wie eine ver-
sorgende. Letztlich will er Kunden emanzipieren und sie unabhängig machen von ihrer Konsumlust. »Kaufen ist Ersatz
für emotionale Erfüllung, Kommunikation von Mensch zu
Mensch tritt immer mehr in den Hintergrund«, wissen die
Aktiven und setzen darauf, sich durch einen Umsonstladen
»ein Stück weit von der kapitalistischen Logik entkoppeln«
zu können. Das erreichen sie, indem sie den Gegenständen
jeden denkbaren Tauschwert (ob gemessen in Euro, Zeitpunk-
ten, anderen Gegenständen oder Ähnlichem) entziehen. Zählen wird beim Mitnehmen nur noch der Gebrauchswert oder
ästhetische Wert für die Kundin, und der ist ein ganz individueller.

In Hamburg hat der »Arbeitskreis Lokale Ökonomie« 1999
einen Umsonstladen eröffnet. Das Projekt war zunächst als
Gemeinschaftsarbeit für Erwerbslose und solche gedacht,
»die Erwerbsarbeit nicht glücklich macht«. Die ersten Kunden des Ladens waren also vor allem die Arbeitskreismitglie-
der. Bis heute liegt die Verwaltung des »AK LÖK« in eigener
Hand, Unterstützung durch die Stadt Hamburg gibt es keine.
Alle Aktivitäten dienen in erster Linie der Selbsthilfe der
Mitglieder. Das große Ziel ist, »durch solidarische Gemeinschaftsarbeit Erfahrungen selbstbestimmten Wirtschaftens
zu ermöglichen, um die Abhängigkeit von der Kauf- und
Tauschwirtschaft sukzessive aufzulösen«. Das bedeutet selbstverständlich nicht, dass im Umsonstladen nur Dinge aus dem
ehemaligen Besitz der AK-LÖK-Mitglieder weitergegeben werden. Die Gegenstände sind Sachspenden von Bürgern aus allen Teilen Hamburgs. Spenden ist Teil des Konzeptes, denn
auch das freiwillige Geben nimmt dem Gegebenen schon den
Warencharakter.[47] Ähnlich wie von den Mülltauchern wird

von den Umsonstläden also ein Teil der Überschussproduktion unserer Wirtschaft abgeschöpft und einer neuen Nutzung zugeführt. Aussortierte, ehemalige Waren werden dem marktgesteuerten Verwertungskreislauf entzogen und einer neuen Verwertung zugeführt, die sich qualitativ – nicht bloß zu einem bestimmten Grad – von der marktlichen unterscheidet. So gewinnen am Ende alle: die Geber, weil sie bereits ausgemusterte Dinge weiter in Gebrauch halten, die Nehmer, weil sie aus den Dingen einen Nutzen ziehen können, die Vermittler im Umsonstladen, weil sie ihrem Ziel der Selbstorganisation näher kommen, und alle zusammen, weil sie das Gefühl haben können, zum guten Leben insgesamt beigetragen zu haben.

Der dritte Sektor

Subsistenzproduktion liefert das zusätzliche »Stückchen vom normalen Leben zum etwas besseren Leben« ausgehend von ganz unterschiedlichen Niveaus. Das normale Leben kann eine bereits gut versorgte und insofern gesicherte Existenz sein, es kann auch eine prekäre Existenz in Arbeitslosigkeit sein, wie bei einigen Mitgliedern des Bielefelder Tauschringes oder den Mitgründern des Hamburger Umsonstladens. Subsistenz bedeutet in jedem Fall eine Steigerung der Lebensqualität. Bei Arbeitslosen oder anderen Menschen, die nur über beschränkte Mittel verfügen, führt die Steigerung unter Umständen allerdings überhaupt erst wieder zu einem menschenwürdigen Dasein, da jetzt die notwendigen Dinge für sie erst erreichbar sind, wie zum Beispiel soziale Kontakte oder zufriedenstellende Nahrungsmittel.

Subsistenz ist kein Einkommensersatz, wie man auf den ersten Blick vielleicht denken könnte. In Studien zur Eigenarbeit wurde dieses Motiv von den Befragten zurückgewiesen[48], was nicht weiter überrascht: Geldeinkommen hat *in der marktwirtschaftlichen Logik* seinen Sinn, es ist ein Mittel zur Befriedigung lediglich derjenigen Bedürfnisse, die innerhalb dieser Logik befriedigt werden können. Für alle anderen Bedürfnisse ist das Geld prinzipiell blind. Die letzteren kann allerdings unter Umständen die Subsistenzproduktion abdecken.

Sie entstehen nicht erst, wenn die von den herkömmlichen Märkten abgedeckten Bedürfnisse zurückgehen. Aber offensichtlich ist es so, dass sie sich parallel zu den marktgedeckten vergrößern beziehungsweise ein entsprechender Mangel sichtbarer wird. Das hängt mit den Schwankungen in der Bedürfnisbefriedigung durch die verschiedenen Wirtschaftssektoren zusammen. In der klassischen Lehre ist die gesamte Ökonomie in drei Sektoren aufgeteilt: den an privaten Gewinnen orientierten Unternehmenssektor, der auch den sogenannten »ersten Arbeitsmarkt« stellt und so für das Geldeinkommen eines Großteils der Erwerbstätigen sorgt; den öffentlichen Sektor, der ebenfalls Erwerbstätige beschäftigt, darüber hinaus aber Lohnersatzleistungen wie das Arbeitslosengeld zur Verfügung stellt; schließlich den »dritten Sektor« der bürgerschaftlich selbst organisierten Tätigkeiten, die in der Regel nicht entgolten werden (jedenfalls nicht mit Geld). Im »dritten Sektor«, der auch »informelle Ökonomie« genannt wird, findet ein Großteil der Subsistenztätigkeiten statt. Man kann also der Einfachheit halber sagen: Subsistenz ist immer informelle Arbeit.[49]

Gerade im ersten Sektor, der die Hauptlast der Versorgung mit Einkommen trägt, sinkt aufgrund von Produktivitätszuwächsen und Veränderungen der Organisation der Arbeit das Arbeitsvolumen. Das hat Folgen für die Erfüllung des Versorgungsauftrags, der dem produzierenden und leistungsanbietenden Teil der Ökonomie eigentlich zukommt.

»Mit der Zunahme von Arbeitslosigkeit und Armut wird ein stets größer werdender Teil gerade der unmittelbaren Reproduktionsbedürfnisse der Bevölkerung, aber auch der kommunalen Infrastrukturbedürfnisse aus den klassischen Wirtschaftssektoren ausgegrenzt und der Selbstorganisation der Betroffenen überlassen.«[50]

Anders gesagt: Was erster und zweiter Sektor nicht mehr geregelt bekommen, bleibt am informellen Sektor hängen. Jeremy Rifkin, seit *Das Ende der Arbeit* Vordenker kommender Erwerbs- und Gesellschaftsszenarien, sieht deshalb die Notwendigkeit für einen neuen Gesellschaftsvertrag heraufgekommen.[51]

Der dritte Sektor wird in Zukunft also wachsen. Dabei ist er quantitativ bereits der bedeutsamste aller drei Sektoren. Statistiken weisen aus, dass den circa 60 Milliarden durch Erwerbsarbeit und bezahltes bürgerschaftliches Engagement in der formellen Ökonomie geleisteten Stunden 98 Milliarden Stunden informeller Arbeit gegenüberstehen (siehe Tabelle).

Informelle Arbeit in Deutschland, Stand: Mitte der 90er-Jahre[52]		
	Arbeits- volumen in Mio. Stunden	Wert- schöpfung in Mio. DM
Haushaltswirtschaft	83.100	1.221
Selbstversorgung (Eigenarbeit, Gartenarbeit)	9.922	142
Selbsthilfeökonomie (Nachbarschaftshilfe, Ehren- amt, Selbsthilfevereinigungen, Bürgerinitiativen, politische Organisationen, Berufs- und Interessenvertretungen)	4.799	100
insgesamt	97.821	1.463

Die Zahlen können als Beleg für die Feststellung der Subsistenzfürsprecher gelten (siehe Kapitel 2), dass die formelle Ökonomie ohne die informelle nicht auskommen würde. Maria Mies hat mit ihrem Eisbergbild ins Schwarze getroffen. Daniel Dahm und Gerhard Scherhorn unterstützen in ihrem Buch *Urbane Subsistenz* diese Ansicht: Der erste Sektor könnte den informellen gar nicht ersetzen, trotz aller gegenteiligen Versuche einer »Landnahme«. Er wäre vor allem deshalb nicht dazu in der Lage, weil er die besonderen Qualitäten der Subsistenzarbeit – wie Dahm und Scherhorn sagen – nicht reproduzieren kann. Die bereits dargelegten besonderen Qualitäten aber sind es, die erst unsere Bedürfnisse zufriedenstellen können.

Die Selbstversorgerinnen und Eigenarbeiter stehen vor der Aufgabe, eine für sie jeweils stimmige Balance zwischen formeller und informeller Arbeit zu finden. In unserer Gesellschaft ist es so gut wie ausgeschlossen, auf Geldeinkommen vollständig zu verzichten. »Die Erwerbsarbeit wird *genutzt*,« schreiben Dahm und Scherhorn, »denn in modernen Gesellschaften könnte und wollte kaum jemand seinen Lebensunterhalt allein mit Subsistenzarbeit bestreiten, weil man sich dazu allzu weit von der modernen Lebensweise isolieren müsste. Zudem ist die informelle Arbeit, um auf dem ›Stand der Technik‹ ausgeführt zu werden, auf Marktgüter angewiesen, auf Räume, Werkzeuge, Unterweisungen u.a.«[53]

Der *Anteil* an informeller Arbeit könnte aber sehr wohl bei vielen Menschen deutlich vergrößert werden. Rifkin deutet die Schwäche des ersten und zweiten Sektors als Chance für einen erstarkenden dritten Sektor, der den Materialismus der kapitalistischen Ära überwinden helfen soll. Eine lebendige postmarktwirtschaftliche Gesellschaft sei auf dem Weg. Den bereits Aktiven in ihrem Bemühen um mehr Unabhängigkeit von der formellen Ökonomie folgen zu können, ist allerdings ein voraussetzungsreiches Vorhaben.

»Solange [die Subsistenztätigkeiten] in Konkurrenz zur Erwerbsarbeit stehen, braucht man Spielraum, um sich ihnen widmen zu können. Modernisierung der Subsistenz verlangt nicht, dass man den Spielraum jederzeit voll ausnutzt, sondern sich jederzeit seiner bewusst ist. Denn dieses Bewusstsein ist es, was die innere Abhängigkeit von der Erwerbsarbeit gering hält.«[54]

Subsistenz in unserer Gesellschaft heißt also, ständig die Linie zwischen formeller und informeller Tätigkeit zu überkreuzen. Zwar kann jeder nur ein Stück weit in die informelle Ökonomie hineinreichen, hat stets mindestens einen Fuß in der geldzentrierten economy as usual. Dennoch: Das immerhin kann er auf tausend verschiedene Weisen tun.

Handarbeit mit neuen Mitteln

Die Subsistenzwirtschaft ist schon immer da gewesen. Im Grunde dienten einmal alle wirtschaftlichen Tätigkeiten der Versorgung. Erst die umfassende Durchsetzung von Güter-, Arbeits- und Finanzmärkten mit Geld als universalem Tausch- und Akkumulationsmittel hat die Subsistenztätigkeiten zum »informellen Sektor« werden lassen. Diese Durchsetzung ist heute so weit vorangeschritten, dass es nicht nur so scheint, als wäre die Wirtschaft des formellen Sektors in ihrer jetzigen Gestalt die einzige »überlebende« Wirtschaftsform, sie gibt sich sogar erfolgreich das Air, die *einzig mögliche* zu sein. Weder das eine noch das andere trifft indessen zu. Subsistenzökonomien mögen aus vielen Lebensbereichen verdrängt worden sein, beziehungsweise sind umfunktioniert worden zu Zuträgern der ersten beiden Sektoren. Von einem Rückzug kann jedoch keine Rede sein, im Gegenteil: Der dritte Sektor ist heute so lebendig wie eh und je.

Er hat sogar noch an Kreativität und Kraft gewonnen. Nicht nur werden immer mehr Menschen gezwungen, ihre Lebensvollzüge mit Mitteln aus dem dritten Sektor zu bestreiten, und werden immer mehr Menschen von den Verwirklichungschancen angezogen, die er bietet. Auch die technischen Möglichkeiten haben sich vervielfältigt. Vor allem die Informationstechnologie hat das Spektrum informeller Tätigkeiten erweitert und die Einstiegsschwellen herabgesetzt. Gerade im Bereich der Eigenarbeit und des selbst organisierten, geldunabhängigen Handels ist viel passiert, seitdem Internetzugänge für Privathaushalte erschwinglich wurden und die Zahl der Nutzer dementsprechend in die Höhe schoss, also etwa seit Mitte der 90er-Jahre. Von da an haben sich auch die Möglichkeiten für Eigenarbeit und -vertrieb vervielfältigt.

Die neue Façon der Eigenarbeit trägt größtenteils englische Namen. Das ist meist zum einen ein Hinweis auf die Herkunft aus dem IT-Bereich, zum anderen darauf, dass es sehr aktuelle, angesagte Entwicklungen sind, die dort stattfinden. Cultural Hacking ist ein solcher Trend. Cultural Hacking bleibt zunächst auf halbem Wege zwischen passivem Konsum und 100-prozentiger Eigenregie stehen. Nichtsdestotrotz ist es damit schon eine Methode, sich außerhalb des herkömmlichen Konsumkontextes zu stellen. Gemeint ist eine spielerische und subversive Art der Zweckentfremdung gekaufter oder vorgefundener Gegenstände. Kleiderbügel aus Draht werden zu einem Weinregal in brutal einfachem Chic, aus Kämmen und Linealen entsteht ein Briefständer, Designerstühle werden aufgesägt und zu stylishen Klobrillen umfunktioniert. So geraten ganze Produktserien zu Zielen der kreativen Zweckumwandlung, wie ein bekannter schwedischer Möbeldiscounter erfahren musste – »IKEA-Hacking« ist mittlerweile zu einem eigenständigen Begriff geworden.[55]

Cultural Hacking ist immer do it yourself, das Credo heißt stets:»Ich werde auf die eine oder andere Art den Raum, das Material, die Funktion oder den Kontext neu schreiben.«[56] Allerdings ist das Rohmaterial bereits für eine bestimmte Funktion vorbestimmt. Der Charme liegt darin, dass diese Funktion kommentiert und umgedeutet und somit unsere Folgsamkeit gegenüber dem vorbestimmten Zweck sichtbar gemacht wird. Hacking zerstört unsere eingeübten Wahrnehmungsmuster und macht uns orientierungslos, bietet gleichzeitig aber neue Orientierungen an. Man kann auch sagen: Es treibt die Ahnung auf die Spitze, dass etwas auch anders sein kann, als wir es zu sehen gewohnt sind. Das ist ein Prozess, der in jeder Art der Selbstorganisation stattfinden muss. Zuerst müssen alte Muster aufgebrochen werden, in die wir uns dreingegeben haben und denen wir träge weiter folgen. Die Orientierungslosigkeit, die nach dem Hack gefühlt wird, ist eine, die bereits im alten System angelegt ist: Wir spürten schon vorher, dass nicht alles richtig ist. Sie auf die Spitze zu treiben ist der zweite Schritt, der dann drittens Handlungsbereitschaft hervorrufen wird. Schließlich müssen realistische Angebote für Alternativen gemacht werden. Im Kleinen stecken diese vier Momente in allen Cultural Hacks, genauso aber auch in allen Formen von öffentlich sichtbarer Selbstversorgung oder Eigenarbeit.

Die Unternehmen, bedroht durch eine mögliche Massenabwanderung der Kunden ins Selbermachen, haben den Braten inzwischen gerochen und merken, dass Individualisierung für die Käufer ihrer Produkte attraktiv ist. Sie konzentrieren sich allerdings auf den Aspekt der Umgestaltung nach dem Bedarf beziehungsweise Geschmack der Nutzerin. »Customization« ist eine Strategie, die Anpassung in den Verkaufsakt miteinzubeziehen, indem der Nutzerin ein Teil der Gestaltung des Produktes überlassen wird. Sie darf nicht nur unter den acht Farben aus der Katalogpalette wählen, sondern frei bestimmen, wie ihre Handyoberschale aussehen soll. Der Hersteller liefert's nach Wunsch. Das Unternehmen sagt: »Ihr bekommt alles, was ihr wollt, genau in der gewünschten Farbe, Form und Größe, und wir behalten dafür unsere Strukturen bei und stellen nur die Produktionsverfahren ein bisschen um.« Der Kunde ist zufrieden, weil er das Produkt gerne auf sich abgestimmt haben möchte, aber nicht alles selbst zu Hause »pimpen« kann. »Die Vorteile für die Hersteller liegen auf der Hand: Abbau von Risiken, Vermeidung von Überproduktion und direktes Feedback vom Markt, welche Produkte ankommen.«[57]

Sein subversiver Charakter kann dem Cultural Hacking mit der Vereinnahmung durch die kommerziellen Hersteller jedoch nicht genommen werden. Es bleibt ein kreativer, das Produzenten-Verbraucher-Verhältnis auf den Kopf stellender Akt. Der »Aufstand der Massen gegen die Massenproduktion« findet statt, wie Holm Friebe und Thomas Ramge in *Marke Eigenbau* unterstreichen. Selbstverständlich bleiben die neuen Formen des Selbermachens nicht beim Zweckentfremden vorhandener Produkte stehen. Die Rechenleistungen heutiger Computer machen für das heimische DIY möglich, was vor ein, zwei Jahrzehnten noch nicht vorstellbar war. Drucker drucken nicht mehr nur auf Papier, sondern mittlerweile dreidimensional, selbstredend auch nicht mehr mit Tinte, sondern mit Kunststoff, der Schicht für Schicht übereinandergelegt wird. 3-D-Drucker sind Minispritzgussmaschinen, die Kunstharzteile von geringer Größe in beliebiger Menge produzieren können. Bislang sind sie dem Prototypenstatus allerdings kaum entwachsen. Die ersten Geräte, die so erschwinglich sind, dass sie auch für den Hausgebrauch interessant wären, kommen gerade auf den Markt.

Bis dato war »Fabbing«, die Eigenarbeit mit digitalen Produktionsmitteln, noch ressourcenstarken Forschungslaboratorien vorbehalten. Ursprünglich kommt die Idee aus Amerika. Das erste deutsche »FabLab« steht seit Dezember 2009 in den Labors der Rheinisch-Westfälischen Technischen Hochschule (RWTH) in Aachen. Dort erprobt man Fabbing in vielerlei Facetten. Die Aachener haben einen Fräsbohrplotter zur Fertigung von Leiterplatten, eine Lasergravier- und Schneidemaschine sowie eine Paneelsäge für Holz und Metall angeschafft und ihr Labor damit zu einem Haus der Eigenarbeit in futuristischer Gestalt vervollständigt. Die Geräte werden digital angesteuert und sind untereinander vernetzbar. Das Herzstück des Selbstmachlabors ist der 3-D-Drucker. Er kann Teile von immerhin maximal 20 mal 20 mal 30 Zentimetern spritzen, je größer und komplexer die Form, desto länger braucht er – von 60 Minuten bis zu über 30 Stunden. Welche Form geprintet werden soll, wird dem Drucker über eine spezielle Software übermittelt, mit der das gewünschte Teil konstruiert werden kann. Programme wie Blender oder Google Sketchup sind sogar kostenlos zu bekommen. Und das ist ein weiteres entscheidendes Markenzeichen des Fabbing schlechthin: Maschinen, Software und Know-how sollen öffentlich frei zugänglich sein, damit jedem, nicht bloß ein paar ausgesuchten Spezialisten, die digitale Eigenarbeit offensteht. Gemäß dem Open-Source-Credo ist auch das FabLab der RWTH für die Öffentlichkeit zugänglich und der Besuch auch erschwinglich. Die Benutzung des 3-D-Druckers kostet zehn Euro für die einmalige Einrichtung der Druckerplattform plus 30 Cent pro Kubikzentimeter verbrauchtem Material.[58]

Fabben kann man nach dem aktuellen Stand der Technik alle kleinen bis mittelgroßen Teile, deren Form nicht zu komplex ist. Statt lediglich die Farbe auszusuchen, könnte unsere Nutzerin also ihre Handyoberschale in der Hightech-Selbermacherwerkstatt gleich komplett selbst herstellen und hätte damit genau das Produkt, das sie sich wünscht. Lampen, Besteck, CD-Hüllen, Rechnerhardware, ein halber Haushalt lässt sich mit Fabbing-Maschinen plotten, schneiden und stanzen. Laserscanner können jede beliebige Form exakt und dreidimensional vermessen, sodass potenziell alles in Datensätze umgewandelt und reproduziert werden kann. Und warum sollten in Zukunft nicht auch größere Teile aus den verschiedensten Materialien möglich sein? Metallplotter sind bereits zu haben.

FabLabs sind freie Produktionsstätten für Nutzer mit einem Interesse an eigenständiger Produktion oder »für Stadtteile oder Communitys, die Dinge produzieren wollen, die zuerst lokale Bedürfnisse erfüllen oder die Unikate sind. Und die Träume bleiben, weil es für sie keinen Markt gibt und eine herkömmliche industrielle Fertigung unbezahlbar wäre«, schreibt Niels Boeing, der gerade gemeinsam mit einigen Mitstreitern in Hamburg ein FabLab gründet. Nachdem zuerst eine mobile Werkstatt, das FabMobil, St. Pauli in die Möglichkeiten des Fabbing eingeführt hat, ist man nun mitten in der Gründungsphase des ersten Hamburger Labs angekommen.[59] Die Vision der Gruppe ist die »Stadt als Fabrik«. Sie will damit jedoch nicht das Bild eines neuen Manchester evozieren, mit einem rauchenden Schlot an jeder Straßenecke. »Fabrik« muss hier mit »Produktionsort« übersetzt werden oder besser »-orten«, denn Fabbing bietet die Chance, die Technologie für eine universelle Form der Eigenarbeit in jeden Haushalt zu holen. Eine verteilte Produktion, die nicht länger ausschließlich von spezialisierten Herstellern abhängt, ist technisch und finanziell in Reichweite. Jeder könnte sich relativ leicht (Kompetenz in der Fabbing-Software vorausgesetzt) mit Produkten für das alltägliche Leben versorgen, sie sogar in größerer Zahl herstellen und damit selbst zu einem Versorger für das betreffende Produkt werden. Wir sind auf geradem Weg zur »Personal Fabrication«.

»FabLabs sind die Vorreiter, und bald wird es so sein, dass jeder seinen 3-D-Drucker zu Hause stehen haben wird und dann selbst seine Sachen ausdruckt«, orakelt René Bohne von der RWTH. »Zum Beispiel: Es ist etwas heruntergefallen, der Kunststoff der Hülle ist kaputtgegangen, von der Fernbedienung zum Beispiel. Jetzt kann man eine neue Fernbedienung kaufen, und das kann sehr aufwendig sein, oder man druckt sich innerhalb von Minuten eine neue Fernbedienung mit dem ABS-Kunststoffdrucker.«[60]

Auch wenn der »Rapid Prototyper« nicht gleich ein Standardhaushaltsgerät wie Kühlschrank oder Knoblauchpresse werden sollte, der Preis ist schon jetzt haushaltskonform. Laserscanner, Drucker und Software sind zusammen bereits für unter 2.000 Euro zu haben. Und wer weiß, ob man die Fabbing-Grundausstattung überhaupt noch kaufen werden muss, schließlich sind auch Maschinenteile prinzipiell in einer gut ausgestatteten Eigenarbeitswerkstatt fabbar ...

Jeder ein Produzent

Die Idee klingt zunächst nach Urmarxismus aus der Mitte des 19. Jahrhunderts: Die Produktionsmittel gehören in die Hände aller! Wo Marx und seine Nachfolger damit noch meinten, privaten Besitz in kollektiven Besitz umzuwandeln, geht die Fabbing-Bewegung andere Wege. Ihre Vision ist eine Mischung aus privaten und öffentlichen Anteilen der Produktion. Jeder soll ausreichenden Zugang zu Produktionsmitteln haben. Die Gesamtproduktion ist aber distribuiert, aufgeteilt auf alle Haushalte. Ein Produkt, das nicht in kleinteiliger Fabrikation hergestellt werden kann, wird zwar unternehmensartig in spezialisierten Werkstätten gebaut werden müssen, die Basisproduktion aber soll nach individuellem Bedarf in Eigenarbeit erfolgen. Städte werden zu Ansammlungen von multipotenten Minimanufakturen, die zusammen genommen alles Alltagsnotwendige herstellen können.

Die mögliche Industrie der nahen Zukunft hat ihr Vorbild in der Entwicklung der Informationstechnologie (deren Nutzungspotenziale sie ihrerseits erweitern würde). In historisch einmaliger Geschwindigkeit haben sich aufwendige Großrechenanlagen zu dem verbreitetsten elektronischen Gerät überhaupt entwickelt, dem PC. Nun steht uns vielleicht eine vergleichbare Entwicklung in der analogen Güterverarbeitung bevor.

»Ebenso wie einst die Raum füllenden Mainframes durch dezentrale, vernetzte Kleinrechner ersetzt wurden, wird die Herstellung eines erheblichen Anteils von Alltagsprodukten zukünftig in dezentralen Produktionsstrukturen erfolgen. Anstatt billige Massenartikel in Offshore-Fabriken zu produzieren, werden kundenspezifische Klein- und Kleinstserien in flexiblen und miteinander vernetzten Minifabriken vor Ort hergestellt«, schreiben die Trendforscher von Z_punkt schon 2005.[61]

Die Ökonomie würde damit einem Prinzip folgen, das ebenfalls bereits aus der IT bekannt ist. Internetbasierte Projekte wie Linux oder Wikipedia leben von ihrer offenen Struktur: Jeder, der sie nutzen möchte, kann auch zu ihr beitragen, kostenlos und ohne umständlichen Nachweis von Qualifikationen. Das Prinzip heißt »Peer Production«, »Produktion unter Gleichen« könnte man übersetzen, und funktioniert sehr gut bei digitalen Diensten wie den beiden oben genannten. Peer Production ist das kommende Modell auch der Fabrikation und Verteilung physischer Gegenstände, schreibt nun Christian Siefkes, Softwareentwickler und Autor. Die Menschen werden misstrauischer gegenüber den immer gleichen Routinen, mit denen die profitorientierte Ökonomie der Welt das Heil bringen soll; gleichzeitig sehen sie den Erfolg alternativer Ideen, von freier Software beispielsweise. Eine Peer-Ökonomie setzt auf Kooperation unter Menschen mit ähnlichen Interessen und Bedürfnissen statt auf die Geduld, die man haben muss, wenn man auf die Erfüllung seiner Bedürfnisse durch einen kommerziellen Anbieter wartet.

Der große Unterschied zur herkömmlichen Wirtschaft besteht darin, dass »die Peer-Ökonomie *direkt* jenes Ziel erreicht, das die Marktwirtschaft – wenn überhaupt – nur *indirekt* erreichen kann: die *Bedürfnisse und Wünsche* der Menschen zu erfüllen, ihnen das zu geben, was sie haben möchten, und ihnen ein Leben nach ihren eigenen Vorstellungen zu ermöglichen. In der Peer-Ökonomie kooperiert man mit anderen, um die gewünschten Güter zu bekommen, während man in der Marktwirtschaft etwas produziert, um Geld zu bekommen – erst *damit* kann man sich dann die Dinge kaufen, die man haben möchte.«

Die Peer-Ökonomie folgt dem Bedürfnisprinzip. Zuerst wird festgestellt, was ihre Teilnehmer benötigen oder haben wollen, dann wird es dezentral hergestellt und allen frei zur Verfügung gestellt. Geld oder andere Tauschmittel sind nicht notwendig, da alle Verteilung auf Kooperation beruht. Ähnlich wie in einem Tauschring würden alle Teilnehmer Zugriff auf alle Güter im »Verteilungspool« haben. Ähnlich wie dort leisten alle Nutzerinnen ihre Beiträge zum Gesamtpool an »Projekten«. Welche Projekte das sind, steht ihnen frei. Ihre Arbeit wird nach einem bestimmten System gewichtet und somit mit den anderen Leistungen im Pool vergleichbar.[62]

Der konkrete Herstellungsprozess kann in der Peer-Ökonomie unter anderem in FabLabs oder zu Hause mit den eigenen Fabbing-Geräten ablaufen. Man kann also bereits jetzt sehen, wie die beiden noch im Keimen begriffenen Entwicklungsstränge (in der Produktion und im Handel) ineinandergreifen und daraus das Potenzial für eine durchgreifend neue Konzeption von Wirtschaft erwächst, in der alle nötigen Mittel in der Hand kompetenter Bürger liegen. Bürger – das zeigen sowohl die Praxis der Eigenarbeit als auch die theoretischen Modelle und Zukunftsvisionen – hören allmählich auf, Konsumenten zu sein, sprich schlichte Abnehmer vorgefertigter Waren. Sie werden zu »Prosumenten«, so das Kunstwort, und sind dann Produzent und Konsument gleichzeitig.

Der Begriff »Prosument« (»Prosumer«) wurde 1980 in weitgreifender Voraussicht von dem Zukunftsforscher Alvin Toffler in seinem Buch *The Third Wave* geprägt. Er beschrieb damals den kommenden Konsumenten als jemanden, der nach seinen eigenen Vorstellungen in die Gestaltung oder die Anfertigung eines Produktes eingreift, so wie es schließlich im Cultural Hacking oder im Fabbing Realität geworden ist. Wichtig ist zu sehen, dass Prosuming bereits bei der Idee beginnt und auch nicht in der Werkstatt endet, sondern mit dem Vertrieb der Produkte weitergeht. Ein Prosument, so Daniel Guthor, ist ein »Nutzer, der in multidirektionaler Kommunikation mit dem Anbieter und Dritten (zum Beispiel anderen Nutzern) das Angebotsspektrum aktiv mitgestaltet«. Guthor, Geschäftsführer der Benefit-Sharing-Plattform Groupido und Mitgründer des IT-Dienstleisters Onestra, ist an Prosuming vor allem als kommerzielle Transaktion in Gruppen interessiert. Er sieht uns noch weit entfernt davon, alle in der Rolle von Prosumenten zu stecken. Aber erste ernst zu nehmende Schritte sind gemacht, auch auf dem Gebiet der Distribution von Gütern.

Mit der Plattform Groupido geht es ihm zunächst darum, einer Gruppe von Nutzern Vorteile beim Kauf einer bestimmten Ware zu ermöglichen. Der Trick dabei ist, den Kauf so zu organisieren, dass durch die Teilhabe an der Gruppe die Nutzungsmaximierung für alle Teilnehmerinnen erhöht wird (weshalb das System Benefit Sharing heißt). Je mehr mitmachen, desto besser für jeden Einzelnen. Dabei wird auf schlaue Weise von den Vorteilen Gebrauch gemacht, die das Internet für die Organisation großer Zahlen von Nutzern bietet. Bei »Sammelbestellungen« zum Beispiel wird der Preis für das einzelne Produkt durch die Menge der Bestellungen gedrückt. Beim »Sponsoring« wiederum ist das Produkt oder die Dienstleistung ursprünglich zu teuer, um es einzeln realisieren zu können; tut sich jedoch eine ausreichende Menge Interessenten zusammen und bestellt gemeinsam, kann sie am Ende eher eine Summe zusammenbringen, ab der der Anbieter zustimmt, in Produktion zu gehen; alle Kunden bekommen ihr Produkt und der Hersteller hat den Gewinn. Eine weitere Steigerung liegt vor, wenn die Kunden über das Produkt weitgehend selbst bestimmen. Beim Typus der »Auftragssammlung« teilen die Kunden dem Hersteller mit: »Bau ein Sofa, es soll 2,43 Meter lang sein und lindgrüne Lederpolster mit Paisleymuster haben« (Geschmack spielt für das Gelingen gruppenbasierter Transaktionen keine Rolle). Der Hersteller kann nur liefern, wenn er rentabel und zu einem realistischen Einzelpreis produzieren kann. Das geht wie beim Sponsoring wiederum nur, indem eine ganze Gruppe bestellt, durch Produktion »on demand« also. Wieder bekommen alle, was sie wollten, dieses Mal haben sie es sogar selbst gestaltet.[63]

An den Formen des »Active Commerce«, die die Plattform Groupido bereits realisiert, wird deutlich, wie die Entwicklungsschritte hin zu einem konsequenten Prosuming aussehen können. Guthor möchte diese Entwicklungen mit vorantreiben, weil er überzeugt ist, dass es gut und richtig wäre, wenn es möglichst vielen Menschen offenstünde, als Prosument selbst Produkte in Eigenarbeit herzustellen sowie diese in Formen des Active Commerce oder seiner Weiterentwicklungen zu vertreiben und zu erwerben. »Grundsätzlich spie-

len in den Ökonomien der kommenden Jahrzehnte gruppen-
basierte Transaktionen eine maßgebliche Rolle als ermög-
lichende Strukturen für die Nutzer, um tatsächlich mündig
zu werden und aktiv mitzubestimmen wie sich Produkt und
Preis gestalten werden«, sagt Guthor. Auch für ihn geht der
Weg in eine ähnliche Richtung wie das, was Christian Siefkes
als Peer Production bezeichnet hat. Derartige Konzepte – egal,
welchen Namen sie tragen – könnten die nahe gelegene ökonomische Zukunft entscheidend prägen. »Langfristig können
sich auf diese Art und Weise neue Geschäftsmodelle bilden,
und die Kontrolle über den Konsum wandert von dem Ent-
scheidungsmonopol der Unternehmen hin zur Eigenverantwortung der Nutzer«, so Guthor.

Heute liegen die Produktionsmittel nicht in unserer Hand.
Aber das Ziel ist schon in wechselnden Worten formuliert,
ständig kommen neue Instrumente hinzu, die dazu beitragen,
es zu erreichen, innovative Formen werden einer Praxiserpro-
bung ausgesetzt und zur Reife gebracht. Die Peer-Ökonomie
soll den Menschen »ein Leben nach ihren eigenen Vorstellungen ermöglichen«, Prosumenten sollen »mündig werden
und aktiv mitgestalten, wie sich Produkt und Preis« darstellen, die Eigenarbeiter sollen »in ihren Fähigkeiten gestärkt
und zufrieden nach Hause gehen«. Wenn man es auf ein Wort
herunterbrechen wollte, dann zielen alle diese Initiativen und
Ideen auf eines, nämlich Selbstbestimmung. Die Menschen
sollen selbst einschätzen, was sie brauchen, selbst bestimmen,
was sie wollen und wie sie sich damit versorgen. Und sie tun
es, ob im Haus der Eigenarbeit oder in Tauschringen, ob im
klassisch-analogen Gewand oder in den rechnerbasierten Va-
rianten Fabbing oder Active Commerce.

   Dass Menschen gegen die heute vorherrschende Idee vom
Wirtschaften selbstbestimmt konsumieren und produzieren,
ist ethisch richtig, meint Christian Siefkes, indem er ein Argument von Richard Stallman, Hacker und Mitgründer der
Free Software Foundation, umwidmet: Eine Software, for-
derte Stallman, ist ein Hilfsmittel, das ich erstens an meine
Bedürfnisse anpassen und zweitens meinen Mitmenschen
zugänglich machen können muss, damit sie auch Letzteren

zugutekommen kann. Ein System, das mich daran hindert, beides zu tun (weil Software etwa nur käuflich zu erwerben ist und unter Gebrauchsmusterschutz steht), sei absurd und werde von ihm abgelehnt. Warum sollte diese Ablehnung nicht auch – mutatis mutandis – im Falle der physischen Produktion und Distribution von Gütern gelten, fragt Siefkes.[64]

Das Haus der Eigenarbeit in der Münchener Wörthstraße ist gerade um eine Attraktion reicher geworden. Sicher werden bald noch mehr Besucher in die Metallwerkstatt strömen. Dort, wo Richard Christian noch an seinem ersten Hochrad baut, ist mit der »HEi-Tec-Werkstatt« mit ihren rechnergesteuerten Gravier- und Fräsmaschinen der Grundstock zu einem FabLab entstanden.

4 ANDERS ARBEITEN

Eigenarbeit ist immer noch Arbeit. Jedenfalls heißt sie nach wie vor so. Ein unbefangener Historiker, der in tausend Jahren auf unsere Zeit zurückschaut, ließe sich von der gleichen Lautung vermutlich ködern und könnte schlussfolgern, dass es sich bei der Eigenarbeit um einen speziellen Typus der damals üblichen, gesellschaftskonstituierenden Art der Tätigkeit, der Erwerbsarbeit, handelte. Keine der Eigenarbeitsformen, die wir bis hierher kennengelernt haben, ist jedoch Arbeit im altgewohnten Sinn, weder die individuellen, selbstversorgenden Tätigkeiten in den »Häusern der Eigenarbeit« noch die kollektive »Peer Production« noch der Leistungstausch in Tauschringen. Im Gegenteil: Eigenarbeit entfernt sich von der Idee der Erwerbstätigkeit. Sie ist oft sogar ein explizites Gegenmodell, genau wie ihre Subsistenzschwester, die Selbstversorgung. Beide sprechen dieselbe Sprache: »Wir wollen anders leben. Wir wollen besser leben.«

Und das heißt letztlich: »Wir wollen anders arbeiten« – notwendigerweise, denn Erwerbsarbeit nimmt einen überragenden Stellenwert in modernen Gesellschaften ein. Man spricht nicht ohne Grund von unserem Zivilisationsmodell als der »Erwerbs(arbeits)gesellschaft«. Erwerbsarbeit ist der Hauptregler auf dem Schaltpult der sozialen Integration. Je weiter unten er steht, desto schwerer fällt es dem Einzelnen, seinen Lebensunterhalt zu bestreiten, am kulturellen Leben teilzunehmen, seine Freizeit nach seinen Wünschen zu gestalten,

Freundschaften zu finden und aufrechtzuerhalten, langlebige Partnerschaften zu führen und so weiter. Sprich: Je erfolgreicher einer damit ist, seinen Lebensunterhalt mittels dem zu bestreiten, was er auf dem Arbeitsmarkt an Erwerbsmöglichkeiten ergattern kann, desto erfolgreicher und befriedigender wird sein gesamtes Leben verlaufen – statistisch gesehen.

Nun dräut aber allmählich die Erkenntnis, dass der Regler nicht länger für alle oben stehen wird. Bei vielen sind die Lichter schon ausgegangen, bei einer steigenden Zahl flackern sie nur noch. Sie haben große Schwierigkeiten, auf dem sogenannten »ersten Arbeitsmarkt« Fuß zu fassen, und hangeln sich von Job zu Job, von Dispokredit zu Dispokredit. Soziale Integration ist für sie ein ständiger Kampf, »Vergesellschaftung über Erwerbsarbeit« ein Begriff aus einem soziologischen Märchenland. Aus den Reflexionsinstitutionen, den Universitäten und Instituten, dringt schon seit Längerem der warnende Ruf, das eigene Beschreibungsvokabular könne alsbald von der Lebenswelt ad absurdum geführt werden. Dann, so der Soziologieprofessor Wolfgang Bonß von der Universität der Bundeswehr in München, »könnte es durchaus sein, dass das Erwerbsarbeitspotenzial langfristig nur noch für die Beschäftigung einer Minderheit reicht, während für die Angehörigen der Mehrheit eine ›globale Ausweglosigkeit‹ droht«.[65] Für Letztere sieht es so aus, als sollten sie gar nicht mehr die Wahl haben, auszusteigen, um ins gute Leben einzusteigen. Sie werden einfach rausgeworfen.

So frei, wie »aus dem Geld zu gehen«, könnten sie also nicht entscheiden, »aus der Arbeit zu gehen«. Auf der anderen Seite wird die Wahl für einen Ausstieg aus der Erwerbsarbeit immer plausibler, je eingeschränkter die Lebensperspektiven beim Drinbleiben werden. Diejenigen, die sich dafür entscheiden, finden auch gute Gründe, dazu müssen sie nicht erst direkt davon bedroht sein, durch einen Jobverlust aus dem Leben zu fallen. Michael Hartl und Lisa Pfleger sind unter anderem deshalb auf ihren Kleinhof gezogen, weil es ihnen nicht passte, »dass du von morgens bis abends damit beschäftigt bist, zu lernen, zu arbeiten oder dich vom Lernen und vom Arbeiten zu erholen« (siehe Kapitel 2). Bei Licht betrachtet erscheinen tatsächlich manche Eigenschaften der herkömmlichen Erwerbsarbeit so unattraktiv, dass man sie rundheraus ablehnen darf.

Der Wert der Arbeit

Arbeit nach dem heute üblichen Verständnis hat eine ganz bestimmte Gestalt. Es beginnt damit, dass wir bezahlte Tätigkeiten meinen, wenn wir von »Arbeit« sprechen. Lohn ist geradezu das definierende Moment. Arbeit ist Erwerbsarbeit, und wer gerade keine hat, von dem wird angenommen, dass er zumindest danach sucht. (Ausgenommen sind Kinder, Rentner, Hausfrauen oder Hausmänner und so fort, die aber ihrerseits wieder vom Einkommen der Erwerbstätigen abhängen.) Das Erwerbsarrangement ist der Kern unserer indirekten Versorgungsweise, die zwischen die Bedürfnisse des Menschen und die Güter, die diese Bedürfnisse befriedigen, stets das Geld schiebt.

Zweitens vollzieht sich Arbeit heute in Aufgabenteilung und damit im Gegensatz zu Versorgungstätigkeiten früherer Tage. Die Abläufe in der Produktion sind so differenziert, dass jede Tätige lediglich einen Teil des Gesamtprozesses überblicken kann. Kaum jemand stellt noch *ganze* Produkte her und ist an allen dazu notwendigen Schritten beteiligt. Seit der Nadelmanufaktur in Adam Smiths *Wealth of Nations* hat sich daran prinzipiell nichts geändert. Damit geht eine Distanz des Arbeitenden zum Endprodukt einher, die er nicht hätte, könnte er in alle Herstellungsschritte eingreifen. Man spricht daher von »entfremdeter« Tätigkeit.

Die Produktionsorte sind, ebenfalls im Unterschied zur Subsistenzproduktion, in der Regel zentralisiert in speziellen Einrichtungen: Fabriken, Büros, landwirtschaftlichen Betrieben, Behörden, Logistikzentren. Die Erwerbstätigen müssen also täglich erst zu den Produktionsorten gelangen, sie sind nicht mit ihren Wohnplätzen identisch.

Die Mittel der Produktion gehören nicht den Arbeitenden, sondern einer speziellen Gruppe von Eigentümern, die gleichzeitig als Arbeitgeber fungieren. Zur Erwerbsarbeit gehören demnach immer zwei Parteien (es sei denn, es ist eine selbständige Tätigkeit): ein Arbeitgeber und eine Arbeitnehmerin. Das Verhältnis ist streng geregelt und sieht einen idealiter gerechten Tausch von Lohn (und damit Konsummöglichkeiten) gegen Tätigkeit unter den oben genannten Bedingungen vor.

Die Entscheidung, wie und wann welche Arbeit zu welchen Zielen zu geschehen hat, obliegt dabei dem Arbeitgeber. Aus Sicht des Arbeitnehmers ist Arbeit mithin immer fremdbestimmt und extrinsisch motiviert (positiv durch das Entgelt, negativ durch Androhung von Sanktionen wie die Entlassung). In diesem Tauschverhältnis ordnen sich die Arbeitenden, ohne unmäßigen Widerspruch zu leisten, dem »fordistischen Gesellschaftsvertrag« unter, »der ungeschriebenen Übereinkunft, dass entfremdete Arbeit durch stetig steigenden Lebensstandard und dauerhafte Anstellung entgolten wird«.[66]

Zusammen genommen sind das in nuce die klassischen Merkmale, die »Arbeit« heute kennzeichnen. Dass sie nicht auf jede Erwerbsarbeit genau zutreffen, versteht sich, Arbeit ist enorm vielgestaltig. »Heute« heißt: seit etwa 200 Jahren, also seit der Durchsetzung des Kapitalismus, wie wir ihn kennen. Die Gestalt der Arbeit, die uns so selbstverständlich erscheint, ist mit anderen Worten eine historische Neuheit und unterliegt außerdem bestimmten Voraussetzungen. Arbeit ist nicht einfach so, wie sie ist, ihre Voraussetzungen können abgelehnt werden. Genau das geschieht bereits.

Die Glücklichen Arbeitslosen sind nicht glücklich. Nicht mit der Arbeit. Sie lehnen sie ab – nicht etwa, weil sie den ganzen Tag auf der faulen Haut liegen wollten. Die Glücklichen Arbeitslosen wollen nur nicht länger unter der »Diktatur der Lohnabhängigkeit« knechten müssen, für besser halten sie es, auf marktwirtschaftlich organisierte Beschäftigung zu verzichten. Was sie ablehnen, ist mithin die oben skizzierte *Form* von Arbeit. Sie stört die Entfremdung vom eigenen Tun, dem der Eindruck von Nützlichkeit verloren gegangen ist. Sie stört die Geldform der Entlohnung einschließlich der darin verpackten Bedrohung, dass, wer keinen Geldlohn mehr bekommt, sehr knapp und knauserig leben muss. Aus diesem Grund sprechen sie lieber von »Geldlosen« statt von »Arbeitslosen«. Sie stört der Mangel an Lebensfreude in der Arbeitswelt, der Mangel an menschlichen, vor allem zwischenmenschlichen Erfahrungen, der noch gravierender wird für denjenigen, der seine Arbeit verliert. Und sie stört die Misere aller Arbeitslosen, die nur deshalb so tief sei, weil Arbeit der höchste, vielleicht der einzige verbliebene Wert sei, den sie kennen.

Höchste Zeit, gegenzusteuern und in Wort und Tat alternative Werte zu verbreiten, meinen die Glücklichen Arbeitslosen. Sie trauen sich, ein tätiges Leben völlig neu zu denken, eines, das ohne Arbeit auskommt. Eine Utopie? Mitnichten!

»Der Utopist entwirft die genauen Pläne einer angeblich idealen Konstruktion und erwartet, dass die Welt sich in diese Form gießt. Dagegen ist der Glückliche Arbeitslose eher ein Topist: Er bastelt mit Orten und Sachen, die schon vorher vorhanden sind. Er konstruiert kein System, sondern sucht nach allen Möglichkeiten, sein Umfeld zu verbessern.«[67]

Die Glücklichen Arbeitslosen basteln tatsächlich noch, sie experimentieren, stellen neue Möglichkeiten in den Raum. Auch sie haben die schöne, heile, arbeitslose Welt noch nicht erfunden, aber sie wissen um ein paar Dinge, auf die es ankommt: die Rückaneignung der Zeit zum Beispiel. Sie haben erkannt, dass eine Zweiteilung der verfügbaren Stunden in »Arbeitszeit« und »Freizeit« in Wahrheit den ganzen Tag unter die Verfügung der Arbeit stellt, weil die Freizeit de facto aus den Stunden besteht, die einer möglichst effektiven Regeneration für die erneute Erwerbsschufterei zugemessen sind. Die Arbeitslose kann *deshalb* glücklich sein, weil ihr die Zeit wieder komplett zur eigenen Verfügung steht.

Der freiwillige Verzicht der Glücklichen Arbeitslosen auf eine Utopie spiegelt letztendlich ihre Rolle als Sucher im Nebel wider. Sie versuchen, zeitkritisch und konstruktiv zugleich ein Bild von Tätigkeit außerhalb der herkömmlichen Erwerbsgesellschaft zu entwerfen. Sie wissen aber auch, dass ihre Initiative ohne eine gesellschaftliche Anerkennung der Idee, Arbeit sei nicht der wichtigste aller Werte, schließlich folgenlos bleiben wird.

Es sieht allerdings so aus, als sollte ihrer Idee die Anerkennung nicht länger versagt bleiben. Tatsächlich verändert sich der Stellenwert der Arbeit als Kategorie für ein gutes Leben bereits, und die Glücklichen Arbeitslosen sind nicht die Einzigen, die das ahnen. Warum so viel Zeit auf bezahlte Erwerbstätigkeit verwenden, fragen sich immer mehr Skeptiker, und meinen eigentlich *verschwenden.* Man könne gut mit einem Drittel der Zeit auskommen, meint zum Beispiel Frauke Hehl. Von der Ausbildung Architektin, ist sie mittlerweile zu einem lebenden Experiment in Sachen alternativer Erwerbsformen geworden. Sie wurde bereits während ihres Studiums skeptisch angesichts ihrer späteren Anstellungschancen, die Skepsis dehnte sich bald auf Erwerbsarbeit schlechthin aus. Heute macht sie Front für Alternativen zur Arbeit, sie praktiziert selbst erfolgreich ein Ein-Drittel-Modell.

Die Philosophie der Drittelung existenzsichernder Tätigkeiten hat engagierte Vorbilder. Sie wurde in jüngerer Zeit vor allem von Frithjof Bergmann populär gemacht. Erwerbszeit wird in seinem Modell der »Neuen Arbeit« gleichmäßig aufgeteilt zwischen dem, was wir heute als Lohnarbeit bezeichnen würden, einem anderen Teil Eigenarbeit, die Bergmann mit Hightech-Maschinen realisiert sehen will (sein »Personal Fabricator« kommt den Geräten, die in FabLabs stehen, sehr nahe), und schließlich einem dritten Teil, der aus Tätigkeiten besteht, »die wir wirklich, wirklich wollen« – selbstbestimmter Arbeit also. »Neue Arbeit« beinhaltet mit anderen Worten, Erwerbsarbeit auf ein geringeres Maß herunterzubringen und damit Zeit für anregende, selbst gewählte Tätigkeiten zu haben, bei denen sich der Mensch als Mensch weiterentwickeln kann und seinen grundlegenden Bedürfnissen frei nachgehen kann.[68]

Einen sehr ähnlichen Gedanken hatte auch André Gorz. Er verbindet ihn mit einem allgemein-kapitalismuskritischen Dreh: »Es geht um die Möglichkeit, die persönliche Autonomie in einer Weise und einem Ausmaß zu entfalten, die sich nicht länger nach den Bedürfnissen der Unternehmen richten.« Er nennt seine Vision die »Multiaktivitätsgesellschaft«, in der alle versorgenden (also im umfassenden Sinn »ökonomischen«) Aktivitäten gleich bewertet sind und ihnen der jeweils angemessene Platz eingeräumt wird. Sein Vorschlag zielt darauf, »die Arbeitszeit in die differenzierte Zeitlichkeit eines multidimensionalen Lebens in Übereinstimmung mit den herrschenden kulturellen Bestrebungen« zu integrieren und somit Zeitsouveränität zu erreichen. Bergmanns Initiative »Neue Arbeit« ist mit ihren Aktivitäten auf dem Weg dorthin.[69]

Frauke Hehl lebt nicht nach einem Modell. Sie teilt ihre Arbeit dennoch auf, einfach weil es dem am besten entspricht, was ihr im Leben wichtig ist. Mit der Konsequenz, auch nur einen Teil eines normalen monetären Einkommens zur Verfügung zu haben, kann sie gut leben. Sie bestreitet ihren Lebensunterhalt durch Gelderwerb, Selbstversorgung und Eigenarbeit und kommt damit Bergmanns oder Gorz' Ideal schon ziemlich nah. Frauke Hehl ist unter anderem eine der Gründerinnen der »Rosa Rose« (siehe Kapitel 2) und unterstützt die Idee der Nachbarschaftsgärten, wo sie kann.

In Hehls Perspektive wird Arbeit plötzlich facettenreich, die klassische Erwerbstätigkeit nimmt in ihr nur einen nebengeordneten Platz unter mehreren andersartigen Tätigkeiten ein. Gelderwerb ist den anderen Beschäftigungen gleichwertig – aber auch nicht mehr. »Das Schwierigste ist, erst einmal den Eindruck loszuwerden, dass wir so vom Geld abhängig sind. Geld ist für mich nur eine von vielen Ressourcen«, sagt Hehl im Interview. »Es geht nicht darum, Geld total abzulehnen. Aber ich versuche, mich nicht durch Geld, Titel etc. erpressbar zu machen.« Was sie benötigt, beschafft sie, so weit es geht, durch materielle Eigenleistung, Bares ist nur nötig, wo das nicht reicht oder zusätzliche Wünsche entstehen. Sie ist auch für ihre Seelenruhe nicht von einem »Dr.« vor dem Namen oder »einem Krokodilchen auf dem Shirt« abhängig. Das Überleben ist gesichert und mehr noch:

»Ganz viel von dem, was für mich ein gutes Leben bedeutet, findet statt in meinem Leben. Das ist die Vielfalt und der Kontakt mit vielen Menschen. Das ist die Fähigkeit, mit mir selber auszukommen. Auch finanziell hab ich keine Probleme mehr, nicht weil ich so viel Geld zur Verfügung habe, sondern weil ich unheimlich gut mit wenig Geld auskomme. [Das bedeutet nicht] Einbuße von Lebensqualität, sondern im

Gegenteil. Für mich sind das alles Lebensmittel: die sozialen Beziehungen, die Kontakte, das, was ich esse, es gehört alles zu den Lebensmitteln dazu.«[70]

So könnte es am Ende sogar zu unserem Besten sein, dass die Arbeitswelt sich wandelt und wir endlich beginnen, den Wert der Erwerbsarbeit zu überdenken. Dem guten Leben könnten Haltungen wie die von Frauke Hehl in der historischen Situation, in der wir uns bewegen, großen Vorschub leisten. Die Arbeitsgesellschaft ist in einer Umwälzung begriffen, die bis auf ihre Fundamente reicht. Ihr geht allmählich die Arbeit aus, wie Hannah Arendt bereits in den 50er-Jahren prophezeit hatte[71], das heißt: die *bezahlten* Tätigkeiten, nicht etwa das, was zu tun wäre. Die Arbeitsgesellschaft produziert damit zum einen mehr und mehr Arbeitslose, von denen die wenigsten zu den Glücklichen zählen dürften. Zum anderen tut sie etwas Subtileres, das sich leicht durch Statistiken fortschweigen lässt und deshalb bisher für weit weniger Bohei gesorgt hat als die immer mal wieder hoffnungsbegründend positiv notierenden Arbeitslosenzahlen. Immer mehr aus dem begrenzten Pool der Erwerbsarbeit fließt in Lohnmodelle, die für die Existenzsicherung nicht reichen: in Teilzeitarbeit, Leiharbeit, befristete Anstellungen, ins Mini- oder Multijobbing. Zwar bleibt das gute alte Normalarbeitsverhältnis weiterhin stark (statistisch), aber die sogenannten untypischen Erwerbsformen schließen rapide auf. Im Endeffekt gibt es zwar immer mehr Beschäftigte (auf den ersten Blick eine gute Nachricht), viele landen aber in Jobs, von denen sie nicht leben können und die sie außerdem deutlich schneller wieder verlieren können als eine Festanstellung. Alle Jobfluktuationen und Einkommenstäler berücksichtigt, könnte die Arbeitsgesellschaft bald in eine Situation geraten, in der »jene zu einer Minderheit werden, die eine dauerhaft über der Armutsgrenze liegende Erwerbsbiografie aufweisen«. Das würde bedeuten, dass »die Integrationspotenziale der Marktvergesellschaftung irgendwann erschöpft« wären. Der alte Arbeitsbegriff, konstatiert auch der Kasseler Sozialforscher Heinz Bude, hat seinen Bezug zur Realität verloren. Selbst prinzipielle Rechte – auf Arbeit etwa oder auf Bildung – nützen nichts mehr, wenn ihnen »keine aktuellen Chancen entspre-chen«.[72]

Dabei war die Arbeitsgesellschaft nie eine »Arbeit total«-Gesellschaft. Vollbeschäftigung wurde in der Moderne nur ein einziges Mal für einen sehr knappen Zeitraum erreicht, danach war der »kurze Traum immerwährender Prosperität« schon ausgeträumt. Aber selbst unter Vollbeschäftigung er-reicht die Zahl der Erwerbsfähigen (also aller Personen, die prinzipiell alt, gesund und ausgebildet genug sind, um eine Erwerbstätigkeit aufnehmen zu können, inklusive der Ar-beitslosen) kaum Werte über 50 Prozent der Gesamtbevölke-rung. Der EU-Durchschnitt lag in den 90er-Jahren bei 45 Pro-zent. Was ist nun mit der anderen Hälfte, die ja zwar nicht zu denen gerechnet wird, die Erwerbsarbeit leisten können, aber doch andere Tätigkeiten ausüben können?

Dazu gehören beispielsweise Kinder und Rentner, die per se noch nicht beziehungsweise nicht mehr erwerbsfähig sind. Rechnet man sie aus der Gesamtbevölkerung heraus, müssten also fast ausschließlich die Erwerbspersonen übrig-bleiben. Das stimmt aber faktisch nicht: So gerechnet liegt der Anteil der Erwerbsfähigen in Deutschland immer noch bei nur gut 70 Prozent und nicht bei annähernd 100.[73] Es bleibt ein Rest von knapp 30 Prozent. Diese 30 Prozent leis-ten demnach unbezahlte Subsistenzarbeit: Haus-, Garten-, Pflege-, Erziehungsarbeit und so weiter.

Das tut allerdings auch der allergrößte Teil der Erwerbs-fähigen unabhängig von seinen monetären Bezügen (Lohn oder Transferleistungen) in seiner »Freizeit«. Drittens sind die Kinder und Rentner ebenfalls an der Subsistenzarbeit be-teiligt, indem sie beispielsweise im Haushalt helfen oder ein Ehrenamt bekleiden. (All diese Tätigkeiten zusammen genom-men erklären die hohen Stundenzahlen für informelle Tätig-keiten, die ich in Kapitel 3 in einer Tabelle aufgelistet habe.) Unterm Strich heißt das: Alle sind – in der Hauptsache oder nebenbei – mit Subsistenzarbeit beschäftigt, aber nur die Hälfte mit Erwerbsarbeit.

Dennoch bleibt die Existenzsicherung Sache des Erwerbs. Die Lohnbezieher versorgen nicht nur sich selbst, sondern auch die nicht arbeitenden Mitglieder ihrer Familie sowie über ihre Abgaben auch die Transferleistungen beziehenden Mitglieder der Solidargemeinschaft, sodass alle letzten Endes von Erwerbsleistungen abhängen. Ein solches dicht geknüpftes Netz von Verteilungsflüssen vermag prinzipiell jeden gegen existenzielle Risiken zu sichern und ein lebenswertes Leben zu bescheren – solange es funktioniert. Eine Zeit lang funktionierte es gut, jetzt jedoch stößt das Arrangement auf ernsthafte Schwierigkeiten. Wie ernsthaft die Schwierigkeiten sind, sieht man daran, wie unzufrieden die Menschen geworden sind, viele haben nachgerade Angst. Existenzangst aber war genau das, was diese Gesellschaft nach und nach abschaffen wollte, als sie sich die Wirtschaftsordnung gegeben hat, die sie heute noch trägt.

Eine Arbeitsgesellschaft, die nicht in der Lage ist, ihr Versprechen einzulösen und Erwerbsarbeit so zu organisieren, dass ihre Bürger davon existieren können, ist absurd. Was den Bürgern übrig bleibt, ist das Unbehagen, die Ahnung, dass mit der Erwerbsarbeit an sich etwas nicht in Ordnung ist. Wenige kommen auf den Gedanken, sich ihre Existenzsicherung auf einem anderen Weg als über Erwerbsarbeit eigenständig zu organisieren. De facto orientieren sich Beschäftigungslose, prekär Beschäftigte sowie gesichert Beschäftigte fortgesetzt am alten Modell der Erwerbsarbeit, vermutlich weil sie keine Alternativen sehen. Tatsächlich fehlen bewährte Muster für nicht arbeitsgestützte Existenzsicherung. Die Muster, die wir schon einmal kannten (häusliche Selbstversorgung beispielsweise), sind vor nicht allzu langer Zeit aus der Mode gekommen. Aber das Experimentierfeld ist eröffnet und die ersten brauchbaren Resultate sind schon da. Einstweilen wäre es ein großer Fortschritt, wenn wir den Glücklichen Arbeitslosen oder Frauke Hehl folgten und uns von der Verabsolutierung der Arbeit als Allversorgerin und Seligmacherin verabschieden würden.

Cum dignitate otium

Die Art und Weise, wie wir Arbeit heute konzipieren, führt also zu Problemen. Wohin aber soll die Reise denn stattdessen gehen? Lohnt es sich, die Frage überhaupt zu stellen, wenn es doch offenbar keine umfassenden Vorstellungen einer Alternative gibt?

Eine Antwort fällt leichter, wenn man zunächst die umfassenden Entwürfe beiseitelässt und sich die Punkte ansieht, an denen Arbeit den Arbeitenden nicht hinreicht, an denen sie also im Sinne dessen, was ich in Kapitel 1 geschrieben habe, Risiken produziert. Über den Umweg kommt man am Ende schneller zu Ideen, wie Arbeit aussehen kann, damit sie in ihrem vollen Umfang zum guten Leben beiträgt. Tatsächlich bewegt das Thema so viele, dass eine ganze Reihe von Nischen entstanden ist, in denen die nach neuer Arbeit Suchenden ihre Bedürfnisse besser zur Geltung gebracht finden. Die Glücklichen Arbeitslosen haben einen Anfang gemacht, aber auch ohne Arbeit schlechthin abzulehnen, haben einige Initiativen ideenreich Wege beschritten zu einer neuen Auffassung von einem tätigen und glücklichen Dasein.

Einigen der Grundideen der glücklichen Arbeitslosen recht nah steht das Anliegen eines kleinen Vereins, der sich in Bremen gegründet hat. Auch ihm geht es um einen menschenangemessenen, an Zufriedenheit statt Effektivität orientierten Gebrauch der Zeit. Der Verein heißt »Otium«, was in der Regel mit »Muße« übersetzt wird, einem Begriff, der allerdings etwas in die Irre führen könnte. Wenn heute jemand sagt, er habe Muße, meint er, er habe eine Menge Zeit, die er auch gut mit Nichtstun »verschwenden« könnte. Otium aber meint keinen Leerlauf, erst recht keinen mit der defätistischen Konnotation »eigentlich hätte ich an dieser Stelle das und das tun können/müssen«. Mit Otium ist, so, wie der gleichnamige Verein die Sache begreift, die menschenwürdigste Daseinsform gemeint: ein Tun ohne die Erwägung eines Nutzens oder Ziels für das Tun. Muße wird damit von einem Schmähwort der Arbeitsgesellschaft für das untätige Treiben des verachteten und gleichzeitig beneideten Müßiggängers zu einem umfassenden Alternativkonzept. Muße,

schreibt Erich Ribolits, ist ein »Verzicht auf die eigene Total-
vermarktung«.

»Das Kultivieren von Muße im Sinne eines Gegenprojekts
zur alles umfassenden Entfremdung beginnt mit dem Schaffen unverzweckter – ›nutzloser‹ – Freiräume, also von Lebensbereichen, die nicht verpfändet werden für (die Hoffnung
auf) späteres Leben, die für sich selbst stehen und ihren Wert
aus sich selbst schöpfen. Damit ist auch klargestellt, dass es
sich bei der Muße weder um eine besonders raffinierte Form
des Hervorlockens schöpferischer Reserven und Arbeitspro-
zesse handelt, noch um Erholung oder Entspannung im Sinne einer Reproduktion von Arbeitskraft. Der Begriff Muße
steht für unvernutztes Leben, unmittelbares Dasein und die
nicht entfremdete Existenz.«[74]

Um das Nichtstun geht es dabei also nicht. Nichts zu tun
sei ohnehin gar nicht möglich, sagt Felix Quadflieg, einer der
Gründer von Otium. Es geht um das Erleben, darum, seine
Sinne zu konzentrieren auf das, was einem unmittelbar unter
den Händen liegt. Dass darin Gedanken an Ziele und deren
effiziente Erreichung keinen Platz haben, ist Teil des Konzeptes. Muße schließt instrumentelles Denken aus. In diesem
Sinne ist Otium ein »leidenschaftliches Unterlassen«. Nota
bene: Man kommt auch zu einem Ziel, wenn man gar keins
hat. Natürlich hat auch das müßige Tun ein Resultat, sei es,
dass man etwas Neues beobachtet hat, die Welt ein Stückchen besser verstanden hat – vielleicht sogar effektiver, als
hätte man sie gezielt zu verstehen versucht. Das ist das Paradoxe der Muße. »Die Umwege und Nebenwege sind manchmal schöner«, sagt Quadflieg, »man kann mehr entdecken.«
Die Hirnforschung bestätigt ihn in diesem Punkt: »Wenn es
um nichts gehe, entdecke der Mensch auf einmal sich selbst
und könne sehr viel.«[75]

Otium ist eine Lebenshaltung, keine leichtlebige Unlust gegenüber schweren Tätigkeiten. In der Antike und auch später
noch war sie hoch geschätzt, »cum dignitate otium« hieß es:
Muße mit Würde. Das Dasein wurde vom Zustand der Muße
aus gedacht, während Arbeit hieß, nicht im Otium zu sein,
und daher nicht erstrebenswert war. Daher auch ihr latei-
nischer Name »neg-otium«. Das neuhochdeutsche »Arbeit«

dagegen bedeutet »Mühsal, Plage, unwürdige Tätigkeit«, wie die Glücklichen Arbeitslosen spitz bemerken, und leitet sich vermutlich vom indogermanischen orbho (Waise) ab. Aus orbho wurde nach dieser Theorie ein Verb mit der Bedeutung »verwaist sein, ein zu schwerer körperlicher Arbeit verdingtes Kind sein«. Die lexikalische Abstammung für des Deutschen liebste Beschäftigung ist in ihrer Tristesse keine Ausnahme, wie ein Seitenblick auf die romanischen Nachbarn zeigt: »Travail« (französisch) oder »trabajo« (spanisch) leiten sich her vom lateinischen »tripalium«, einem Folterwerkzeug, mit dem Sklaven gezüchtigt wurden.[76]

Trotz all der Rohheit, die schon allein in dem bloßen Wort steckt, wurde Arbeit in unserer Zeit zum Leitprofil, und das klangvollere Otium verfiel zu einer unwürdigen Restkategorie. Mit der Arbeit verband sich in der Neuzeit allerdings von vornherein die Grundidee der Moderne, nämlich die der stetigen Verbesserung der technischen Hilfsmittel des Menschen und damit seiner Lebensumstände. Denn je besser die Technik, so das Raisonnement, desto höher die Produktivität, desto weniger also müssten die Erwerbstätigen für ihren Lebensstandard leisten. Der Endpunkt der Geschichte wäre mithin, »dass die volle Entwicklung der Produktivkräfte deren vollen Gebrauch erübrigt (besonders den der Arbeitskraft) und die Produktion zu einer nebensächlichen Tätigkeit zu machen erlaubt«. Dann würde, mit anderen Worten, menschliche Arbeit mehr und mehr eingespart (frei übersetzt: ökonomisiert) werden: »Die ›wirkliche Ökonomie‹ führt zur Abschaffung der Arbeit als dominanter Form von Tätigkeit.«[77] Ist die Muße für alle am Ende doch der Traum der Moderne? Ergebnis der Moderne ist bis dato allenfalls eine Steigerung von Freizeit, sprich arbeitsloser Zeit, die durch Fernsehen, organisierten Sport, das Web und andere »Angebote« so durchstrukturiert und kommerzialisiert ist, dass für Otium keine Minute Raum bleibt.

Felix Quadflieg hat die Zeichen der Zeit erkannt und sich den Raum geschaffen. Er hat sich von seiner Schule als Lehrer im Halbzeitstatus einstufen lassen. Die andere Hälfte widmet er Dingen, die überhaupt nichts mit dem Job zu tun haben: Theater spielen und Musik machen zum Beispiel. Er entwickelt seine Fähigkeiten weiter, ohne zu wissen, ob und was sie ihm einmal nutzen werden. Sich darauf einzulassen und eine neue Balance zwischen Arbeit und freiem Tätigsein zu finden ist eine Fähigkeit an sich – eine Mußekompetenz. Leider verfügen darüber nicht mehr viele. »Es gibt offenbar so eine verschüttete Erinnerung an etwas jenseits von Arbeitszwang, man kann aber nicht genau definieren, was es denn sein könnte, weil alles von Arbeitsorganisation überlagert ist.« Quadflieg bedauert das, besonders weil er sieht, wie durchdringend die mit Arbeit verbundene Lebenshaltung vor allem hier in Deutschland geworden ist. Die Idee zu Otium hatte ihm und einer Kollegin Anfang der 90er-Jahre eine Arbeitslosenbewegung in Frankreich gebracht, die auch nach Deutschland übergriff. Während es in Frankreich allerdings um eine fundamentale Kritik an der Arbeit ging, dampfte der deutsche Arm der Bewegung das Thema auf den Ruf nach Arbeitsplätzen ein. Wo es den einen noch um ein Nachdenken darüber ging, ob eine totale Orientierung am Beruf sinnvoll ist, blieben die anderen voll im System und beklagten dessen lokale Ungerechtigkeiten.

Quadflieg vermutet, es sei vor allem die Angst, die seine Landsleute umtreibt: die Angst vor dem Jobverlust, davor, sein bequemes Leben nicht weiterführen zu können, vielleicht auch die Angst vor der leeren Zeit ohne Arbeit, mit der man ja irgendetwas anfangen müsste. Für Quadflieg ist die Furcht ein Beweis dafür, dass die Arbeit »so überbordend, alles bestimmend« geworden ist. In dieser krakenhaften Gestalt aber »ist sie nicht mehr befriedigend und produktiv, macht sie krank und unfrei«.

Otium dagegen macht frei für selbst gewählte Tätigkeiten, für persönliche Fortentwicklung. Es würde sich lohnen, dafür die Angst zu überwinden und einen großen Schritt zu wagen. Viel muss dafür aufgegeben werden, als Erstes der Glaube an ein gutes Leben im herkömmlichen Sinne von materiellem Wohlstand. Otium heißt, sich zu bescheiden, Zeit wichtiger zu nehmen als Konsum und in Geldwerten bemessenen Lebensstandard. »Muße finden ist eine Sache zwischen sich und seinen Menschen, der Umwelt, nicht des Hortens materieller Güter«, betont Quadflieg. Ähnlich wie Frauke Hehl unterstützt er eine Umwertung der verfügbaren Güter hin zum Immateriellen wie der Zeit oder zwischenmenschlichen Beziehungen.

»Otium – Initiative zur Rehabilitierung von Muße und Müßiggang« steht beispielhaft für eine in unserer Gesellschaft schwelende Frage, die Frage nämlich, welche Form das gute Leben heute einnehmen kann und welche Rolle die Arbeit darin spielen soll. Für Felix Quadflieg und seine Mitstreiter ist Muße die Antwort, die Rolle der Arbeit (qua Erwerbsarbeit) sehen sie vermindert. Die Gleichung *Arbeit = Einkommen plus soziale Integration = Wohlstand = gutes Leben* gilt für sie nicht länger. Das Mußeprinzip fordert die Arbeitsgesellschaft heraus und zielt dabei auf ihre Wurzeln. Susanne Beyer hat im *Spiegel* die Herausforderung in einer klugen Argumentation nachgezeichnet: Zuerst, so Beyer, ist Muße, da sie keinen Zwecken und Zielen folgt, weder messbar noch kontrollierbar (und schon deshalb etwas der Leistungsgesellschaft zutiefst Fremdes). Erwerbsarbeit auf der anderen Seite ist nun aber ihrerseits in einen Prozess geraten, in dem sie sich zu etwas Unmessbarem und Unkontrollierbarem wandelt: Laptop und Handy sind überall dabei, feste Arbeitsorte werden von den mobilen »Wissensarbeitern« immer weniger benötigt, ebenso wenig wie feste Arbeitszeiten. Freizeit und Arbeit verschwimmen zusehends. Wann ich arbeite und wann ich privat bin, ist immer schwerer zu sagen. Arbeit und Muße sind gleichermaßen unmessbar. Einen Unterschied gibt es dennoch: Muße macht zufriedener. Sie lässt sich also wenigstens an dem Glück ablesen, das sie den Menschen beschert. »Warum sollte dann aber das Leistungsprinzip so viel bedeutsamer für die Gesellschaft sein als das andere, ebenso wenig zu kontrollierende Prinzip der Muße«, fragt Beyer schließlich.[78] Ja, warum eigentlich? Muße bringt uns näher an unsere Fähigkeiten heran, lässt uns mehr sowohl von unseren ureigenen Kompetenzen als auch von unseren Bedürfnissen bemerken. Sie öffnet uns Chancen der vertieften Welterkenntnis. Und sie leitet uns zu einem guten Leben, indem sie uns überhaupt spüren lässt, was für uns gut ist und was nicht. Muße verschafft uns damit in vielfacher Hinsicht ein Mehr, das wir in der Erwerbsarbeit nicht finden, ein Mehr, das wir für ein wirklich gutes Leben benötigen.

Die Zeit scheint reif dafür, Muße wieder in ihrer grundhumanen Funktion kennenzulernen. Felix Quadflieg, seine Mitstreiterinnen und Mitstreiter haben damit bereits begonnen. Sie haben ihre Sehnsucht richtig gedeutet und üben sich nun darin, andere Formen des Tätigseins zu finden, die nichts mit Nützlichkeit, Zwecken, Jobs zu tun haben.

Regelmäßig organisiert Otium Lesungen. Dann kann, wer immer will und die Zeit für Muße ebenfalls gekommen sieht, Texten zum Thema lauschen, zum Beispiel dem von Ernst Bloch:

»Dass es so leicht ist, nichts mehr tun zu wollen.
Dass es uns so schwerfällt, wirklich nichts zu tun.
Auch dann, wenn nicht, wie meist, die Not treibt.
Auch dort, wo ein Urlaub überdies erlauben mag zu gähnen.«

Bosslos glücklich

Die Glücklichen Arbeitslosen und Otium werten Arbeit radikal um. Die Mitglieder der Bremer Mußeinitiative bleiben zwar in der Regel in ihren Jobs, gewichten den Beruf allerdings quer zu den Prioritäten, die ihre jeweiligen Kolleginnen setzen. Sie setzen das Maß bei ihrer Lebenszeit an, wie die Glücklichen Arbeitslosen auch, die sie möglichst würdevoll und *für sich produktiv* verbringen wollen.

Man kann jedoch nicht verhehlen, dass eine freiwillige Reduzierung der Arbeitszeit, um mehr Stunden für die frei gewählten Tätigkeiten zu haben, bis dato nur einem kleinen Teil der Erwerbstätigen offensteht. Zuerst müsste einmal der Arbeitgeber mitspielen. Selbst wenn er das täte, bliebe noch die Herausforderung, mit einem beschnittenen Gehalt auskommen zu müssen, was in manchen Berufen sicher leichter fällt als in anderen. Sofern die Alternativen zur Alimentierung (die ja durchaus in der Selbstversorgung bestehen könnten) nicht gleich vor der Haustür wachsen, bräuchte es dann ein gutes Maß an Eigeninitiative und – wie schon häufiger betont – Mut. Die Reaktion, die jedoch am ehesten zu erwarten ist, wenn die Geldbörse schrumpft, ist Angst. Sei die Entscheidung noch so freiwillig, jede Regung von der gelinden Unruhe bis zur nackten Panik wäre bei einer so umwälzenden Veränderung nur verständlich. Die beharrlich vorherrschende Erwerbsorientierung hat mithin einen sehr praktischen Grund in der Existenzsicherung und der Angst, darin zu scheitern.

Gegeben, die Arbeitswelt verändert sich nicht entscheidend, wollen die Arbeitnehmer doch Arbeitnehmer bleiben. Alle? Nein! Ein von unbeugsamen Mitarbeitern bevölkerter Betrieb in Offenbach hört nicht auf, dem Üblichen Widerstand zu leisten. Und das Leben ist nicht leicht für die 08/15-Unternehmen, die als Mitbewerber auf dem gemeinsamen Markt liegen, denn (und hier endet das Asterix-Zitat): Der Betrieb hat keinen Chef.

CPP hat vor Kurzem sein 20-jähriges Firmenjubiläum gefeiert. In den zwei Dekaden seines Bestehens hat sich das Unternehmen mit seinen jetzt rund 30 Mitarbeitern von einem Anbieter für relativ hausbackene Veranstaltungstechnik (Flipcharts, Beleuchtung, Tontechnik und so weiter) zu einem profilierten Gestalter und Dienstleister für multimediale Unternehmenskommunikation auf höchstem technischem Niveau gemausert. Mit seinen Ausstellungsobjekten war CPP bereits auf der EXPO 2000 und für IBM auf der CeBIT vertreten. Zu den Technologien, die die Firma meistern kann, gehören neueste Anwendungen holografischer Displays oder sphärischer 3-D-Projektoren.

Das Besondere aber ist vor allem anderen die Form der Geschäftsführung, die sich CPP gegeben hat. Zwar sind zwei der Kollegen in formal geschäftsführender Position. Sie tragen auch das unternehmerische Risiko und haften mit ihrem Privatvermögen. Aber: Alle firmenrelevanten Entscheidungen von der Einstellung neuer Mitarbeiter oder der Übernahme von Lehrlingen bis zur Annahme eines Auftrages oder der Einführung unvertrauter technischer Apparate werden gemeinsam von allen 30 Mitarbeitern getroffen. Das heißt: Betriebsversammlungen sind bei CPP die Regel und nicht die Ausnahme. Wann immer es einen Entschluss zu fassen gibt, der nicht die alltägliche Routine betrifft, ist der gesamte Betrieb daran beteiligt.

Gernot Pflüger ist einer der beiden geschäftsführenden Mitarbeiter. Er hat die Idee der cheflosen Firma wesentlich mit vorangetrieben. Kurz vor dem Firmenjubiläum hat er seine Motive, Gedanken und Erfahrungen in dem Buch *Erfolg ohne Chef* aufgeschrieben.[79] Es liest sich in der Selbstverständlichkeit, in der Pflüger über eine an sich bilderstürmende Idee schreibt, wie ein Ellbogenknuff in die kurze Rippe des Kapitalismus: Warum die Aufregung, so geht's doch auch!

Pflügers Credo ist die weitestmögliche Transparenz. Das bedeutet, dass alle Betriebsabläufe bei CPP so durchsichtig gehalten werden, dass prinzipiell jeder Einzelne über alles Wichtige informiert ist, das die Firma betrifft. So wird zum Beispiel die Kassenlage stets offengehalten. Wer will, kann zu jeder Zeit Einblick in Ausgaben und Einnahmen erhalten. Außerdem werden dazu regelmäßige Besprechungen abgehalten. Informierte Mitarbeiter sind für Pflüger eine Grundvoraussetzung für das Modell CPP, denn nur informierte Mitarbeiter können mitdenken und also mitentscheiden.

Bei CPP werden Mitarbeiter für voll genommen. Man traut ihnen zu, betriebsrelevante Entscheidungen zu treffen, auch die grundlegenden. Bei der Arbeit sind sie ohnehin größtmöglich autonom, können selbst planen, wie sie ihre Aufgaben erledigen und in welcher Zeit. Zwar gibt es für einige Mitarbeiter Kernarbeitszeiten, um die Präsenzpflicht gegenüber Kunden erfüllen zu können. Generell aber kann jeder kommen, wie er es für richtig hält. Diese Praxis hat zur Folge (das ist jetzt interessant für alle, die an die naturgegebene Faulheit des Menschen glauben), dass alle fleißig und meistens sogar noch mit Spaß an der Sache arbeiten und, wenn die Auftragsbücher voll sind, manch einer eher von zu viel Einsatz abgehalten werden muss. Sollte einmal jemand zu wenig tun, sorgen die Mitarbeiter untereinander dafür, dass der Betreffende es rechtzeitig bemerkt (was im Übrigen auch für diejenigen gilt, die gebremst werden müssen). Die Selbstorganisation funktioniert bei CPP sehr gut.

Mitdenkenden Mitarbeiterinnen muss man vertrauen, das ist Teil von Pflügers Philosophie, und dass man ihnen vertrauen *kann,* ist inzwischen Teil seiner Erfahrung. Man muss ihnen nicht nur die Kompetenzen zutrauen, ihren Job gut zu erledigen, sondern auch die Fähigkeit, sich die Arbeit selbst zu organisieren, im Sinne des Ganzen Entscheidungen zu treffen, und schließlich muss man ihnen ein Interesse daran zubilligen, dass die Arbeit gut getan wird. Kurz: Man muss seine Mitarbeiterinnen als autonome und kompetente Menschen ernst nehmen.

»Ein Veranstaltungstechniker sieht seinen Anteil am Erfolg der Firma gleich gewertet wie den Anteil des jeweiligen temporären Projektleiters. Und so arbeitet er dann auch! Ich bin auch heute noch nach all den Jahren in meiner Rolle als Geschäftsführer regelmäßig überrascht über das Ausmaß an Weitblick, Engagement und Hilfsbereitschaft, das Menschen sich in einem solchen System gegenseitig gewähren. Und das ist kein Märchen der Brüder Grimm, sondern bei uns im Unternehmen täglich gelebte Realität.«

Bei dieser Gelegenheit zitiert Pflüger den Geschäftsführer der brasilianischen Semco S/A, einem Unternehmen mit 3.000 Mitarbeitern, das ähnlich demokratisch geführt wird wie CPP: »Unternehmen sollen Mitarbeiter nicht wie Kinder, sondern wie Erwachsene behandeln.« Die Forschung bestätigt, was die Praktiker bereits zum Handlungsrezept gemacht haben. Der Neuromediziner Joachim Bauer schreibt, dass »Transparenz, faires Verhalten und dosiertes Vertrauen« Voraussetzungen für Motivation unter den Mitarbeitern sind.[80]

Die bedanken sich mit viel Engagement. Wenn die Firma bei einem neuen Auftrag an die Grenzen ihrer technischen Möglichkeiten stößt, lernen die Mitarbeiterinnen eben ad hoc, mit der benötigten Technologie umzugehen. Bei CPP wird ständig on the job weitergelernt, niemand denkt sich etwas dabei, dass seine Ausbildungszeit somit praktisch erst endet, wenn er in Rente geht. Formal ist kaum jemand für all das ausgebildet, was er tut, dennoch können alle mit den diplomierten und zertifizierten Kollegen aus anderen Betrieben oft erstaunlich gut mithalten. Offenbar fördern ihr Interesse und ihre Begeisterung gleichzeitig ihre Kompetenz.

Bei so viel grundsätzlicher Gleichheit und breitem Einvernehmen wäre es schwierig, die Mitarbeiter unterschiedlich zu bezahlen. Die langen Jahre als Teil von CPP haben bei Pflüger die Frage aufgeworfen, woran sich der Wert einer Arbeit überhaupt bemisst. Sicher, wir sind daran gewöhnt, ihn nach der Dauer in Stunden oder nach dem notwendigen Qualifikationsgrad zu bestimmen. CPP wirft alle diese Maßstäbe über den Haufen und bezahlt alle Betriebsangehörigen gleich, Ausnahmen sind nur Pflüger und sein Mitgeschäftsführer Thomas Lutz, da sie die unternehmerischen Risiken tragen.

Das Konzept des gleichen Lohnes speist sich hier nicht aus einer sozialistischen Idee, es ist im »System CPP« nur folgerichtig. Das System mit allen seinen Komponenten ist eine bewährte Praxis geworden, aus den Kinderschuhen längst herausgewachsen. Von den Mitarbeiterinnen wird es als gut und richtig angenommen.

Offenbar schätzen die CPPler also ihre konsequente Art der betrieblichen Mitbestimmung. Offenbar ist sie etwas, das sie zu freiwilliger Arbeit motiviert, deren Qualität sie weitgehend eigenständig sicherstellen, das sie antreibt, sich für das Unternehmen als Ganzes einzusetzen und sein Wohl und Wehe im Auge zu behalten. CPP ist *ihre* Sache. Deshalb bleiben sie hier gerne angestellt.

Neu ist die Idee der Selbstverwaltung von Unternehmen durch die Arbeitnehmerschaft selbstverständlich nicht. Genossenschaften zum Beispiel funktionieren seit dem 19. Jahrhundert nach einer wirtschaftsdemokratischen Grundidee (siehe Kapitel 5). Daneben finden immer wieder einzelne Betriebe auf Umwegen zu einer cheflosen Organisationsform. So geschehen mit der Glashütte Süßmuth in Immenhausen bei Kassel. Nachdem der frühere Eigentümer das Unternehmen nicht mehr weiterführen wollte, stand es 1969 bereits vor der Schließung. Die einzige Lösung für die mehreren Hundert Mitarbeiter, wollten sie weiter in Lohn und Brot bleiben, war, die Glashütte als selbst verwalteten Betrieb gemeinsam zu übernehmen.

Die Beschäftigten gründeten einen Verein, dem alle Angestellten des Betriebes beitraten. Gleichzeitig behielt man die rechtliche Form der GmbH bei. Der Vereinsvorstand, bestehend aus zehn Mitgliedern, war in Personalunion als Gesellschafter treuhänderisch verantwortlich für das Stammkapital der GmbH, sodass Verein und Unternehmen eng miteinander verknüpft waren. Zur demokratischen Kontrolle wurde außerdem ein Betriebsausschuss mit weitgehenden Mitbestimmungsrechten eingeführt. Das Management wurde von der Gesellschafterversammlung einberufen, sodass auch über die Geschäftsführung größtmögliche Kontrolle durch die Arbeitnehmer herrschte. Insgesamt folgte der Betrieb damit demokratischen Mitbestimmungsidealen.

»Mit guten Gründen kann der Bürger auch als Arbeitnehmer Bürgerrechte beanspruchen, die ihm bei Kommunal-, Landtags-, Bundestags- und Europawahlen zustehen. Warum ihm dieses Bürgerrecht in einem so zentralen Machtbereich wie der Wirtschaft versagt wird, lässt sich mit demokratischen Argumenten nicht begründen.«[81]

Die grundsätzlich bedenkenswerte Frage machte im Fall der Glashütte Süßmuth das Schicksal beziehungsweise die wirtschaftliche Entwicklung überflüssig. Nach zehn Jahren als mutiges wirtschaftsdemokratisches Experiment wurde der Betrieb wieder in eine normgemäße Unternehmensform überführt und ging 1996 schließlich in Konkurs.

Selbst verwaltete Betriebe wie die Glashütte Süßmuth existieren heute in ihren eigenen ökologischen Nischen. Zumeist denkt niemand beim Stichwort »Unternehmen« an Selbstorganisation, dabei sind auch bekannte Marken wie die Tageszeitung *taz* unter den Beispielen.[82] Sie überleben mitten unter ihren von Chefs geführten Mitbewerbern, wegen ihrer geringen Zahl und Größe fallen sie nicht einmal auf. Mit ihrem Verzicht auf Hierarchie sind eigentlich sie es, die den wirklich urtümlichen Tieren in der Unternehmensfauna den Spiegel vorhalten: Die Kommandostrukturen der Firmen herkömmlichen Zuschnitts muten mindestens so archaisch an wie Dinosaurier, Selbstverwalter kommen dagegen wie die fortschrittlich-menschenfreundlichen, agilen – wenn auch winzigen und im Schatten lebenden – Säugetierchen daher.

Einstweilen sind CPP oder die Glashütte Süßmuth jedoch als Vorbilder dafür zu betrachten, wie unter all den Sauriern eine Gegenkultur gedeihen kann, die prinzipiell sogar mit der Marktwirtschaft verträglich ist. Nach außen funktioniert sie ja innerhalb deren Parameter. Den Proponenten des kapitalistischen Unternehmensmodells, das allzu oft in einer Praxis der Vorteilsmaximierung für die Spitze der Hierarchie endet (ein guter Grund gegen strenge Hierarchien), können die selbst verwalteten Firmen kaum als Bedrohung erscheinen. Sie können davon ausgehen, »dass der Gedanke der Wirtschaftsdemokratie in absehbarer Zeit keine Massen mehr erfassen wird«.[83] Man weiß allerdings auch, was nach der Kreidezeit aus den kleinen, Schatten bewohnenden Nagern geworden ist.

Die Arbeitswelt der verlorenen Gewissheiten

Die Glücklichen Arbeitslosen und die Otium-Initiative bekunden, welche Makel die heute gültige Auffassung von Arbeit für ihre Kritiker hat und dass die Kritik sogar zu einer umfassenden Umwertung dieser Auffassung auswachsen kann. Mit der Muße wird dabei aber auch eine positive Gegenorientierung geliefert.

An den selbst verwalteten Betrieben wie CPP oder der Glashütte Süßmuth wiederum kann man sehen, dass bestimmte alternative Organisationsformen (in diesen Fällen des Arbeitnehmer-Arbeitgeber-Verhältnisses und der Betriebsführung) zu besserer Arbeit und zufriedeneren Beschäftigten führen. Selbstverwaltung wälzt nicht das Arbeitskonzept als solches um, sondern passt sich in den Rahmen der kapitalistischen Ökonomie ein, schafft dennoch Raum dafür, Schritte zu einem guten Leben mit der Erwerbstätigkeit zu gehen.

Beide Phänomene einer alternativen Auffassung von Arbeit sind sowohl Arten, Arbeit neu zu denken, als auch eine Praxis zu finden, die die in der Erwerbsarbeit entstehenden Lücken in den Grundbefähigungen schließen kann. Von nicht wenigen wird Arbeit in ihrer maßlosen, alles bestimmenden Bedeutung ja sogar als das zentrale Hindernis gegen ein gutes Leben gesehen. Selbstverwaltung oder Mußeorientierung bleiben in ihrem Wirkungskreis jedoch bescheiden gegen den umfassenden Wandel, den die Erwerbsarbeit von sich aus vollzieht und damit alle Initiativen für Alternativen zu überrollen droht.

Der Wandel rüttelt bereits an den Fundamenten der alten Arbeitswelt. Das »Normalarbeitsverhältnis«, seit Wirtschaftswundertagen das Urmodell für Beschäftigung schlechthin, hat als alleiniges Muster abgedankt. Jobs bis zur Rente mit festen Arbeitszeiten, regelmäßigem und gesichertem Entgelt, Lohnzusatzleistungen und sozialer Sicherung gegen Lebensrisiken (Alter, Krankheit, Arbeitslosigkeit), deren Tätigkeitsprofil der einmaligen, berufsqualifizierenden Ausbildung entspricht, werden nach wie vor gesucht, aber immer seltener gefunden. (Das Profil ist bei Licht betrachtet aber auch sehr anspruchsvoll; auf eine ähnlich anspruchsvolle Stellenanzeige würde sich wohl niemand bewerben können.) Neben den in den letzten Jahrzehnten zur schönen Gewohnheit gewordenen »Normaljobs« entsteht allmählich eine neue, zweite Arbeitswelt der bunten Berufsbiografien, der extremen Veränderlichkeit, der prekären Existenzbedingungen und vor allem der ständigen Suche nach neuen Erwerbsformen. Diejenigen, die sich dort wiederfinden, sind längst – freiwillig oder unfreiwillig – »aus der Arbeit gegangen« und bestreiten ihr Leben teils durch ein Gemenge unterschiedlicher Beschäftigungen, teils auch durch informelle Arbeit (darunter Eigenarbeit oder schon mal Schwarzarbeit), teils durch Geld aus den Sozialkassen.

Wohin also wandelt sich die erste Arbeitswelt? Und wie genau sieht die zweite aus? In der ersten Arbeitswelt löst sich alles auf, was einmal als stabil gelten konnte und den Beschäftigten ein Gefühl der Sicherheit geben sollte. Das bekommen auch bereits die Inhaber einer Normalbeschäftigung zu spüren. Flexibilisierungsstrategien der Unternehmen schlagen sich nieder in höheren Leistungsanforderungen und fluktuierenden Arbeitszeiten. Dazu werden heute zahlreiche Jobs angeboten, die nicht ortsgebunden sind und teilweise oder ganz auch zu Hause erledigt werden können. Die Grenze zwischen Arbeits- und Freizeit löst sich auf. Branchenübergreifend (und das schließt Berufe ein, von denen man es nicht erwartet hätte, wie Ingenieure oder Bankkaufleute) nimmt die Zahl untypischer Beschäftigung zu. Wenn sich der Trend fortsetzt, ist sie sogar auf dem Weg, die typische Beschäftigung zu werden, Normalarbeit wird dann unnormal sein. Untypische Beschäftigung wird jedoch nicht ohne Grund mit einer »Prekarisierung« der Erwerbsarbeit in Verbindung gebracht, das heißt mit einem Abbau gewohnter Sicherheiten und einer Zunahme existenzieller Angst. Jemand, der befristet, auf Leihbasis oder gegen geringen Lohn beschäftigt ist, macht sich verständlicherweise Sorgen um seine Zukunft. Weiterhin nimmt die Zahl der Selbständigen in Deutschland zu, insbesondere die der Soloselbständigen, also solcher, die alleine und ohne zusätzliche Mitarbeiter tätig sind. Die Selbständigen übernehmen mit anderen Worten vermehrt Aufgaben, die sonst von Festangestellten übernommen wurden. Arbeitgeber scheinen ein Interesse daran zu haben, langfristige Verpflichtungen gegenüber Angestellten mehr und mehr durch lockere vertragliche Bindungen zu ersetzen, die je nach Bedarf geschlossen und wieder gelöst werden können.

All dies bedeutet in der Konsequenz, dass unsere Wirtschaftsweise ihren eigenen Begriff von Arbeit ad absurdum führt und immer mehr Menschen in eine noch formlose, von unbestimmten Entwicklungen geprägte zweite Arbeitswelt spült, deren Zukunft unabsehbar ist – so unabsehbar wie die Zukunft derer, die dort landen. Sie ist die Arbeitswelt der verlorenen Gewissheiten.

Die Einkommen in der zweiten Arbeitswelt schwanken, sind nur zeitweise regelmäßig, zeitweise kommen sie en bloc, zeitweise gar nicht. Sie sind zudem vergleichsweise gering, manche reichen gerade zur Existenzsicherung, manche liegen unter dem Armutsniveau. Eine verlässliche, langfristige Existenzgrundlage sieht anders aus. Die Absicherung gegen Lebensrisiken schwächelt, weil die Systeme der sozialen Sicherung zu teuer sind und dem unsteten Lebensrhythmus der Multi- und Projektjobber nicht angemessen sind. So wird auf die Altersvorsorge eben verzichtet oder der Pflichtbeitrag zur Krankenkasse illegalerweise nicht bezahlt.

Berufsbiografien in der zweiten Arbeitswelt sind bunt. Es wird gebastelt, geflickt und durchgewurschtelt. Heute ist der

Brotjob dran, morgen der eigentliche Beruf, für den ich ausgebildet bin, der aber kein Geld abwirft. Existenzen sind veränderlich und prekär. Was ich in zwei Jahren mache: Wer weiß.

In der zweiten Arbeitswelt finden sich bald auch diejenigen wieder, die die Kritik an der ersten berechtigt finden, die die moderne Auffassung von Arbeit ablehnen oder die andere Formen der Organisation von Arbeit für nötig erachten, die also ähnliche Motive haben wie die Otium-Mitglieder oder die Selbstverwalter. Sie fahren demnach in einem Boot mit denen, die lieber alles beim Alten lassen und einen Normaljob bevorzugen würden, aber dennoch keinen haben. Beide müssen gleichermaßen den Eindruck haben, dass ihnen die herkömmliche Arbeit den Rücken zukehrt und einfach ohne sie weiterläuft. Also wenden sie sich ebenfalls um und halten Ausschau nach Alternativen.

Es sind vor allem diejenigen, die gerade in das Berufsleben einsteigen, die mit der zweiten Arbeitswelt am härtesten konfrontiert sind und denen die Abkehr von der so erstrebenswert erscheinenden Zeit der selbstverständlichen Normaljobs schwerfällt. »Die jungen Erwachsenen von heute«, schreibt Claas Triebel in seinem Buch *Mobil, flexibel, immer erreichbar – Wenn Freiheit zum Albtraum wird,* »sind die erste Generation in der deutschen Nachkriegsgeschichte, der es vielleicht nicht besser gehen wird als ihren Eltern. Die vielleicht nicht einmal den Status quo wird halten können.«[84] Was bleibt ihnen als ein vorsichtiger, pragmatischer Optimismus? Gewissheiten gibt es ohnehin nicht mehr, also kann ich mir gleich eine neue Art von Arbeit schaffen.

Das Gefühl, irgendwie im falschen Film gelandet zu sein, kennen die hoch qualifizierten, jetzt zwischen 25 und 40 Jahre alten Multijobber, Berufswechslerinnen, Teilzeitkräfte und Brotjobber sehr gut. Sie haben viel in Bildung und Berufsausbildung investiert und dennoch ist kein Beruf daraus geworden. Oder nur einer für die nächsten sechs Monate. Die »Arbeitssammler« grübeln: Eigentlich haben sie doch alles richtig gemacht, sich gut qualifiziert, eher überqualifiziert, Bildungsjahre, Geld und Nerven verpulvert – und jetzt? Sie kommen sich etwas verschwendet vor. So viel Potenzial ist da, so viel Spannendes, das man mit seinen Fähigkeiten tun könnte, und viel zu viel davon geht im alltäglichen Aufreiben unter. Jetzt haben die Arbeitssammlerinnen die Arbeit, vor der ihre Eltern sie immer gewarnt haben.

Viele von ihnen sind soloselbständig geworden, ein guter Teil hat aber noch ein oder mehrere Nebenbeschäftigungen. Christine[85] zum Beispiel gestaltet in ihrem Hauptberuf als Grafikdesignerin Firmenkataloge oder Online-Präsentationen. Daneben arbeitet sie (ebenfalls als Grafikerin) auf befristeten Teilzeitstellen für eine Rundfunkanstalt und fährt ein- oder zweimal jährlich als Reiseleiterin nach Italien. Eine Tätigkeit allein würde für ihren Lebensunterhalt nicht reichen, also muss sie eben drei gleichzeitig jonglieren, was bisher gut funktioniert. Sie ist sogar sehr zufrieden damit, dass sie für unterschiedliche Bereiche gleichsam kompetent ist, immer noch dazulernen kann und viel Abwechslung bei ihrer Arbeit hat.

Daniel ist freiberuflicher Coach und Berater, spezialisiert auf Erwerbslose. Die Freiberuflichkeit reicht ihm ohne zusätzliche Brotjobs, aber auch er wechselt seine Tätigkeitsfelder häufig. Zuerst hat er für einen Bildungsträger gearbeitet, zwischendurch mehrere Transfergesellschaften geführt, jetzt verlegt er sich stärker auf Einzelberatungen. Die Arbeitsorte ändern sich ständig, desgleichen die Zeiten. Dennoch gefällt ihm die freie Zeiteinteilung: Er kann das Handy mal abends um sechs ausschalten, mal erst um acht oder neun, um noch für Klienten erreichbar zu sein, er selbst bestimmt aber, welches Angebot er den Kunden machen will. Die Zeitautonomie dehnt sich auch auf die Zeit aus, die nicht mit Arbeit verbracht werden soll. Auch Christine kennt Tage, an denen keine Aufträge drängen, »da stehe ich morgens auf und überlege, wo ich Kaffee trinke«.

Eine große Stärke der ansonsten so vielgestaltigen Lebensweise als Arbeitssammlerin ist die in vieler Hinsicht gegebene Möglichkeit, eigenständige Entscheidungen zu treffen, die weder von Chefs noch von Kolleginnen beeinflusst werden können. Die Zeitautonomie ist darin die eine Facette, die Anpassung des Einkommens nach den jeweiligen Bedürfnissen eine andere.

Guido wird als freier Mitarbeiter bei einer öffentlich-rechtlichen Rundfunkanstalt gut bezahlt. Zudem kann er sein Gehalt durch frei gewählte Arbeitszeit selbst regulieren.

»Es ist bei mir so: Ich gucke auf das Konto, und wenn es da gut aussieht, dann nehme ich auch keine Aufträge mehr an und genieße lieber die freie Zeit, oder ich mache noch mehr, wenn ich mir etwas kaufen will oder ich in Urlaub fahre. Aber es ist nicht so, dass ich mich nach der Decke strecken muss.«

Auch über die Qualität der Arbeit können viele Arbeitssammler zu einem gewissen Maß selbst entscheiden. Sie ist natürlich dann umso größer, je mehr Sorgfalt, das heißt Zeit für sie verwendet wird. Arbeitssammler haben bisweilen sehr hohe Standards, und da die Selbständigen unter ihnen keine zweite Person überwacht, müssen sie ihr eigener Controller sein (eine der vielen Rollen, die sie gleichzeitig ausfüllen). Ohnehin müssen sie den Kontrolleur im Hinterkopf haben, da ihre Art zu arbeiten hohe Anforderungen an die Selbstdisziplin stellt. Qualität auf dem Niveau, wie die Arbeitssammler es sich wünschen, ist besonders dann schwer zu erreichen, wenn etwa der Auftraggeber Druck macht oder schon das nächste eigene Projekt vor der Tür steht. Der Konflikt zwischen zwei fundamentalen Eigeninteressen (gute Arbeit leisten wollen und ein Einkommen erwirtschaften müssen) ist vorprogrammiert.

Und natürlich sind die Arbeitssammlerinnen bis zu einer gewissen Grenze in der Entscheidung darüber autonom, mit welchen Leuten sie beruflichen Kontakt halten wollen. Die Grenze ist eine der Notwendigkeit: Für die Arbeitssammler ist ein Netzwerk von Kontakten in der Regel existenziell wichtig. Man informiert sich gegenseitig über wichtige Entwicklungen, mögliche Auftrag- und Arbeitgeber, schiebt sich bei Gelegenheit Aufträge zu. Darüber hinaus kann ein Netzwerk auch wichtig sein, um den Alltag zu bewältigen. Ist das Einkommen etwa nicht groß genug, um alles Nötige mit Geld zu bezahlen, springen Netzwerkmitglieder mit Gütern oder Diensten ein (ähnlich wie in einem Tauschring, wo der Netzmechanismus lediglich strukturierter ist). »Netzwerke von ExpertInnen des Alltags« nennt Frauke Hehl diese kooperativen Subsistenzgemeinschaften.[86]

Bei so viel Chance zu autonomen Entscheidungen nimmt es nicht Wunder, dass die Arbeitssammler sich als sehr freiheitsorientiert beschreiben. Zwar brauchen sie genau wie alle anderen ein Mindestmaß an existenzieller Sicherheit. Das Maß, das sie in der Normalarbeit finden, reicht nicht mehr hin, deswegen suchen sie nach anderen Wegen der Sicherung. Die notwendige Sicherung pendeln sie jedoch stets aus mit dem Faktor Freiheit, den sie besonders schätzen. Arbeitssammlerinnen sind permanent mit dem Austarieren und Balancieren beschäftigt. Die totale Freiheit gibt es deshalb erwartungsgemäß nicht für sie. Gerade sie müssen viele Dinge parallel im Blick behalten, sind dauernd mit der Selbstorganisation beschäftigt. Arbeitssammeln ist nicht das Paradies. Aber es bietet viele Chancen auf eine Selbstbestimmung, die in der Festanstellung der ersten Arbeitswelt so nicht auftauchen wird.

»Die Fiktion der Vollbeschäftigungsgesellschaft entlastet die Zeitgenossen von einem Ausbruch aus ihrer biografischen Berufsfixiertheit«, schreibt der Soziologe Ulrich Beck.[87] Die Arbeitssammler brechen aus, sie glauben nicht länger an die Fiktion (wenn sich auch manche unter ihnen – in finsteren Stunden – in die erste Arbeitswelt zurückwünschen). Dass es immer weniger bezahlte Beschäftigung gibt, ist ein Problem, das in der Öffentlichkeit meistens noch nicht einmal bemerkt wird, auf das es jedenfalls keine erschöpfende Antwort in Form eines großen Wurfs gibt. Die Arbeitssammler finden Antworten im Kleinen, jeder für sich. Wenn wir schon prekär arbeiten müssen, sagen sie sich, wollen wir wenigstens das Beste rausholen. Wer optimistisch ist, fügt hinzu: ... und dabei die einmalige Gelegenheit beim Schopf ergreifen, uns ein großes Stück vom guten Leben zu nehmen.

Und sie legen los, experimentieren mit Erwerbsformen, probieren, wie sie mit weniger Geld auskommen oder mit noch mehr Jobs, sie erfinden neue Beschäftigungen, Biografien und neue Berufe. Brotjobber beispielsweise haben eine Beschäftigung, die ihnen keine Freude, aber dafür das Geld bringen muss, und daneben ein paar Tätigkeiten, die sie wichtig nehmen, die aber zum Einkommen wenig oder gar nichts beitragen. Weniger strukturiert sieht es bei den Parallelarbeiterinnen aus. Sie sind die Multijobber unter den Arbeitssammlern, sie sind dreifach, vierfach, achtfach beschäftigt, aber immer in einem Bereich (zum Beispiel Erwachsenenbildung). Keiner ihrer Jobs für sich genommen trägt ihre Existenz, alle zusammen schon. Fällt einer weg, sind noch die anderen da, die in die Bresche springen können. Der Typus »Proteus« steigert die Berufspromiskuität noch, indem er völlig auf ein einheitliches Berufsfeld verzichtet (und damit auf die Vorstellung von einem Beruf schlechthin). Er ist vieles gleichzeitig: Zeitungsausträger, Plakatgestalter, Aktivist, Online-Redakteur, Brotbäcker und Familientherapeut, alles professionell, manchmal ohne Zertifikat. Die Wechslerin, der vierte Typus, ist die unstete unter den Arbeitssammlerinnen. Sie bleibt, anders als der Proteus, bei einer Grundqualifikation (zum Beispiel grafisches Gestalten), ändert aber ständig ihren Anwendungsbereich, beginnt als Werbegrafikerin, layoutet dann für ein Jahr Kataloge, pflegt danach Webseiten als Angestellte eines Modeunternehmens und so weiter. Die »Rigorosen« schließlich bleiben bei ihrem Beruf aus Passion, weil er für sie mehr als für andere eine Berufung ist. Sie ziehen ihn durch, auch wenn das Geld knapp wird und sie zeitweise mit Jobs dazuverdienen müssen.[88]

Im Effekt bauen die Arbeitssammlerinnen stetig an der zweiten Arbeitswelt: an einem neuen Berufsbegriff, an wechselhaften, dynamischen und vielfältigen statt stabilen und berechenbaren Berufsbiografien. Sie gewinnen ein Stück weit ihre Zeit zurück, so wie Otium und die Glücklichen Arbeitslosen es fordern. Sie haben in vielen Belangen ihre Autonomie erreicht, können auf ihre individuellen Bedürfnisse hören. Dabei stoßen sie unter Umständen auf die Erkenntnis, bis hierher Bedürfnissen nachgelaufen zu sein, die sie nun weniger wertschätzen: dem nach Konsum zum Beispiel. Stattdessen schätzen sie die nicht materiellen Belohnungen höher, die Zeit, die sie zur Verfügung haben, oder ein Treffen mit Freunden, oder den Blick aus dem Fenster auf die Birke im Nachbargarten.

Sind wir also so weit, dass wir unsere Leidenschaften zum Beruf machen können, wie Markus Albers in »Meconomy«

postuliert?[89] Leider können sich das nach wie vor wohl nur wenige erlauben. Noch können wir nicht, wie wir wollen, aber einige müssen schon. Die Arbeitssammlerinnen unterliegen ja dem abstrakten Druck, dass die erste Arbeitswelt sie nicht wirklich haben will. Ihre Wahl pro Leidenschaft ist insofern gar keine Wahl, sondern eine bedingte Entscheidung. Noch ist Arbeitssammeln mithin eine pragmatische Reaktion auf von außen Gegebenes. Es geht nichts anderes, also wurschtelt man sich durch, macht eben irgendwie das Gute im Schlechten.

Immerhin: Einmal in der zweiten Arbeitswelt angekommen, entwickeln die Arbeitssammler beachtliche Räume für selbstbestimmtes Handeln. Sie treiben ihre Experimente weiter, reflektieren ihre Ansätze, und einige wissen bereits, dass sie aus der Arbeit herausgegangen, aber auf dem Weg zu einem guten Leben sind. Vielleicht werden diese Wege einmal zu einem Grundkanon für uns alle werden und die Arbeitssammler zu Pionieren für ein gutes Leben mit Arbeit – der anderen Arbeit.

Mehr als Spaß

Alle drei Typen »anders Beschäftigter« – mit Muße Tätige, selbst organisierte Betriebe, Arbeitssammler – teilen die Gemeinsamkeit, dass es ihnen im Grunde um eine Neubewertung der konventionellen Arbeit geht. Das ist durchaus auch im Sinne der Frage gemeint, wie die Leistung des Arbeitenden zu bemessen und adäquat zu entgelten ist. Die Firma CPP hat die Frage entschlossen mit einer Niveauangleichung der Löhne beantwortet. Bei ihnen bekommt jeder das gleiche Geld, fertig! Gernot Pflüger ist sich bewusst, dass sie sich damit streng genommen um eine Antwort »herumlaviert« haben, denn ungleiche Leistungen, unterschiedliche Qualifikationen und andere Faktoren, die eine gerechte Entlohnung berücksichtigen sollte, gibt es nach wie vor. Mit dem Problem der Fairness haben ja zum Beispiel auch viele der Arbeitssammlerinnen zu kämpfen, eben weil sie den Wert ihrer Arbeit falsch bemessen fühlen. Pflüger geht aber andererseits davon aus, dass »wirkliche Leistungsmessung unter Menschen gar nicht möglich ist«. Wissenschaftliche Studien unterstützen ihn in dieser Ansicht.[90]

Welches Leistungsmaß auch immer angelegt wird und ob es dabei fair zugeht oder nicht, eines bleibt stets gleich: Der Lohn ist Geld – keine Goldnuggets, keine Kuh und keine Stiege Bananen. Mehr noch: Geld ist für den modernen Angestellten der hervorstechende Grund, überhaupt arbeiten zu gehen. Wenn wir über Leistungsmessung sprechen, reden wir über die Frage, was dem *Arbeitgeber* die Arbeit wert ist. Eine andere Frage ist, welchen Stellenwert die Arbeit *für mich* hat, welches Gewicht sie in meinem Alltag haben soll. Auch die wird monetär beantwortet.

Die kapitalistische Marktwirtschaft fokussiert auf finanzielle Anreize. Sie macht dabei zwei Grundannahmen: Erstens soll mit der Bezahlung auch die Qualität der Arbeit und damit deren Wert für den Arbeitgeber steigen. Wer mehr bekommt, leistet mehr (beziehungsweise hat in seiner Ausbildung mehr geleistet, ist somit höher qualifiziert und verdient deswegen besser). Die Aussicht auf ein höheres Einkommen wird so zu einem direkten Anreiz für mehr Leistung. Zweitens verspricht der Geldlohn, ein Vorteil für die Beschäftigten zu sein, indem er ihnen einen steigerbaren Lebensstandard offeriert. Wer mehr bekommt, hat mehr vom Leben, heißt es. Beide Seiten haben mithin ihren Nutzen, der sich zudem auf den Pfennig genau bemessen lässt.

So weit die Theorie. Im Effekt bedeutet sie, »dass eine Mehrheit der Arbeitenden den Ansporn zu ihrer Tätigkeit *nicht* in deren gesellschaftlicher Bedeutung, in den mit ihr verbundenen täglichen Herausforderungen oder im selbstbestimmten und verantwortlichen Mitarbeiten sehen kann. … Der fordistische Gesellschaftsvertrag ist tief verinnerlicht.«[91] Scheinbar genügen allen Beteiligten die äußeren Anreize, die extrinsische Motivation.

Nun wirft die Motivationsforschung allerdings ein Licht auf die Dinge, das die marktwirtschaftliche Theorie plötzlich etwas alt aussehen lässt. Offensichtlich ist es nicht so, dass finanzielle Anreize am besten als Arbeitsstimulanzien geeignet sind. Im Gegenteil, die empirischen Daten zeigen, dass sie zwar motivieren, die der Tätigkeit selbst innewohnenden Anreize allerdings vermindern, die *intrinsische* Motivation also herabsetzen, und damit die Leistung des Ganzen schwächen. Die Folgen finanzieller Anreize sind nämlich Entfremdung und eine instrumentelle Einstellung gegenüber der Arbeit (»Ich tu's nur wegen des Geldes«), die wohl niemanden dazu bringen werden, Höchstleistungen zu vollbringen. Ähnlich kontraproduktiv wirken die beiden anderen extrinsischen Anreize: Drohung (Termindruck, verschärfte Kontrolle, Bewertung und so weiter) und Wettbewerb unter der Belegschaft.[92]

Schaut man sich die Haltungen der Beschäftigten direkt an, wie es die psychologische und die ökonomische Glücksforschung in letzter Zeit intensiv tut, sieht man, dass die Arbeitenden ihre Erwerbstätigkeiten tatsächlich weniger nach dem Geld beurteilen als gedacht. Zwar wollen sie fair bezahlt werden, darüber hinaus spielt das Einkommen aber im Vergleich zum Inhalt der Arbeit oder zur Qualität der zwischenmenschlichen Beziehungen am Arbeitsplatz eine untergeordnete Rolle für die Zufriedenheit mit dem Job. Auch bei der Berufswahl steht das Entgelt zurück gegenüber den Arbeitsbedingungen, den Anforderungen, die der Job stellt, den Kompetenzen, die eingesetzt werden können, oder der Möglichkeit zu eigenständigen Entscheidungen.[93] Zufriedenheit – um die Grundaussage des Easterlin-Paradoxons (siehe Kapitel 1) abzuwandeln – hängt also auch im Beruf bei Weitem nicht allein am Geld.

Intrinsische Motivation, die Anreize also, die in der Tätigkeit selbst liegen, haben offenbar die Funktion der wesentlichen Triebkräfte bei der Arbeit inne. Das würde auch erklären, warum sie von den Selbstversorgern und Eigenarbeiterinnen so gesucht werden. Nichts anderes als intrinsische Motive meinen sie schließlich, wenn sie davon sprechen, dass »das Umgehen mit Pflanzen sie zufrieden macht« oder dass es »um das Bauen geht, nicht um Fahrräder«. Und die Arbeitssammlerinnen schätzen ihre »Freude an der Arbeit«, viele von ihnen halten die anstrengende Kleinselbständigkeit nur deshalb aufrecht, weil sie diese Freude auch durch schwierige Zeiten hindurchträgt. Die Entwertung des Faktors »Kontostand« geht bisweilen so weit, dass Menschen bewusst »aus dem Geld gehen«. Geld, so das Resümee, mag lebenswichtig erscheinen; Freude an der Sache aber *ist* Leben.

Was hat es also mit der intrinsischen Motivation auf sich? Edward L. Deci, US-amerikanischer Psychologe, hat sich mit dieser Frage ausführlich befasst und ihr ein ganzes Buch gewidmet. Er unterstreicht, »dass nicht äußere Anreize, sondern *Selbst*motivation den Kern von Kreativität, Verantwortlichkeit, gesundem Verhalten und nachhaltiger Veränderung ausmacht. Einem geschickt gesetzten extrinsischen Stimulus oder Druck (und seinem internalisierten Gegenstück) wird sicherlich bisweilen mit einem willfährigen Befolgen begegnet, dieses Nachgeben führt aber zu negativen Folgen wie Trotz und Unwillen.«[94]

Jeder kennt vielleicht das Gefühl, in einer Sache völlig aufzugehen, buchstäblich Tag und Nacht darüber zu vergessen und nicht einmal mehr zu merken, dass man schon seit Stunden Hunger hat. Die Selbstvergessenheit bei einem Tun ist die unmittelbare Erfahrung von intrinsischer Motivation. Sie geht weit über das »Spaß daran haben« hinaus, einer Formulierung, der immer ein hedonistisches Geschmäckle anhaftet. Die Freude an der einen Sache, mit der man gerade beschäftigt ist, geht tiefer, weil sie auf einer grundlegenden Verbindung zwischen der Sache und der Persönlichkeit fußt. Künstlern wird dieses Gefühl am ehesten zugeschrieben, möglich ist es jedoch bei jeder Form von Tätigsein, solange der Inhalt der Tätigkeit als »mein Ding« empfunden wird. Das kann sein: ein Sandwich belegen, ein Dinosauriermodell aus gefabbten Blechstücken zusammenbauen oder seiner pflegebedürftigen Nachbarin die Tageszeitung vorlesen. Ist die Tätigkeit intrinsisch motiviert, bedarf es auch keines vorgegebenen Ziels mehr, weil das Interesse das Ziel ersetzt. Das Tun läuft von sich aus weiter und wird zu einem Resultat führen. Tun in Muße hat in der Regel genau diesen speziellen Charakter.

Intrinsisch motivierte Arbeit wird als besonders befriedigend empfunden. Das Wohlbefinden beim Tun hat vier Facetten, die alle zusammenwirken, wie Dahm und Scherhorn in ihrer Untersuchung über den informellen Sektor gesehen haben: Da ist zum einen ein Moment der Hinwendung, des starken Interesses am Inhalt der Tätigkeit; zweitens wird ein Einsatz an Konzentration und Anstrengung geleistet, wodurch die Tätigkeit als herausfordernd und produktiv erlebt wird; drittens folgt aus dem Tun die Zufriedenheit mit dem Resultat, solange die Tätigkeit nicht als Überforderung, sondern als machbar, kontrollierbar und den Kompetenzen entsprechend empfunden wird; viertens durchzieht den ganzen Prozess ein Wohlgefühl, das mit Entspannung, Erfülltheit, Unterhaltung, Glück einhergehen kann. Die intrinsische Motivation bemisst sich nach diesen Faktoren.

»Sie ist stark, wenn sowohl Hinwendung als auch Einsatz hoch ausgeprägt sind; dann ist auch das Wohlgefühl am größten. Die Kombination von intensiver Hinwendung und hohem Einsatz tritt nur auf, wenn die handelnden Menschen das Arbeitsziel bejahen und selbstbestimmt mitarbeiten, weil sie sich frei fühlen, ... sodass sie die Tätigkeit als sinnvoll erleben und sich aus eigenem Antrieb dafür einsetzen können.«[95]

Intrinsische Motivation unterliegt mithin bestimmten Bedingungen, die sie befördern. Die erste Bedingung ist das oben schon angesprochene Gefühl der Kompetenz, der Eindruck, dass die Aufgabe von mir mit meinen gegebenen Fähigkeiten zu lösen ist. Dazu gehört, dass ich verstehe, wie ich mit den vorhandenen Mitteln zum Endresultat meiner Arbeit komme und wie ich die Mittel auf dem Weg dorthin benutzen muss. Mit anderen Worten: Ich muss mein eigenes Tun mit den Resultaten gedanklich in eine sinnvolle Verbindung bringen können. Das klingt banal, ist aber in entfremdeten Arbeitsprozessen eben nicht selbstverständlich. Die Tätigkeit darf meine Fähigkeiten durchaus stark beanspruchen, das ist sogar von Vorteil, wie der aristotelische Grundsatz (von John Rawls reformuliert) postuliert: In der Regel »möchten die Menschen gerne ihre (angeborenen oder erlernten) Fähigkeiten einsetzen, und ihre Befriedigung ist desto größer, je besser entwickelt oder je komplizierter die beanspruchte Fähigkeit ist«.[96]

Die zweite Bedingung für intrinsische Motivation ist, dass ich von der Qualität meiner Arbeit überzeugt bin. Das bedeutet zweierlei, zum einen, dass die Qualität der Produkte ein gewisses Niveau erreichen muss, zum anderen, dass auch die

Prozessqualität stimmt. Ich muss also auch mit den eingesetzten Rohstoffen, den eingesetzten Mitteln und den Arbeitsbedingungen zufrieden sein, auch wenn man sie dem Produkt später nicht mehr ansieht. Diese Auffassung von Qualität sprengt den Produktivitätsbegriff der modernen Ökonomie, der sich zunächst nur für den Quotienten »Output pro Zeiteinheit« interessiert. Demgemäß steigt die Produktivität auch dann, wenn zum Beispiel das Produktionsverfahren umweltschädlicher wird oder die Produktqualität sinkt. Wie der US-Ökonom George Akerlof zeigen konnte, wird der Wettbewerb zwischen zwei Produkten unterschiedlicher Qualität unter bestimmten Voraussetzungen tendenziell dazu führen, das teurere (= hochwertigere) Produkt vom Markt zu verdrängen. Intrinsische Motivation ist dagegen eher an eine Steigerung der Qualität gebunden.[97]

Die dritte und wichtigste Bedingung ist die Autonomie des Tätigen. Freie Wahl zu haben, das eigene Tun nicht von außen bestimmen zu lassen, scheint ein Grundbedürfnis des Menschen zu sein (siehe unten). Inwiefern wir überhaupt einen freien Willen haben, ist freilich eine ungeklärte philosophische Frage. Unsere soziale Umwelt gibt uns andauernd Hinweise und Korrekturen, nach denen wir unser Handeln ausrichten. Wichtig ist hierbei jedoch, die *integrierten* von den nur *introjektierten* Handlungsanreizen zu unterscheiden. Die letzteren wirken wie ein Kontrolleur im Hinterkopf, der auch in Abwesenheit von Personen, die uns bestrafen könnten, seine Kommandos gibt. Integrierte Handlungsanreize dagegen sind bereits verdaut, akzeptiert und ein Teil der Persönlichkeit geworden. Von einem Individuum, das nach ihnen handelt, kann man sagen, es handele autonom, weil es nicht unter Zwang handelt. Anders gesagt: Je mehr Introjektion, desto näher an der äußeren Kontrolle; je mehr Integration, desto autonomer die Handlung. Kontrolle aber, genauso wie Geld oder Wettbewerb, untergräbt die intrinsische Motivation (siehe oben).

Daneben muss unterschieden werden zwischen *Autonomie* auf der einen und *Unabhängigkeit* auf der anderen Seite. Unabhängigkeit muss in dem engeren Sinne von »etwas tun, ohne von jemand anderes materieller oder emotionaler Unterstützung abzuhängen« verstanden werden. Autonomie meint dagegen »nach dem eigenen Willen und den eigenen Zielen handeln«. Ihr Gegenpart ist also nicht *Abhängigkeit,* sondern *äußere Kontrolle.* Ich kann sehr wohl unabhängig und autonom sein, das heißt, ich verlasse mich aus freien Stücken nicht auf andere, aber auch unabhängig und gleichzeitig von außen kontrolliert, dann fühle ich mich gezwungen, von anderen unabhängig zu handeln.

Neben den drei Bedingungen Kompetenz, Qualität und Autonomie hebt Deci auch die Faktoren hervor, die der intrinsischen Motivation entgegenarbeiten. »Kontrollen untergraben nicht nur die intrinsische Motivation, ... sie schaden klar erkennbar allen Tätigkeiten, die Kreativität, konzeptuelles Verstehen und flexibles Problemlösen erfordern.« Beobachtung, Drohungen, Bestrafungen, eng gesetzte Zeitrahmen und so fort sind hier allerdings lediglich die offensichtlichsten schädlichen Faktoren. Belohnungen können die intrinsische Motivation ebenso behindern. Decis Untersuchungen zeigen, dass Probanden, die sich an Belohnungen (insbesondere durch Geldzahlungen) gewöhnt haben – so wie jeder Angestellte – ihre Tätigkeiten auch nur noch gegen gleich hohe Belohnungen weiter ausführen, ja sogar bei anderen Tätigkeiten ebenfalls ein Entgelt erwarten. Sie werden sozusagen darauf »gepolt«, nur noch aktiv zu werden, wenn ihnen jemand dafür eine Gratifikation zuteilt. Deci stellte weiterhin fest, dass belohnte Aufgaben auf dem schnellsten und einfachsten Weg zu lösen versucht werden. Extrinsische Motivation durch Belohnungen ist also sinnvoll bei relativ simplen Routinetätigkeiten, insgesamt jedoch ist sie problematisch. Ähnliches gilt für Belobigungen. Wird ein Lob so empfunden, als werde es zum Zweck der Kontrolle ausgesprochen, schadet es der intrinsischen Motivation und führt zu ähnlichen Resultaten wie eine monetäre Belohnung.[98]

Unterm Strich tut Tätigsein um des Tuns willen mithin sowohl dem Tätigen gut als auch dem Objekt der Tätigkeit. Ein guter Teil der Eigenarbeit wird aus dem Grund geleistet, dass die Arbeitenden die Stärke ihrer inneren Anreize entdecken und darüber zu einem größeren Respekt gegenüber sich selbst und dem Produkt ihrer Arbeit finden. Die Erkenntnis als solche ist freilich alles andere als neu. Aristoteles hat sie in sein Begriffspaar »Poiesis versus Praxis« gegossen. »Poiesis« meint eine zielgerichtete Tätigkeit, die auf etwas Herzustellendes gerichtet ist. »Praxis« bezeichnet ein Tätigsein mit einem Selbstzweck, das um der Tätigkeit willen ausgeübt wird. Die Praxis ist es, die die Selbstversorger, Eigenarbeiter, Arbeitssammler, »Müßiggänger« und alle anderen hier Versammelten suchen. Sie wollen nicht länger produktiv sein im Sinne der Outputsteigerung. Sie wollen produktiv sein in der Art, die Erich Fromm formuliert hat. Produktivität, schreibt er in *Psychoanalyse und Ethik*, sei »die Fähigkeit des Menschen, seine Kräfte zu gebrauchen und die in ihm liegenden Möglichkeiten zu verwirklichen. Produktivität bedeutet, dass der Mensch sich selber als Verkörperung seiner Kräfte und als Handelnder erlebt; dass er sich mit seinen Kräften eins fühlt und dass sie nicht vor ihm verborgen und ihm entfremdet sind.«[99]

Mit anderen Worten: Produktiv ist ein Mensch, wenn er selbstbestimmt handeln kann.

Ich schufte gern

Selbstbestimmung ist das Schlagwort, das alle bis hierher beschriebenen Bemühungen um eine »andere Wirtschaft« im Kleinen vereint, von den Selbstversorgern im Oderbruch bis zu den um neue Jobmodelle ringenden Arbeitssammlern. Peter Huth zum Beispiel ist es wichtig »nach seinen Fähigkeiten arbeiten zu können« (siehe Kapitel 2). Christian Siefkes sieht in der Peer Production eine dritte Produktionsweise neben der Produktion für den Markt und der staatlich geplanten Produktion. Diejenigen, schreibt er, »die sich ohne Bezahlung an Peer-Projekten beteiligen, kooperieren frei miteinander«. Und Gernot Pflüger von CPP weiß:

»Eine freiheitliche Entfaltung der Arbeitnehmer, die Wahrnehmung in den Unterschieden ihrer Persönlichkeiten, die Mitbestimmung und Mitgestaltung der Menschen eines Unternehmens, Zeitautonomie sind nicht nur möglich, sondern setzen eine enorme Produktivität, Flexibilität und Effizienz frei!«

Daher sein Motto: »Mache das Unternehmen zu einem Ort, an dem du selbst gerne arbeiten würdest!«[100]

Viele der hier vorgestellten Initiativen bemühen sich sogar aktiv und explizit um mehr Selbstbestimmung in ihren jeweiligen Handlungsfeldern, zum Beispiel die Häuser der Eigenarbeit, die Tauschringe oder die Social-Commerce-Plattformen. Auch für die noch in Kapitel 5 und 6 vorzustellenden Initiativen hat das selbstbestimmte Tun einen hohen Stellenwert. Es ist für alle, so verschieden sie sein mögen, eine Triebkraft, ein Motiv und etwas, das sie in der Gesellschaftsordnung, in der sie leben, an bestimmten Stellen vermissen.

Selbstbestimmung gehört unverzichtbar zu einem guten Leben. Martha Nussbaum hat sie nicht ohne Grund in Gestalt der letzten beiden Punkte in ihre Liste der Grundbefähigungen aufgenommen (»Die Fähigkeit, sein eigenes Leben und nicht das von jemand anderem zu leben. Die Fähigkeit, sein eigenes Leben in seiner eigenen Umgebung und seinem eigenen Kontext zu leben«). Wer sich als selbstbestimmt erlebt, ist zudem zufriedener, oder wie Claas Triebel es formuliert: »Das Ausmaß der empfundenen Selbstbestimmtheit ist ein besserer Indikator für die Zufriedenheit von Menschen als das in der Steuererklärung verzeichnete Einkommen.«[101]

Die neue Arbeit ist eine Bestätigung für die Annahme, dass die kapitalistische Marktwirtschaft dem guten Leben einige Hindernisse in den Weg legt (siehe Kap. 1): Freiheit wird gewünscht und ihre Erfüllung suggeriert, dennoch werden Bedürfnisse nach Selbstbestimmung nicht auf die Rechnung genommen. Es nähme also nicht Wunder, wenn in Zukunft immer mehr Menschen der Marktgesellschaft den Rücken kehrten. Zu einem höheren Maß an Selbstbestimmung müssten sie natürlich etwas beitragen – etwa so, wie es die Arbeitssammler tun – es wird nicht vom Himmel fallen. Ihre Bemühungen würden jedoch ins Leere laufen, wenn sie nicht dazu führten, dass einige Grundbedingungen erfüllt werden, ohne die ihre Arbeit keine selbstbestimmte wäre: Die Aufgaben müssen überschaubar sein und den Fähigkeiten des Tätigen entsprechen, das heißt, alle relevanten Prozesse müssen von ihm gezielt beeinflusst werden können. Jeder, der schon einmal Stunden vor seinem Laptop verbracht hat in dem verzweifelten Bemühen, den Fehler zu finden und »die Kiste« wieder zum Laufen zu bringen, kennt eine Situation, in der diese Bedingung nicht erfüllt ist. Kompetenz, mit anderen Worten, ist nicht nur ein Motor für intrinsische Anreize, sondern auch eine Grundvoraussetzung für Arbeit, die uns einen freien Willen zugesteht.

Daneben muss ich die Möglichkeit haben, Ziele eigenständig zu bilden – sowohl kurzfristige (bis zum Ende des Tages das Betriebssystem neu installiert haben) als auch langfristige (mich zu einem kompetenten Ansprechpartner in Sachen naturverträgliche Textilfarben weiterbilden). Die Zielformulierung sollte die benötigten Ressourcen beinhalten (materielle Ressourcen, soziale Kontakte, Kompetenzen), die ich benötige, um das jeweilige Ziel zu erreichen.[102]

Drittens sollte die Arbeit intrinsisch motiviert sein. Zu einem gewissen Maß sollte ich die Tätigkeit um ihrer selbst willen schätzen und ihr einen Sinn zuschreiben können, der in ihr selbst liegt. Das Interesse wird dann – mit anderen Worten – nicht bloß auf eine äußere Belohnung (oder die Vermeidung von Sanktionen) gerichtet, sondern auf die Aufgabe, das Material, den Arbeitsprozess. Freude an der Tätigkeit soll spürbar sein. »Etwas um seiner selbst willen zu tun ist eine doppelsinnige Bestimmung«, sagt der Philosoph Klaus Michael Meyer-Abich. »Sie bedeutet zunächst ›um meiner selbst willen‹. Das allein reicht aber nicht. Es muss auch etwas Sinnvolles sein, was ich damit zustande bringe, also ›um der Sache selbst willen‹, Freude an der Arbeit.« In der Selbstbestimmung treffen sich mithin Selbst, Sinn und Sache.

Schließlich brauche ich, sofern es um Arbeit geht, die mir einen Teil meines Lebensunterhaltes sichern soll, den Eindruck, für meine Tätigkeiten ein faires Entgelt zu bekommen. Die Frustration darüber, über den Tisch gezogen zu werden, wäre gleichbedeutend mit dem Gefühl, die Arbeit unfreiwillig zu machen. Allgemein gesprochen ist Selbstbestimmung nur dann gegeben, wenn ich weitgehend frei von existenziellen Sorgen arbeiten kann.

Diese vier Bedingungen umschreiben das selbstbestimmte Arbeiten. Selbstbestimmung wäre jedoch immer noch kein Teil des guten Lebens in der Bedeutung, die ich hier vertreten möchte, wenn sie nicht mit Gemeinschaft und Kooperation einhergehen würde (Kapitel 5). Ein individualistischer Freiheitsbegriff wäre dafür nicht zu gebrauchen (vgl. Kapitel 2). Selbstbestimmung braucht letztlich Zwischenmenschlichkeit und Solidarität. Arbeitsorganisation à la CPP ist nicht zuletzt deshalb so erfolgreich, weil die Mitarbeiter in der Lage sind, »den eigenen kurzfristigen Nutzen zugunsten eines Gruppennutzens zurückzustellen«. Voraussetzung ist allerdings: Der Mitarbeiter »muss verstehen, wofür er seinen eigenen Nutzen aufgibt«.[103] Arbeit gelingt dann, mit anderen Worten, wenn Selbstbestimmung und kollektives Interesse in einer ausgewogenen Balance zueinander stehen.

Eine zweite Balance, die nicht unter den Tisch fallen darf, ist die zwischen Selbst- und Fremdbestimmung. Wahl-, Entscheidungs- und Handlungsfreiheit tragen nur so lange zu einem guten Leben bei, wie sie keine Überforderung darstellen. Gerade in der Arbeit erwarten viele, nach Weisungen tätig zu sein, und einen gesetzten Rahmen, an dem sie sich orientieren können. »Auch fremdbestimmt geht es den Leuten ja unter Umständen sehr gut«, betont Frauke Hehl. »Manchen ist es zu anstrengend, sich permanent überlegen zu müssen, was sie machen wollen, die brauchen Aufgaben. Es geht mehr darum, mit sich selber auszumachen: Was will ich eigentlich? Man kann nicht grundsätzlich sagen: Selbstbestimmung ist die Lösung. Für das Gros der Leute ist es schnell zu viel.« Der persönliche Grad an Selbstbestimmung ist also entscheidend. Zu viel ist genauso nachteilig wie zu wenig.

In Deutschland mögen wir uns der Stärken unserer sozialen Marktwirtschaft so sicher sein, dass die obigen Bedingungen weitgehend als erfüllt gelten. Die allerorten stattfindende Abwanderung ins gute Leben widerspricht diesem Eindruck allerdings. Vor allem jetzt nach (inmitten?) einer Fundamente erschütternden Wirtschaftskrise machen sich die Menschen Gedanken über die Grundlagen ihrer Existenz. Die führen sie unter Umständen zu der Frage, ob sie eigentlich das Leben leben, das sie wirklich wollen, oder ob sie sich nicht noch ein größeres Maß an Zugriff auf ihre Fähigkeiten wünschen, sprich ob noch Ressourcen brachliegen, die zu nutzen ihnen sinnvoll vorkäme. Im Prinzip stellen sie damit die Frage nach der Realisierung der Grundbefähigungen, die im »Capability Approach« formuliert werden. Je mehr Grundbefähigungen ich nutzen kann, je weiter meine faktischen Handlungsspielräume werden, desto mehr Kontrolle habe ich über mein Leben, desto selbstbestimmter kann ich handeln. So verstanden ist Selbstbestimmung eine übergreifende Grundbefähigung, die alle anderen umschließt.

Ist das gute Leben in Selbstbestimmung also allgemeine Realität in Deutschland? Was die Arbeit angeht, zeigen besonders ihre herkömmlichen Formen, aber auch die hier vorgestellten Formen einer »anderen Arbeit« einige Einschränkungen auf. Weitere Skepsis muss aufkommen bei einem Blick auf die Arbeitsmarkt- und Sozialpolitik der letzten beiden Jahrzehnte, ironischerweise vor allem beim Blick auf das Stichwort, das sie so sehr geprägt hat: »Eigenverantwortung«. Rhetorisch beschwört die Politik damit ein wachsendes Bewusstsein für Selbstbestimmung herauf – in Wahrheit aber produziert sie eine Mogelpackung.

Insbesondere diejenigen unter den Erwerbsfähigen, die am wenigsten in den Markt integriert sind, die Empfänger von Unterstützungsleistungen, bekommen in den letzten Jahren den Griff einer Zange zu spüren, die sie von zwei Seiten gepackt hat und nicht wieder loslässt. Von der einen Seite werden ihnen die Flexibilisierungsanforderungen aus den Unternehmen herangetragen, von der anderen, staatlichen Seite die sogenannte Aktivierungspolitik.[104] Beide verlangen: »Biete noch mehr von dir auf dem Arbeitsmarkt! Bilde dich, bemühe dich, sei rege, sei ausdauernd!« Arbeitnehmer wie Arbeitsuchende sollen sich »aktivieren«, »zu mehr Eigenverantwortung bereit sein«, letztlich also Aufgaben mitübernehmen, die ursprünglich entweder dem Staat oder dem Arbeitgeber zukamen (Absicherung gegen existenzielle Risiken, Organisation der Arbeit, Stabilisierung der Beschäftigungsbiografie und so weiter). Daraus resultieren in erster Linie mehr individuelle Verantwortung und mehr Risiko bei häufig niedrigerem Einkommen, das alles unter einem dräuenden »Nur du selbst trägst die Schuld, wenn dir dein Leben nicht gelingt (du hast schließlich alles selbst in der Hand)!«

Mit Selbstbestimmung kann das schon deswegen nichts zu tun haben, weil diese Form der »Aktivierung« die meisten heillos überfordert, sprich ihre Kompetenzen weit übersteigt. Eigenverantwortung wird so zu einem absurden Begriff, weil sie letztlich nur zu einer Anpassung an den viel beschworenen Sachzwang der Markterfordernisse erziehen soll. Andere bestimmen, dass ich bitte schön selbstbestimmter zu arbeiten habe. Eigenverantwortung ist ein abstrakter Zwang, weil schwer als solcher zu bemerken, und gerade deshalb ein besonders perfider. Zudem kommt sie unter dem Deckmantel einer nie da gewesenen Chance auf echte Selbstbestimmung daher. Eine Fliegenfalle, die nach Freiheit riecht, die Fliege aber endgültig binden soll.

Was wenige haben wollten, wird nun vielen aufgedrängt. Mit einem hohen Grad an Selbstbestimmung kann nicht jeder umgehen. Nur der Grad, der meinen individuellen Kompetenzen, Zielen und existenziellen Erfordernissen entspricht, wird als »gesunde« Selbstbestimmung empfunden, die meinem Leben förderlich ist. Aufgezwungene Eigenverantwortung lässt dem Einzelnen keine Chance mehr, herauszufinden, wo dieser Grad für ihn liegt.

Gut haben es in dieser Situation diejenigen, die Unternehmergeist, Risikobereitschaft, Lernbereitschaft, Offenheit für neue Lebensmodelle und Selbstvertrauen mitbringen (wie zum Beispiel die Arbeitssammlerinnen es tun). Schlecht haben es diejenigen, die hier vor allem Zwänge und persönliches Scheitern erleben. So brechen allmählich Risse in unserer Gesellschaft auf: zwischen denen, die freier sein *wollen*, und denen, die zur Eigenverantwortung *gezwungen* sind.

Dabei ist das Drängen nach mehr Eigenverantwortung kontraproduktiv für Leistungen, die in der Arbeit verrichtet werden. Wenn den Menschen genug Raum gegeben wäre zur Selbstaktivierung, dann würden sie auch tätig. Behandelt man sie aber wie Nichtsnutze, die ständig zur Arbeit angehalten werden müssen, dann verhalten sie sich irgendwann auch so. Das ist kein Gutmenschenargument, sondern eine Annahme, die von psychologischen Untersuchungen gestützt wird.[105]

Warum sollte die voll im Paradigma der Leistungsgesellschaft liegende Anforderung der Eigenverantwortung der echten Selbstbestimmung überlegen sein, wie insinuiert wird? In Abwandlung des Beyer-Argumentes zur Muße (siehe oben) kann man wohl eher vom Gegenteil sprechen. Ein selbstbestimmt Handelnder lässt sich mindestens an seiner Zufriedenheit erkennen, die sogenannte Eigenverantwortung führt die Menschen dagegen eher in prekäre Zustände der existenziellen Unsicherheit und psychischen Überforderung.

Es gilt also, für mehr echte Selbstbestimmung anzutreten. Hindernisse, die ihr im Weg liegen, gibt es noch genug. Sie wird – gerade unter den Vorzeichen von Flexibilisierung und Aktivierungspolitik – nicht von allein kommen, auch Modewörter wie »Digitale Bohème« oder »Meconomy« werden sie nicht herbeizaubern. Es ist also gut und richtig, dass die Menschen in diesem Buch sich um sie bemühen.

Das tut Frauke Hehl nach Kräften. Um auch anderen ein wenig mehr Selbstbestimmung in der Arbeit zu ermöglichen hat sie mit einer Gruppe Gleichgesinnter die »workstation Ideenwerkstatt Berlin« gegründet. Dort werden Alternativen zur Erwerbsarbeit gesammelt und entwickelt. Vor allem Arbeitslose sollen eine Chance bekommen, Erwerbsarbeit und ihr Fehlen nicht als Schicksal zu betrachten, sondern aktiv nach guten Alternativen für sie zu suchen. Ermutigung und Aufmerksamkeit für die eigene Handlungskompetenz will die workstation schaffen. »Es geht aber nicht darum, einen neuen Block von fest gefügten Vorstellungen in die Köpfe zu bringen«, sagt Frauke Hehl. »Ich sehe nichts Verwerfliches darin, wenn Leute erst mal Geld verdienen und irgendwie klarkommen wollen. Es geht immer darum, dass Leute die Tragfähigkeit des eigenen Lebens herstellen können.« Die workstation will Tendenzen zur Stigmatisierung Erwerbsloser und die Absurditäten der Arbeitsgesellschaft offenlegen, um so einen langfristigen Bewusstseinswandel zu befördern. Sie setzt an dem zentralen Problem der Arbeitsgesellschaft an: »Bezahlte Arbeit gibt es zwar nicht mehr für alle, aber dennoch entscheidet diese bis heute darüber, ob jemand für die Gesellschaft wertvoll ist oder nicht.« Die workstation setzt einen Kontrapunkt mit Aktionen wie der Kampagne »/unvermittelt«, mit der der Anspruch auf angstfreien Jobverlust, die Praktiken der Arbeitsagentur und ein bedingungsloses Grundeinkommen thematisiert werden.[106]

Frauke Hehl würde allerdings auch ohne umfassende Vision und ohne Verein im Rücken weitermachen. Sie hat sich daran gewöhnt, irgendwie durchzukommen und dennoch schöpferisch und initiativ immer neue Facetten eines besseren Lebens auszutesten. Ein bisschen scheint sie diesen Mut bei ihren Mitmenschen zu vermissen.

»Wenn die Leute so viel Energie in einen anderen Lebensweg stecken würden wie in aussichtslose Bewerbungen für Jobs ... Da fehlt offensichtlich der Schritt, die Energie woanders zu investieren, die alternativen Vorstellungen auch. Die deutsche Gesellschaft ist enorm vorstellungslos. Wir haben was gelernt, so geht's und dann macht man das auch. Was da reingesteckt wird, Standards zu erfüllen, um die eigenen Chancen zu erhöhen! Das wird alles unhinterfragt angenommen. Dazu kommt die fehlende Anerkennung für andere Wege. Man muss sich trauen, mal etwas anders zu machen, als ›man das so tut‹.«

Es werden noch viele Ideen kommen, von workstation, den Arbeitssammlern, Mußetuenden, Glücklichen Arbeitslosen. Es wird noch viele Vereine, Initiativen, Visionen, Firmen geben, die alle dieselbe Frage beschäftigt – Arbeit, wohin? Sie eint ein Wunsch: Wir wollen anders arbeiten, soll heißen: Wir wollen selbstbestimmter arbeiten. Wir wollen, dass Arbeit etwas Heilsames, Erfüllendes, Gewolltes, Gebrauchtes, Gesuchtes ist. Sie kann viel mehr sein als das notwendige Übel zwischen neun und fünf.

5 GEMEINSAM SCHAFFEN

Am 2. Januar 2007 endete Wesley Autreys bisheriges Leben. Sein Sprung zwischen die Gleise der New Yorker U-Bahn wurde zu einem riesigen Schritt für ihn und zu einem kleinen Schritt für die Menschheit. Er wurde vom Bauarbeiter zum Heroen und das Weltbild der vorteilszentrierten Ökonomik bekam einen zusätzlichen kleinen Riss. Sein selbstloser Einsatz für einen hilfsbedürftigen Mitmenschen, der für ihn selbst gut mit dem Tod hätte enden können, dürfte laut der gängigen Theorie eigentlich nicht vorkommen – allenfalls nach Verhaltenstheorien, die Selbstmorde erklären.

Autrey warf sich vor den einfahrenden Zug, weil er einem der mit ihm wartenden Fahrgäste helfen wollte. Der Epileptiker hatte einen Anfall bekommen und war auf die Gleise gefallen. Autrey konnte ihn, da der Zug ihn binnen Sekunden erreichen würde, nicht anders retten als durch seinen beherzten Sprung: Er warf sich auf den Hilflosen, zog ihn zwischen die Schienen und ließ die Waggons über sie beide hinwegfahren. Beide Männer blieben bis auf Prellungen unverletzt. Autrey wurde daraufhin zu einem landesweit gefeierten Helden, der Präsident schüttelte ihm die Hand, die Medien machten ihn zum »Hero of Harlem« und »Subway Samaritan« und das *Time Magazine* kürte ihn in der Sparte »Heroes & Pioneers« zu einer der 100 einflussreichsten Personen des Jahres 2007.

Selbstlosigkeit kommt an, Opferbereitschaft imponiert. Wie es aussieht, sind Menschen sowohl geneigt zu einem praktischen Altruismus als auch dazu, ihn als hohes Gut anzuerkennen. Das müsste eigentlich nicht betont werden, wenn das Menschenbild, das unser wirtschaftliches Handeln weiträumig bestimmt und erklärt, nicht doch diametral entgegengesetzte Annahmen machte.

»In der Verhaltensforschung setzte sich während der vergangenen Jahrzehnte ein Menschenbild durch, das uns als zutiefst eigennützige Wesen beschreibt. Biologen sehen uns auf maximalen Fortpflanzungserfolg programmiert, Evolutionspsychologen auf das Erringen von Status. Ökonomen verstehen menschliches Handeln mehrheitlich als Streben nach Bequemlichkeit und Wohlstand. Alle Theorien beruhen auf der Annahme, jeder sei sich selbst der Nächste und Altruismus eine Illusion.«[107]

Wäre Wesley Autrey ein Nutzenoptimierer, er wäre einfach stehen geblieben. Seine Tat hatte keine zu dem Zeitpunkt erkennbaren Vorteile für ihn.

Freilich liegen auf der Messlatte zwischen seinem hochriskanten Rettungssprung und blankem Egoismus Welten, die mit weniger drastischen Beispielen für Mitmenschlichkeit und Solidarität bevölkert sind. Der Alltag ist voll von kleineren und größeren Handreichungen, Hilfestellungen, Aufmerksamkeiten, kollegialen Gesten und gemeinsamen Erfolgen. Auf der Bodenebene von Wirtschaft und Arbeit, auf der Menschen Menschen begegnen, würde gar nichts funktionieren, wenn nicht alle auch zeitweise kooperativ handeln würden. Die laufende Praxis bringt die starken Vereinfachungen der Theorie also ohnehin permanent in Erklärungsnöte, die nur durch den Verweis darauf, dass das ja nicht das sei, was man erklären wolle, gerade noch weggezaubert werden können. Menschen sind per se kooperativ – sicher nicht immer, aber immer wieder dann, wenn es darauf ankommt.

Autreys Tat sticht deshalb so hervor, weil sein für ihn vorhersehbarer Vorteil gegen null ging. Kooperation in wirtschaftlichen Zusammenhängen findet allerdings unter völlig anderen Voraussetzungen als sein Sprung statt: Sie lässt Raum zur Formulierung gemeinschaftlicher Ziele und Mittel, Einsatz und Nutzen können abgewogen werden. Der Held von New York handelte spontan, weshalb sein bedingungsloser Einsatz für den anderen besonders beeindruckt. Doch auch wenn Gelegenheit genug ist, Kosten, Gefahren und Nutzen abzuwägen, handeln Menschen kooperativ, suchen den gemeinsamen Vorteil statt des privaten Gewinns. Autreys dramatische Selbstlosigkeit hat mit der alltäglich praktizierten Mitmenschlichkeit gemeinsam, dass beide darauf beruhen, in einer konkreten Situation für einen anderen mitzuhandeln, seine Interessen zu bedenken. Das Mithandeln schließt den persönlichen Vorteil dabei gar nicht aus. Im Gegenteil: Erfolgreiche Kooperation ist gerade solche, in der alle Beteiligten vom Resultat profitieren. Privater und geteilter Nutzen vertragen sich also durchaus. Der Gewinn aller soll der jedes Einzelnen sein: Das Bild kennen wir aus der Urtheorie des Kapitalismus. »Alle Boote schwimmen oben«, hieß es dort, wenn die Kapitaleigner nur immer ihre Profite machen. Dass in diesem Bild zuerst einige wenige ihre Gewinne sichern und dabei die Vorteile aller wie von selbst »nach unten durchtröpfeln« sollen, erscheint immer mehr als bizarre Illusion, deren Zynismus heute vielen untragbar vorkommt.

Geteilte Anstrengung, geteilter Nutzen

Geteilte Vorteile wirklich effektiv und langfristig sichern können nur geteilte Anstrengungen, bei der die Beteiligten sich auf Augenhöhe begegnen – echte Kooperationen eben. Diese Einsicht ist so alt wie der Kapitalismus selbst, der bereits in seiner Frühphase entsprechende Reaktionen herausgefordert und zu Formen des Wirtschaftens geführt hat, die dem Bestreben nach Solidarität und Gegenseitigkeit Rechnung tragen.

Die Genossenschaften sind eines der ältesten Modelle solidarischen Wirtschaftens innerhalb der marktwirtschaftlichen Ära. Die erste große Gründungswelle in Deutschland datiert auf die Mitte des 19. Jahrhunderts, die Zeit also des Weberaufstands von 1844 und der Revolution von 1848. Da andere Formen des Protestes gegen die unzureichende Versorgung mit lebensnotwendigen Gütern oft genug nicht fruchteten, schlossen sich Arbeiter, Bauern oder kleine Handwerker zu Gemeinschaften zusammen, die das Güterangebot eigenständig regeln sollten. Am Grunde der Genossenschaftsidee liegt also der Wunsch nach autarker Subsistenz. Die Motive der Genossenschaftler ähneln bis heute denen einzelner Selbstversorger. Genossenschaften sind kurz gesagt eine »Form gemeinschaftlicher Selbstversorgung, bei der ein Markt von den Beteiligten umgangen oder ausgeschaltet wird«.[108] Selbstversorger »gehen aus dem Geld«, Arbeitssammler »aus der Arbeit«, »Vorwärts«-Mitglieder »aus dem Markt«.

Bis heute ist eine enorme Zahl von Genossenschaften gegründet worden. Auch wenn viele davon wieder eingegangen sind, hält sich eine erstaunliche Vielgestalt von Produktiv-, Dienstleistungs-, Handwerker-, Kredit-, Einkaufs-, Wohnungsbau-, Sozial- und Stadtteilgenossenschaften, Konsumvereinen, Volks- und Raiffeisenbanken, Erzeuger-Verbraucher-Gemeinschaften und sogar genossenschaftlichen Forschungsinstituten. Der Deutsche Genossenschafts- und Raiffeisenverband (DGRV) zählt 5.463 Betriebe zu seinen Mitgliedern, darunter allein fast 2.700 ländliche Genossenschaften (Stand: 31. Dezember 2009). In den letzten drei Jahren hat allein der DGRV 500 neue Gründungen eingetragen, ein Zeichen dafür, dass das Prinzip gemeinschaftlichen Wirtschaftens ungebrochene Attraktivität besitzt. Die Zahl der Neugründungen steigt sogar wieder an. Das könnte jedoch auch mit der zunehmenden Angst vor wirtschaftlichem Abstieg, Arbeitslosigkeit und Mangel an Perspektiven zusammenhängen, also eher psychologisch begründet sein. Die Motive wären dann ähnlich wie in der Mitte des 19. Jahrhunderts, als Genossenschaftsgründungen (unter anderem) aktive Selbsthilfen in unsicheren Zeiten waren. Zwischendurch, in den 70er- und 80er-Jahren des 20. Jahrhunderts, entstanden Projekte alternativer Wirtschaft auf einer gesicherten materiellen Basis aus einer Reflexion der herrschenden ökonomischen Bedingungen heraus.[109] Man *wollte* nicht länger kapitalistisch wirtschaften. Inwieweit diese Motivlage für die heutigen Gründungen noch eine Rolle spielt, steht infrage.

Gemeinsam ist allen Genossenschaften jedoch ihr zentraler Zweck, der sogar im Genossenschaftsgesetz, § 1, festgesetzt ist. Danach handelt es sich in jedem Fall um »Gesellschaften von nicht geschlossener Mitgliederzahl, deren Zweck darauf gerichtet ist, den Erwerb oder die Wirtschaft ihrer Mitglieder oder deren soziale oder kulturelle Belange durch gemeinschaftlichen Geschäftsbetrieb zu fördern«.[110] Sinn ist also nicht, wie in privat geführten Unternehmen, den (Geld-)Gewinn Einzelner zu mehren, sondern den *Nutzen* aller Mitglieder. In der Gruppe können die Mitglieder Dinge erreichen, die sie außerhalb der Gruppe so nicht erreichen könnten – auch oder erst recht nicht mit mehr Geld.

Ein sicheres Gefühl in Wirtschaftskrisen ist ein Beispiel dafür. Die 175 Mitglieder der RegioSTAR eG im Berchtesgadener Land konnten vergleichsweise ruhig durch die letzte Finanz- und Wirtschaftskrise gehen. 2007 hatten sie ihre regionale Genossenschaft auf der Basis einer Regiogeldinitiative gegründet. Die alternative Währung erlaubt es ihren Mitgliedern, in »Sterntalern« statt in Euro zu tauschen. Sie fördern damit eine Regionalisierung ihrer Wirtschaft, da ausschließlich Mitglieder und zurzeit 200 Unternehmen der Umgebung den Sterntaler nutzen. Außerdem bekommen sie eine Absicherung: Wenn der Euro ins Schwimmen geraten sollte, bleibt der Sterntaler stabil, da er nicht von den launischen weltweiten Finanzströmen abhängt. Genossenschaftler der RegioSTAR können also weiter zum selben Kurs im eigenen Bioladen oder der Kelterei einkaufen, egal was an der Börse in London oder Tokio passiert. Natürlich brauchen sie weiterhin die Standardwährung, um zum Beispiel ihre Steuern zu bezahlen oder Güter zu kaufen, die für Sterntaler nicht zu haben sind. Zusätzlich haben die Genossenschaftler aber einen Tauschring ins Leben gerufen, an dem ebenfalls Unternehmen der Region teilhaben. So entsteht ein immer dichter werdendes Netz gegenseitiger Versorgungsbeziehungen, und je dichter es wird, desto autarker wird die Gemeinschaft von dem, was außerhalb vor sich geht.[111]

Vereinigungen wie die RegioSTAR ähneln in dieser Beziehung also eher einem Dorf als einem Unternehmen. Die Siedlungsgenossenschaft »Sieben Linden« in der Altmark in Sachsen-Anhalt ist Anfang der 90er-Jahre konsequenterweise gleich als »Ökodorf eG« gegründet worden. Die grundlegende Idee war hier, die gegenseitige Unterstützung in der

Versorgung mit Gütern und Diensten mit einer schonenden Behandlung der natürlichen Ressourcen und einer urdemokratischen Vorstellung des Zusammenlebens zu verknüpfen: »Wir erforschen Strategien zur Integration individueller Bedürfnisse in das gemeinschaftliche Zusammenleben«, heißt es in der Grundsatzerklärung, »zum Beispiel durch Transparenz und Vertrauensbildung im Kontakt, ehrliche und achtsame Kommunikation, gemeinsame Entscheidungsfindung.«[112] Die rund 120 Bewohner von Sieben Linden suchen bewusst eine enge Gemeinschaft jenseits der Anonymität und Vereinzelung, jenseits der unbedachten Ressourcenverschwendung und Umweltschädigung, die sonst mit der alltäglichen Versorgung durch Konsum einhergeht.

Aussteiger im engeren Sinne sind sie deshalb nicht. Viele arbeiten außerhalb des Dorfes, nur 27 sind in der Genossenschaft angestellt, zehn davon im Freiwilligen Ökologischen Jahr. So sind einige Mitglieder durch eine Berufstätigkeit außerhalb von Sieben Linden finanziell gut bestückt und eigentlich bereits individuell relativ unabhängig. Im Dorf achten jedoch alle darauf, dass die internen Unterstützungs- und Tauschangebote möglichst ausgiebig genutzt werden. Eine eigene Währung wie im Berchtesgadener Land gibt es nicht, es wird ohnehin viel getauscht, verliehen oder sogar verschenkt. Das kann die Betreuung von einem der zahlreichen Kinder sein, eine Fahrradreparatur, ein Beutel Gemüse, ein Buch oder eine Massage. Die Sieben-Linden-Ökonomie ist eine sehr spezielle, eine Mischung aus unmittelbarer, gemeinschaftlicher Selbstversorgung und extern dazuverdientem Geld.

Die Genossenschaft als Ganzes verdient durch den Gewinn aus den Betrieben, die von ihren Mitgliedern geführt werden, dem Naturwarenladen zum Beispiel, dem Fuhrunternehmen, das ausschließlich Pferde zum Transport einsetzt, oder der Obstbaumschule. Auch die Fotovoltaikanlage liefert so viel Solarstrom, dass ein kleiner Gelderrag dabei herausspringt. Er soll nach den Wünschen der Genossenschaftler einmal so groß werden, dass er als Altersvorsorge für Mitglieder genutzt werden kann.[113] Vielleicht wird eine in Euro ausgezahlte Altersrente aber zukünftig gar nicht mehr so interessant sein für die Ökodorfeinwohner, sie scheinen auch ohne sie schon das meiste von dem zu haben, was sie brauchen, und es kommt durch ihre eigenen Aktivitäten immer mehr hinzu. Ein Gefühl der Sicherheit und Aufgehobenheit, das aus der Solidarität in der Gemeinschaft entspringt, ist in jedem Fall dabei. Das ist etwas, das sie nirgendwo hätten kaufen können.

Natürlich nicht, möchte man einwenden, wirtschaften hat ja mit Gefühlen überhaupt nichts zu tun! Wirtschaften heißt: Der eine gibt etwas und bekommt etwas dafür, beide sind zufrieden, wenn nicht, wird neu verhandelt. Was beide dabei empfinden, ist für das Endergebnis völlig schnurz. Nicht einmal von meinem Gemüsehändler, den ich seit 20 Jahren kenne, würde ich doch erwarten zu hören: »Wir verkaufen viel mehr als Lebensmittel, wir verkaufen ein Gefühl, ein Gemeinschaftsgefühl. Einen Wohlfühlfaktor.«

Genau das aber sagt Petra Nagler. Der Laden, in dem sie arbeitet, liegt in der Nähe der Bremer Innenstadt und gehört zur dortigen Erzeuger-Verbraucher-Gemeinschaft, der EVG Bremen. In den Regalen liegen Lebensmittel von Bauern aus der Umgebung, ein kleiner Teil wird noch zugekauft, alles ist biologisch. Wirklich »ökologisch« sind für Petra Nagler, ihre Kolleginnen und Kollegen ihre Produkte nur, wenn sie auch aus der Nähe kommen und nicht über Hunderte Autobahnkilometer oder gar per Schiff oder Flugzeug bezogen werden müssen. Nur Regionales ist umweltschonend. So viel Konsequenz schätzen die Kundinnen. Gerne fragen sie nach, woher das Obst oder die Kartoffeln denn stammen, und bekommen jedes Mal eine genaue Auskunft. Die Ladenbetreiber kennen jeden der Erzeugerbetriebe und wissen, wer dahinter steckt und mit welchen Methoden produziert wird. Das schafft Vertrauen auch beim Endabnehmer. Und so gibt es immer etwas zu reden. Gäbe es aber sowieso, vermutet Petra Nagler.

»Unser Laden hat etwas von einem Tante-Emma-Laden. Wenn ich mit einem Kunden spreche, geht das von Kochrezepten bis zu Gesprächen über alle möglichen Lebensprobleme. Der Wohlfühlfaktor ist für viele ein Grund, hier einzukaufen. Gerade haben wir eine Art kleines Café eingerichtet in einer Ecke des Ladens.«

Das Verhältnis ist in der Regel so persönlich, dass das Ladenpersonal schon mal zum Helfer in der Not wird. Als sich eine Kundin den Arm gebrochen hatte, lieferte man ihr ihre Einkäufe eben selbst außer der Reihe ins Haus. Der Gemeinsinn ist wichtig in der EVG.

Das gilt (der Name sagt es ja schon) auch für das Verhältnis zu den Erzeugern, den Bauern, Bäckern, Schlachtern und Gärtnern. Sie verhandeln die Ladenpreise mit der EVG. Die Endverbraucher, die ebenfalls alle Mitglieder sind, haben auf den Treffen der »Ladengruppe« ein Mitspracherecht bei der Preisgestaltung, im Augenblick nutzt es jedoch kaum jemand. Ziele sind zum einen faire Preise für beide Seiten und ein Angebot qualitativ hochwertiger Lebensmittel, zum anderen sichere und breite Absatzmöglichkeiten für die Erzeuger sowie der Erhalt der kleinbäuerlichen Strukturen und der Naturräume, in die sie eingebettet sind. Auch hier – wie in Sieben Linden – möchte man also gleichzeitig soziale, ökonomische und ökologische Zwecke miteinander verknüpfen.

Seit den ersten Gründungen vor über 150 Jahren werden die Genossenschaften und andere solidarische Wirtschaftsunternehmen von einem kapitalismuskritischen Impetus getragen. Heute mögen sich die konzeptuellen Hintergründe ausdifferenziert haben, es geht um ökologisch, sozial oder spirituell motivierte Ökonomie- und Gesellschaftskritik, oft hat der »Neoliberalismus« den »Kapitalismus« als Etikett für den Gegner abgelöst. Haben zwar alle diese Bewegungen eine gemeinsame Grundhaltung, sind sie inzwischen so vielgestaltig, dass es fast unmöglich ist, sie noch auf einen Begriff zu bringen. Der Diskurs ist voll mit unterschiedlichen Namen, die doch für ganz ähnliche Motive stehen: Begriffe wie »Subsistenzökonomie«, »Solidarische Ökonomie«, »Alternative Ökonomie« versuchen, Überblick zu schaffen, Orientierungen zu bündeln, in Worten zusammenzuführen, was von der Sache her schon in sich verbunden ist. Die Erzeuger-Verbraucher-Gemeinschaften entspringen diesen sozialen Bewegungen. Durch Publikationen oder Veranstaltungen wie dem Kongress »Wie wollen wir wirtschaften – Solidarische Ökonomie im globalisierten Kapitalismus« im November 2006 versuchen die

Aktiven, sich über Ziele und Mittel zu verständigen. Die Ziele sind dabei – in nuce formuliert – unstrittig: eine Wirtschaftsweise jenseits der heutigen zu finden, die für unseren Planeten tragbar ist und möglichst allen Menschen die Chance zu einem gelingenden Leben eröffnet.[114] Auch wenn häufig (Groß-)Unternehmen und Staaten Objekte der schärfsten Kritik werden, sollen keine Gräben gezogen werden zwischen ihnen und den Aktivisten. Man ist sich der Notwendigkeit des Widerstands ebenso bewusst wie der Tatsache, dass ohne die Mitwirkung der großen Politik und der großen Wirtschaft über ein lokales Level hinaus nicht viel geschehen wird (siehe Kapitel 7).

Die EVG Bremen ist mit ihrem Vorhaben im Lokalen recht erfolgreich, musste allerdings auch schon Rückschläge hinnehmen. Einer der größten Erfolge ist sicherlich, dass ein großer Teil der circa 150 Mitglieder sich tatsächlich überwiegend im Laden versorgt. Ein Wermutstropfen ist dagegen, dass schon einige Läden der EVG schließen mussten und jetzt nur noch der eine überlebt hat. Es ist schwierig, die richtige Größe für eine Erzeuger-Verbraucher-Gemeinschaft zu finden. Bei 150 Abnehmern bleiben pro Bauer vergleichsweise winzige Abnahmemengen, sodass keiner von ihnen allein von der EVG leben kann. »Dennoch bleiben sie dabei, weil sie es wichtig finden«, sagt Nagler. Auch die Erzeuger haben ein Interesse daran, dass Herstellung und Verarbeitung transparent bleiben, Preis und Qualität stimmen. Das gegenseitige Vertrauen steht an erster Stelle. Leider kann es den Absatz nicht über das gegebene Maß vergrößern, noch mehr essen könnten die Kunden nicht. Zu groß werden dürften die Strukturen ohnehin nicht, dann würde das persönliche Verhältnis aller untereinander leiden, sagt Nagler, und die EVG damit einen ihrer wichtigsten Stützpfeiler verlieren.

An den Erzeuger-Verbraucher-Gemeinschaften wird deutlich, in welcher Abhängigkeit beide Seiten ursprünglich voneinander stehen, eine Tatsache, die schnell in Vergessenheit gerät, weil Produktion, Verarbeitung, Transport und Verteilung unsichtbar und auf völlig verschiedene Orte verteilt stattfinden. Wir sind es sogar gewohnt, ganz wie im marxschen Klassendenken auch hier zwei erbverfeindete Gruppen zu sehen, die einander unversöhnlich gegenüberstehen, hier die Verbraucher, dort die Erzeuger. Die einen grollen wegen überhöhter Preise, unpassender Öffnungszeiten, dreisten Personals oder mieser Qualität; die anderen grollen wegen der EU-Richtlinien zum Verbraucherschutz oder der anspruchsvollen, eitlen Kunden. Die EVGs wollen diesen Graben gar nicht erst öffnen. Sie begreifen das Verhältnis der beiden Gruppen als ein inhärent kooperatives. »Erzeuger und Verbraucher sind nicht Angehörige gegensätzlicher Interessengruppen, sondern unmittelbar aufeinander angewiesen«, ist in der »Altenkirchener Erklärung« zu lesen, einem Grundsatzpapier der EVG-Bewegung. »Der Motor der Ökonomie ist nicht Konkurrenz, sondern gegenseitige Fürsorge auf der Basis intakter menschlicher Beziehungen.«[115]

Freilich halten die EVGs damit am Marktprinzip fest und setzen sich oberflächlich gesehen nicht so deutlich von herkömmlichen Strukturen ab. Tatsächlich sind die Unterschiede aber größer, als sie zunächst scheinen, weil schon die Grundprinzipien verschieden sind. Auf industrieller Produktion basierende, kapitalistisch organisierte Märkte sind lediglich *eine* von vielen Möglichkeiten des Markthandelns. Wir haben uns angewöhnt, über den Markt schlechthin in dieser Form zu denken. Der heute dominante Markt »wird nicht als Ort verantwortlichen Handelns wahrgenommen. Auf die Idee, dass HändlerInnen und KundInnen einander verpflichtet sein könnten, kommt bei uns niemand mehr.« Die EVGs sind ein Beispiel dafür, dass Markt auch anders funktionieren kann, nämlich auf den Prinzipien der Gegenseitigkeit, Transparenz, Regionalität, Saisonalität der Produkte, der Umwelt- und Ressourcenschonung und des gerechten Preises. Sie suchen damit die bewusste Abgrenzung zu Denk- und Verhaltensweisen, die für kapitalistische Märkte zu den typischen Charakteristika gehören, am grundlegendsten, indem sie dem Konkurrenzprinzip den Gedanken der Gegenseitigkeit entgegensetzen und indem sie den anonymen, präferenzgesteuerten Tausch durch eine gemeinsam selbstbestimmte, aktive Gestaltung der Beziehung unter den Markthandelnden ersetzen.[116]

Eigentlich, vermutet Petra Nagler, möchten es noch viel mehr Leute den Mitgliedern ihrer EVG gleichtun, aber:

»Der Widerspruch, in dem die meisten leben: Manchmal ist einem der Geldbeutel näher, aber eigentlich möchte man es gerne anders. Ich denke, vom Prinzip her gibt es sehr viele Leute, die anders einkaufen würden. Man müsste es ihnen einfacher machen. Die Leute wollen es nah haben. Und sie wollen nicht viel bezahlen.«

Die Leute könnten es einfacher haben, bliebe die EVG in Bremen nicht allein.

Der Homo oeconomicus ist kein Genossenschaftsmitglied

Menschen sind soziale Tiere, heißt die halbwissenschaftliche Weisheit. Die Praxis gemeinschaftlichen Wirtschaftens bestätigt das voll und ganz, und die echte Wissenschaft zieht mit. Interessanterweise ist sowohl aus den Sozial- als auch aus den Naturwissenschaften zu hören, das Nutzenoptimierer-Menschenbild sei nicht korrekt und müsse durch ein ausgewogeneres ersetzt werden. Zum Beispiel durch eines, das den klar vorhandenen menschlichen Hang zu Handlungen auf Gegenseitigkeit erklären kann (nicht zu reden vom extremen Altruismus eines Wesley Autrey), vor dem die simplifizierende Erklärungswelt der Mainstream-Ökonomik in Legitimierungsnöte gerät. Der Homo oeconomicus ist kein Genossenschaftsmitglied.

Wir sind anders, als die Konkurrenz- und Vorteilstheorie uns sehen will, die unserer Ökonomie seit Adam Smiths Postulat unseres ursprünglichen Eigennutzes tief in den Knochen steckt. Menschen wollen den Kontakt zu anderen Menschen, sie wollen nicht gänzlich im Anonymen verschwinden, nicht als Erfüller in Zahlen gemeißelter Präferenzmuster gesehen werden. Und sie wollen mit anderen gemeinsam tätig sein, zusammen an Projekten mitwirken, Ziele und Freude an einer Sache teilen, so wie die Mitglieder der EVG Bremen es tun. Daher der »Wohlfühlfaktor« im EVG-eigenen Lebensmittelladen.

Konkurrenz mag ein wichtiger Antrieb sein unter bestimmten Rahmenbedingungen und bei bestimmten Aufgabentypen, zum Beispiel wenn es darum geht, eine Aufgabe in möglichst kurzer Zeit zu erledigen oder wenn ein zeitlich begrenzter Wettbewerb zwischen Gruppen mit vergleichbaren Ressourcen stattfindet. Wenn es aber beispielsweise darum geht, eine gute Qualität zu sichern, kann die intrinsische Motivation der Arbeitenden eine wirksamere Antriebsquelle sein als von außen initiierter Wettbewerb (siehe Kapitel 4). Auch Zusammenarbeit ist bisweilen effektiver als ein isoliertes Nebeneinander von Einzelnen oder Gruppen. Ein Weltbild, das menschliche Tätigkeit dann am effizientesten sieht, wenn sie unter dauerndem Leistungsvergleich und konkurrenzgeprägten Beziehungen stattfindet, und den Menschen als in sich von eben jenen Prinzipien geleitet hinstellt, erzählt nur einen kleinen Teil der ganzen Geschichte.

»Wir wollen von Natur aus kooperieren«, heißt eine aktuellere wissenschaftliche These. Der Mediziner und Psychotherapeut Joachim Bauer resümiert in seinem Buch *Prinzip Menschlichkeit* die aktuelle neurobiologische, medizinische und psychologische Forschung dazu: »Wir sind – aus *neurobiologischer* Sicht – auf soziale Resonanz und Kooperation angelegte Wesen.«[117] Unser Belohnungssystem im Gehirn ist so eingerichtet, dass es vor allem auf positive Rückkopplungen in zwischenmenschlichen Kontakten reagiert und uns auf diese Weise antreibt, eben solche Reaktionen zu suchen. Wir sind also, anders gesagt, ständig darauf aus, Anerkennung und Zuwendung von Artgleichen zu bekommen. Das macht uns zufrieden und motiviert uns zu Handlungen, nach denen wir wieder Anerkennung und Zuwendung erwarten können. In uns tickt ein psychobiologischer Mechanismus, der uns dazu anhält, *mit* anderen Menschen und *im Sinne* anderer Menschen zu handeln.

Werden wir von mitmenschlichen Beziehungen abgeschlossen, weil wir den Kontakt zu anderen verlieren oder uns Anerkennung und Zuwendung versagt bleiben, reagieren wir mit Stress oder sogar psychischen und körperlichen Erkrankungen. In frühen Lebensjahren können die Erkrankungen schlimmstenfalls zu chronischen Störungen führen: Kindern etwa, die ohne liebende Eltern (zum Beispiel in Kinderheimen) aufwachsen, fehlt auch als Erwachsenen die Bindungsfähigkeit, was sich unter Umständen in einer verringerten Produktion motivierender Botenstoffe (Oxytozin) zeigt. Wer dagegen stabile vertraute Beziehungen unterhält, macht sich damit widerstandsfähiger gegenüber Herz-Kreislauf-Erkrankungen auf der einen Seite, Depressionen und Ängsten auf der anderen. »Dies macht deutlich, dass Menschen nicht für eine Umwelt ›gemacht‹ sind, die durch Isolation oder ständige Konflikte gekennzeichnet ist«, sondern dass sie ursprünglich auf Mitmenschlichkeit gepolt sind und diese Eigenschaft einen psychisch gesunden Menschen auf Lebenszeit begleitet. Sogar Aggression, die sonst eher mit dem »Kampf ums Überleben« identifiziert wird, hat nach Bauer eine positive zwischenmenschliche Funktion. Sie soll nämlich Bindungen verteidigen und deren Fortdauer sicherstellen. »Wo Aggression stattfindet«, so Bauer, »geht es – direkt oder indirekt – immer um das Bemühen um gelingende Beziehung, um die Verteidigung einer Beziehung oder um eine Reaktion auf ihr Scheitern.«[118]

Unterstützung für die medizinischen und neurobiologischen Befunde kommt aus der Ökonomik selbst und rührt aus Experimenten vor dem Hintergrund der Spieltheorie. Nach Versuchen mit Probanden, die unter experimentellen Bedingungen bestimmte kooperative Aufgaben lösen sollten, formulierte Robert Axelrod sein Prinzip der »bedingten Kooperation«. Es steckt die Rahmenbedingungen ab, unter denen Menschen bereit sind zu kooperieren (statt eigennützig zu handeln). Danach sind die besten Resultate bei den von Axelrod gestellten Aufgaben tatsächlich dann zu erzielen, wenn beide beteiligten Probanden gemeinsame Sache machen. Allerdings müssen noch zwei weitere Bedingungen erfüllt sein: a) Unkooperatives Verhalten wird bestraft durch eine Verweigerung weiterer Kooperation und b) die Kooperation darf nicht einmalig sein, eine Wiederholung ist in Aussicht gestellt. Das bedeutet in summa, dass Menschen ihre gegebene Neigung zur Kooperation bei konkreten Aufgaben nur dann nicht realisieren, wenn sie keine Aussicht auf Gegenseitigkeit hat, weil entweder der Partner eigennützig handelt oder die Zusammenarbeit zu kurzfristig ist. In Netzwerken gegenseitiger Abhängigkeit wie etwa der zwischen Erzeugern und Verbrauchern, Arbeitgebern und Arbeitnehmern oder Menschen, die länger nebeneinander an derselben Sache tätig sind, sind die Bedingungen allerdings günstig: Die Netzwerke sind zum einen auf lange Frist angelegt; zweitens würde derjenige, der wiederholt eigennützig handelte, einen Ausschluss aus dem Netzwerk riskieren. Kluge und effektive Handlungen – ob in Genossenschaften, im EVG-Laden oder in herkömmlichen Unternehmen – stehen also unter den Voraussetzungen der bedingten Kooperation: Gemeinsamkeit und Nachhaltigkeit. Und da wir dauernd mit anderen zusammen oder bezogen auf andere handeln, sind diese Voraussetzungen fast immer von Bedeutung.

Mit dem Eigennutz unter den Leuten scheint es also doch nicht so weit her zu sein. Wir rennen doch nicht bloß dem eigenen Vorteil hinterher. Dann aber doch bestimmt den Dingen, die wir kaufen können. So viel, wie tagtäglich in Kaufhäusern, Discountern, Einzelhändlern jeglicher Couleur, in allen Konsumtempeln und -kapellen umgesetzt wird, nähme es doch Wunder, wenn der Mensch nicht von sich aus ein Haben-wollen-Tier ist. Die Eigennutzthese wäre dann ein wenig und die Individualisierungsthese vollständig gerettet, wenn zumindest feststünde: Wir haben einen inneren Drang zum Materiellen, wollen uns unbedingt materielle Güter aneignen. Wohlstand ist Besitz, und deshalb macht Besitz uns zufrieden, schenkt uns eine soziale Position und Anziehungskraft.

Von so schlichtem Gemüt sind wir aber auch in diesem Falle nicht. Forschungen verschiedener Provenienz zeigen, dass eine materialistische Grundeinstellung zwar durchaus bei einer nennenswerten Zahl von Menschen vorhanden ist, sie aber eher schädlich ist für deren Wohlbefinden und zur Bedürfnisbefriedigung nur wenig beiträgt beziehungsweise sie sogar behindert. Menschen, die großen Wert auf Geld, Besitz und hohen Status legen, haben eher Nachteile, wenn es um das Gefühl existenzieller Sicherheit, den Selbstwert, soziale Beziehungen oder individuelle Autonomie geht.

In seiner Untersuchung *The high price of materialism* fand Tim Kasser heraus, dass eine materialistische Grundeinstellung die Wahrscheinlichkeit erhöht, an psychischen Störungen zu erkranken, körperliche Stresssymptome zu entwickeln, Schwierigkeit mit sozialen Interaktionen zu haben, zu Drogenmissbrauch oder kriminellen Handlungen Zuflucht zu nehmen. Auch wenn alle diese hässlichen Ereignisse ausbleiben, das Wohlbefinden leidet dennoch. Kasser:

»Materialistische Werte erlangen bei solchen Menschen vorrangige Bedeutung, die ihre Bedürfnisse lange Zeit nicht befriedigt sehen. Diese Werte treten also darum in Verbindung mit einer geringen Lebensqualität auf, weil sie für unerfüllte Bedürfnisse stehen. Aber materialistische Werte sind nicht allein Zeichen für Unzufriedenheit. Darüber hinaus verleiten sie die Leute dazu, ihr Leben so einzurichten, dass es ihre Bedürfnisse kaum befriedigen wird, sondern im Gegenteil noch zu ihrem Unglück beiträgt.«[119]

Der passive Konsum auch noch so vieler für wert erachteter Dinge und Dienstleistungen überspielt nur die nicht mehr wahrgenommenen Bedürfnisse, die weiter brachliegen. In Erich Fromms berühmtem Wortpaar gesprochen überdeckt die Scheinbefriedigung des Habens die Notwendigkeiten des Seins. Statt Selbstwertgefühl über aktives Handeln, Mitmenschlichkeit und neugierige – nicht konsumierende – Weltzugewandtheit zu bekommen, werten materialistisch eingestellte Menschen Marktgüter und ihren Besitz auf. Was sie verkennen, ist: »Alles in allem entspricht der materialistische Lebensstil mit seiner Überbewertung von Geld, Ansehen und äußerer Attraktivität nicht dem Ideal vom guten Leben.« Das Ergebnis ist Unzufriedenheit, wie auch der Politikwissenschaftler Robert Lane nach einem Überblick über eine ganze Reihe von Untersuchungen zum Zusammenhang von Materialismus und Lebensglück feststellen muss. Sein eigenes, materialreiches Buch trägt nicht ohne Grund den Titel *The loss of happiness in market democracies*. In allen untersuchten Aspekten, die für Menschen existenzielle Bedeutung haben, zeigte sich eine negative Korrelation zwischen einer materialistischen Haltung und Zufriedenheit. Materialismus, so fasst Lane zusammen, ist dabei offenbar nicht nur ein be gleitendes Phänomen, sondern die Ursache des Mangels an Zufriedenheit.[120]

Die Ursachen einer materialistischen Grundeinstellung sind nicht ganz geklärt. Sie kann biografische Gründe haben und deshalb fest im Charakter des Einzelnen verwurzelt sein. Kasser beobachtete, dass Aufwachsende schnell materialistische Wertvorstellungen übernehmen, wenn ihr Elternhaus ihnen nur eine geringe existenzielle Sicherheit vermittelt. Sie kommen mit anderen Worten aus ärmeren Familien beziehungsweise sind ihre Eltern häufiger zerstritten, geschieden oder kümmern sich weniger um ihre Kinder als andere Eltern. Diese Kinder entwickeln oft ein niedrigeres Selbstwertgefühl. Geringe Selbstachtung und der Wunsch nach dinglichem Wohlstand gehen somit möglicherweise Hand in Hand, Letzteres als unwillkürlicher Versuch, mit Ersterem besser fertigzuwerden.

Die Erleichterung ist allerdings nicht von langer Dauer. Kaufen, erwerben, sich aneignen bringt ein Wohlgefühl, das aber in der Regel schnell wieder abklingt und dann bald erneut durch Kaufen, Erwerben, Sichaneignen hervorgelockt werden muss. Das könnte zwar prinzipiell so weitergehen in einer endlosen Reihe von Konsumakten. Leider tritt allerdings bald ein Abnutzungseffekt ein: Wer einmal ein Niveau materiellen Wohlstandes erreicht hat, muss es beim nächsten Konsumakt steigern, um noch einen Wohlfühleffekt aus ihm zu ziehen. Der Erwerbsdruck führt letztlich auf eine stetig ansteigende Rampe, die nur durch Anstrengung erstiegen werden kann und niemals endet.

Außerdem macht nicht der blanke Wert des Erworbenen zufrieden, sondern nur der Wert des eigenen Besitzes *im Vergleich* mit den Besitzständen anderer. Wir sind dann besonders glücklich, wenn wir etwas mehr haben als die Personen, mit denen wir gleichziehen wollen. »Keeping up with the Joneses«, nennen es die Amerikaner.[121] Sollten die Nachbarn und Kolleginnen also den gleichen vegetativen Strategien folgen und weiter kaufen ...

Eine materialistische Einstellung arbeitet darüber hinaus gegen gute zwischenmenschliche Kontakte. Was Kassers Studien und die seiner Kollegen ebenfalls nahelegen, ist, dass sie einer positiven Bewertung von verlässlichen und dauerhaften Beziehungen in vielen Aspekten widerspricht. Sie führt die Leute mit anderen Worten dahin, weniger Mühe und Aufmerksamkeit in solche Beziehungen zu stecken. Die Folge sind Beziehungen, die eher von Konflikten, Entfremdung und geringem gegenseitigem Einfühlen geprägt sind, die Gemeinschaften schwächen (kleinere wie Familien ebenso wie größere, etwa Mitarbeiterschaften oder Nachbarschaften).

Schließlich verringern materialistische Grundeinstellungen auch die Fähigkeit zu individueller Selbstbestimmung. Menschen, die großen Wert auf Besitz und Status legen, legen in der Tendenz offenbar weniger Wert auf persönliche Autonomie und Authentizität. Kasser sieht hierfür drei Gründe: Die Wahrscheinlichkeit, in Situationen zu kommen, in denen persönliche Freiheit, Selbstausdruck und intrinsische Motivation eine Rolle spielen, ist für diese Menschen geringer. Zweitens verhindert eine materialistische Grundeinstellung, dass sie solche Erfahrungen als Freiheitserfahrungen beziehungsweise Erfahrungen intrinsischer Motivation interpretieren. Und schließlich fühlen sie sich leichter extrinsisch motiviert – etwa durch Kontrollen – und haben schneller den Eindruck von Entfremdung.[122]

Über alle Nachteile hinaus, die er für die Einzelnen und ihre Leben hat, führt der Materialismus offensichtlich auch ganze Gesellschaften ins Scheitern. »Materialistische« Individuen ziehen andere mit gleicher Werthaltung an. Auf diese Weise gebildete Gruppen von Gesinnungsgleichen zeigten sich in experimentellen Settings, in denen es darum ging, entweder zu kooperieren oder isoliert mit der Aufgabenstellung voranzukommen, eher geneigt, auf Kooperation zu verzichten. Sie waren allerdings im Endeffekt weniger erfolgreich als die Gruppen kooperierender Probanden. Aber nicht nur der eigene Erfolg und derjenige der zeitweiligen Partner sind geringer. Auch das Leben Unbeteiligter kann in Mitleidenschaft gezogen werden. Wie andere Untersuchungen ergeben, handeln »materialistische« Gruppen weniger nachhaltig als andere, was in diesem Beispiel zu einem kurzfristig zwar erfolgreichen, langfristig aber verheerenden Umgang mit natürlichen Rohstoffen geführt hat.[123]

Der materielle Wohlstand, den die kapitalistische Marktwirtschaft uns verschaffen kann, ist letzten Endes also nichts
wert, solange mit ihm eine ausschließlich auf das Materielle
gerichtete Vorstellung vom Wertvollen einhergeht. Sie lenkt
uns ab von wichtigeren, zentral-menschlichen Bedürfnissen.
Sie führt uns in die Passivität. Sie macht uns abhängig von
von außen kommenden Reizen. Sie führt uns heraus aus den
existenziell wichtigen zwischenmenschlichen Beziehungen,
wie Robert Lane besonders betont.

»Die Marktlogik verleitet den Materialisten dazu, Wohlstand anzuhäufen; mehr Wohlstand (oberhalb der Armuts-
schwelle) hat kaum eine Auswirkung auf das Wohlergehen.
Etwas an den Menschen, die für sich wählen (wenn man so
sagen kann), Materialisten zu sein, verbindet sich mit einer
geringen Lebenszufriedenheit. Materialisten, der Homo oeconomicus, ausgestattet mit den Fähigkeiten, die sie nach Auffassung der Ökonomen zu Gewinnern machen sollten, neigen
dazu, von Anfang an Verlierer zu sein.«[124]

Das überbetonte Materielle ist auf lange Sicht nur ein
schlechter Ersatz für das gute Leben. Das gute Leben finden
wir nicht, indem wir einer materialistischen Einstellung folgen, sondern indem wir Tätigkeiten suchen, die uns in sich
Freude machen, indem wir ihnen aktiv nachgehen und mit
ihnen unsere menschlichen Grundbedürfnisse erfüllen.

Der menschliche Charakter – sofern so etwas überhaupt
existiert – sieht offensichtlich ganz anders aus als das in unserer Wirtschaftsweise eingebackene Bild von ihm. Dass das
Letztere so stabil bleiben kann, liegt unter anderem an den
Verhältnissen, die es aufrechterhalten. Die ökonomische Bedeutung von Gemeinschaften beispielsweise ist heute in den
Industriestaaten so vergleichsweise gering, weil sie durch
das wirtschaftliche Wachstum unterminiert wurde, vermutet
Juliet Schor: »Wenn die Leute sich Dienste leisten können,
fragen sie seltener nach Unterstützung.« Die gegenseitigen
Versorgungsbeziehungen sind geschrumpft. Gemeinschaften
bilden sich heute eher um geteilte Interessen oder Tätigkeiten herum, die nichts mehr mit ökonomischen Abhängigkei-
ten zwischen den einzelnen Akteuren zu tun haben.[125]

Das ökonomische Menschenbild bleibt aber auch deshalb so stabil, weil sich Menschen stets unbewusst an einem Leitbild orientieren. Sie passen sich an eine sozio-ökonomische Struktur und die ihr innewohnenden Weltbilder an, erst recht, wenn sie mit einem Sanktionsdruck verbunden sind. Im Rahmen der Arbeitswelt beispielsweise verringert sich die Selbstaktivierung der Mitarbeiter, wenn man sie wie Nichtsnutze behandelt (siehe Kapitel 4). Ähnliches gilt für den Egoismus: »Offenbar ist die egoistische Natur des Menschen auch eine sich selbst bestätigende Prophezeiung: Behandelt man Personen, als seien sie eigennützig, werden sie es. Damit leisteten die Theorien über die grenzenlose Gier der Menschen genau dieser Gier Vorschub. Fraglos sind Geld und Machthunger starke Antriebe. Aber Menschen haben eben auch andere Motive: Mitgefühl etwa oder die Sehnsucht nach Lob und Zuwendung, nach Gemeinschaft und Sinn.«[126]

Nicht Gier konnte Wesley Autrey dazu verleiten, auf die Schienen zu springen, sondern Mitgefühl. Nicht Profitstreben konnte Petra Nagler auf die Idee bringen, ihre ganze Zeit dem Aufbau einer Erzeuger-Verbraucher-Gemeinschaft zu widmen, sondern Gemeinsinn und der Wunsch nach einem guten Leben. Menschen sind eben doch mitmenschliche Tiere.

Commons

Dass auch die Selbstversorgerinnen und Eigenarbeiter vom Gemeinsinn geleitet werden, kann nun nicht mehr überraschen. Peter Huth ist Teil einer gut funktionierenden ländlichen Gemeinschaft, die sich gegenseitig nachbarschaftlich aushilft und Produkte untereinander tauscht. Huth bekommt zum Beispiel Rindfleisch von seinen Nachbarn, da er selbst keine Rinder hat, dafür aber mehr Gemüse, als er verbrauchen kann. Alle Nachbarn zusammen benutzen einen großen Backofen im Dorf, um Brot zu backen.

Lisa Pfleger und Michael Hartl helfen auf der Hofanlage aus, auf der ihr Haus steht, holen sich dort Ratschläge und Hilfe für ihren eigenen Kleinsthof.

Im Haus der Eigenarbeit muss niemand allein an seinen Projekten arbeiten, alle können sich auf gegenseitige Hilfe, Motivation und die Unterstützung der Werkstattmitarbeiterinnen verlassen. Ein starkes Wir-Gefühl ist entstanden, wie Elisabeth Redler besonders hervorhebt, eine Solidarität unter Menschen, die das Gleiche wollen.

Ausgangspunkt des Tauschringes »Zeitpunkt« war einmal die gegenseitige Hilfe. Immer noch ist Solidarität sein oberstes Prinzip, eine über die Punktewährung vermittelte: Jedes Mitglied gibt allen anderen ein paar Möglichkeiten, gut zu leben, die sie ohne den Tauschring nicht hätten.

Selbstversorgung mit solidarischer Hilfe, Wir-Gefühl und der gegenseitigen Ermöglichung des guten Lebens kennt man auch in Oranienburg seit 1893. Seitdem existiert dort die Obstbaukolonie »Eden«. Das Himmelreich bei Berlin wurde zunächst als Genossenschaft mit 18 Mitgliedern gegründet und hat trotz aller Widernisse durch die jüngere deutsche Geschichte hindurch bis heute überlebt. Heute verfügt die Anlage über eine Obstmosterei, eine Bücherei, eine Veranstaltungshalle, einen eigenen Kindergarten, eine Schule, sie bietet verschiedene Dienstleistungen für private Gärten an und verkauft im eigenen Laden Reformwaren und Naturkost. Das alles schaffen die Mitglieder selbst organisiert seit nunmehr fast 120 Jahren.[127] Sie zeigen, wie dauerhaft die Idee der gemeinschaftlichen Subsistenz sein und zu welchen erstaunlichen Ergebnissen sie führen kann.

Subsistenz, auch wenn sie bisweilen die Anmutung haben könnte, sie würde von Menschen betrieben, die sich von allen anderen am liebsten absetzten, ist ohne Gemeinschaften kaum denkbar, sie wird aus der Mitte der Gesellschaft geleistet. Ein großer Teil der öffentlichen und privaten Subsistenztätigkeiten sind gemeinschaftsorientierte Tätigkeiten. Daniel Dahm, Nachhaltigkeitsforscher und Berater, schätzt ihren Anteil auf über 50 Prozent am Gesamtarbeitsvolumen. Alle Tätigkeiten, die Leben erhalten und Leben organisieren, unbezahlt und intrinsisch motiviert sind, zählen zur Subsistenz. Das können zum Beispiel auch Dienste am Menschen sein. Der Bereich selbst organisierter – das heißt nicht kommerziell organisierter – Fürsorge hat in den letzten Jahren eine

Vielzahl von zivilgesellschaftlichen Initiativen und neuen Formen der Selbsthilfe in Pflege und Betreuung, Bildung, Integration und Kultur hervorgebracht, die die bestehenden formellen Institutionen ergänzen. Auch Tätigkeiten, die an sich eher individuell und nicht auf den Mitmenschen ausgerichtet sind, führen letzten Endes Leute zusammen. »Eigenarbeit trägt eine vergemeinschaftende Dimension in sich. Selbermachen schafft Beziehungen: Man fragt, man sucht Hilfe, man berät sich. Eigenarbeit in und für die Gemeinschaft schafft wiederum Gemeinschaft.«[128] In summa: Alternative Versorgung beinhaltet immer auch Gemeinschaftsorientierung.

Eine Genossenschaft könnte nicht im Interesse aller ihrer Angehörigen wirtschaften, wenn ihr nichts von dem gehörte, was sie zum Wirtschaften braucht. Eden in Privatbesitz: undenkbar. Das Gartenland, die Mosterei- und Schulgebäude, die Wege gehören der Genossenschaft, sprich allen Mitgliedern gleichermaßen. Die Idee gemeinsamen Wirtschaftens schlechthin ist auf gemeinsamen Besitz und geteilte Verfügungsrechte angewiesen – auf Gemeingüter. Das können materielle Gemeingüter sein oder auch immaterielle.

Im Haus der Eigenarbeit beispielsweise stehen alle Werkzeuge und Maschinen zum gemeinsamen Gebrauch bereit. Die Besucher tragen die Kosten für Verbrauchsmaterial und Verschleiß über einen Unkostenbeitrag mit. Zusammen mit den Maschinen und Materialien bekommen sie ein Know-how gestellt, das ebenfalls wie ein Gemeingut funktioniert. Auch in FabLabs werden Baupläne und Gebrauchsanleitungen als Software frei zur Verfügung gestellt. Jeder, der kommt, kann auf die Informationen zurückgreifen, die er benötigt, um mit den Fabbing-Maschinen zu bauen, was er möchte. Der freie, allgemeine Zugriff auf informationelle Gemeingüter ist integrativer Teil der Fabbing-Idee. Auch Orte wie eine Wiese im Park sind Gemeingüter. Ich kann dort jederzeit ein oder zwei Quadratmeter für mich beanspruchen, um mich hinzulegen, zu essen, zu lesen oder meine Socken zu sortieren, niemand wird das beanstanden. Sobald ich den Platz wieder räume, ist er frei, um von der nächsten Parkbesucherin auf ihre Weise genutzt zu werden.

Ein Vorteil von Parks und Bauplänen (neben ihrer offenen Zugänglichkeit): Sie nutzen sich nicht ab. Die Wiese muss natürlich gepflegt werden, aber der Platz im Freien an sich ist unverbrauchbar. Das heißt, dass nach dem Gebrauch durch den einen Nutzer die Ausgangsbedingungen für den nächsten wieder die gleichen sind wie vor der Nutzung (Verschmutzungen und Verschleißspuren sollten selbstredend beseitigt werden).

Der Gedanke einer geteilten Nutzung wichtiger Versorgungsgüter ist sehr alt. Aus dem Mittelalter kennen wir noch das Prinzip der Allmende: Neben den zu einzelnen Höfen gehörenden Parzellen gab es oft Wiesen, die für alle Bewohnern eines Dorfes zur Beweidung freigegeben waren. Damals war weniger der Besitz (alles Land gehörte ohnehin dem Lehnsherrn) als vielmehr das unterschiedliche Nutzungsrecht der springende Punkt. Heute, wo der allergrößte Teil des bebaubaren Landes, aber auch der handwerklichen und industriellen Nutzflächen sowie der materiellen und immateriellen Produktionsmittel in privater Hand ist, sind die Gemeingüter seltener geworden. Gerade jetzt wird man sich ihrer Bedeutung allerdings wieder bewusst. Im Rahmen der solidarischen Ökonomie oder der Ökonomik der Nachhaltigkeit wird die Frage der »Commons« intensiv diskutiert. Sie kommt auch im Wirtschafts-Mainstream zu neuen Ehren. Die US-amerikanische Ökonomin Elinor Ostrom konnte im Jahr 2009 den Nobelpreis für Wirtschaft dank ihrer Arbeiten über lokale Allmendeprobleme gewinnen.

Die Probleme, die die Diskussion um die Commons aufwirft, sind zentral für die nachhaltige Wirtschaftsordnung, die wir weltweit anstreben sollten. Ein Gemeingut ist eines, über dem ein geteiltes und gleiches Verfügungsrecht liegt. Zweitens wird dieses Recht an den Einzelnen nur jeweils zeitlich befristet vergeben. Das ist der entscheidende Unterschied zum privaten, andauernden Nutzungsrecht. Das Private setzt die Privation, das heißt im ursprünglichen Wortsinne die Aneignung zwecks exklusiver Nutzung, voraus. Drittens werden die Gebrauchsregeln durch die Gemeinschaft selbst bestimmt. Damit sind Gemeingüter mehr als bloß eine andere Art von Ressource, eine, die eben auf eine kollektive

Weise dem Wirtschaftskreislauf übereignet wird. Beim Thema Gemeingüter »geht es nicht um die Ressourcen an sich, sondern um eine besondere Form der Sozialbeziehungen, die im Umgang mit einer gemeinsam genutzten Ressource geknüpft werden«.[129] Es geht um die Fähigkeit eines Kollektivs, Regeln auszuhandeln und durchzuhalten, solidarisch und gerecht zu handeln und gleichzeitig den Nutzen der Mitglieder im Auge zu haben. Das klingt nicht ohne Grund nach den ursprünglichen genossenschaftlichen Idealen.

Gemeingüter stellen die Frage: Was soll allen gleichermaßen zugänglich sein? Brauchen wir davon wieder mehr nach Jahrhunderten, in denen das meiste in privaten Besitz überging? Letztlich: Was sollte jedem zugestanden werden als anerkannt notwendiger Teil seines jeweils eigenen Zugangs zu einem guten Leben?

Der eine braucht die Wiese zu einem guten Leben, die andere mehr Stunden in der Metallwerkstatt. Nach den sehr unterschiedlichen Bedürfnissen wird es auch verschiedene Gemeingüter und speziell abgestimmte Nutzungsrechte geben müssen. Welche das sein werden, ist nicht am grünen Tisch zu entscheiden. Eine gute Begründung für die Notwendigkeit, einem bestimmten Gut den Status des Gemeingutes zu verleihen oder zu erhalten, könnte seine Funktion für ein gutes Leben sein. Wenn die alte Fabrikhalle den Bewohnern des Stadtviertels ermöglicht, Versammlungen und Veranstaltungen abzuhalten, was sie vorher aus Mangel an geeigneten Räumlichkeiten nicht konnten, dann ist es wünschenswert, sie kollektiv als Bürgerhalle zu übernehmen. Was Lebensspielräume vieler erweitert (ohne die Spielräume anderer einzuschränken), ist potenzielles Gemeingut.

Die Gemeingüter haben Zukunft, wenn sie kreativ weiterentwickelt werden. In der Vision der Peer Production (siehe Kapitel 3) wird das getan. Das Netzwerk der Teilnehmer produziert in gemeinschaftlichen Produktionsstätten (zum Beispiel Fabbing-Werkstätten). Sie stellen Baupläne, Materiallisten und Verwendungshinweise der Produkte, die sie selbst entwickelt haben, in Form von Dateien öffentlich zur Verfügung. Enthalten sind auch Listen der benötigten Maschinen, die der eigene Rechner sofort mit der Liste der Werkstätten verknüpfen kann, die solche Maschinen im Repertoire haben. Ich weiß also sofort, wohin ich gehen muss, wenn ich etwas benötige, gehe dann dorthin und baue es mir. Irgendwann könnte es dann möglich sein, die Maschinen für die Werkstätten nicht länger extern anzuschaffen, sondern sie in eben jenen Werkstätten selbst herzustellen. Der Kreis wäre geschlossen – wenn man auch die natürlichen Ressourcen als Gemeingüter betrachtet, die gemeinsam genutzt und gepflegt, statt privat angeeignet werden. Jeder könnte freien Zugriff auf alle denkbaren Produkte haben. »Auch wenn wir noch am Anfang stehen«, prognostiziert Christian Siefkes, einer der Proponenten der Peer Produktion, »zeichnen sich Elemente einer postkapitalistischen, auf Kooperation und Gemeingütern basierenden Produktionsweise bereits ab.«[130] Eine Wirtschaft der Gegenseitigkeit wächst heran.

6 RÄUME ZUM LEBEN

Ein junger Mann im schwarzen T-Shirt, modern-wüstes Blondhaar, er läuft schnell, sprintet fast, er hat nur noch ein kurzes Stück vor sich, gleich wird er die niedrige Mauer erreichen, hinter der der Niedergang zur U-Bahn in die Tiefe führt, er läuft weiter, verzögert trippelnd, springt jetzt, der Fuß berührt nur kurz die Mauerkrone, ein Satz, und er steht auf der gegenüberliegenden Schmalkante, die Treppe hinter sich. Für einen Augenblick nimmt er Maß, dann fällt er vornüber, rollt sich im Gras ab, läuft schon wieder, setzt mit einem Bocksprung über einen Verteilerkasten, läuft, flankt über ein Geländer, nein, hält sich fest im Sprung, der Körper schwingt herum wie der eines Reckturners, die Hände greifen ein anderes Geländer, der Mann ist erneut auf den Beinen, noch bevor man versteht, was passiert, springt affenhaft über den nächsten Abgrund, seine Fingerspitzen klammern sich gerade noch an der Kante der Ziegelwand fest, die Fußspitze findet eine Ritze, dann ist er oben, spaziert zwei Schritte auf der schmalen Mauerkrone entlang. Mit einem Salto verschwindet er auf der anderen Seite.

Eine Geistererscheinung trüge sicher keine neuen Laufschuhe, der junge Mann ist echt. Dennoch wirkt seine Mischung aus Boden- und Geräteturnen, Breakdance und Fassadenklettern seltsam fehl am Platz mitten in der Innenstadt. Vielleicht wird sie das aber nicht mehr lange tun. Freerun findet immer mehr Freunde. Und die Stadt ist für die jugendlichen Freerunner kein zufällig gewählter Ort. Sie brauchen die Stadt, ihre Architektur, ihre Mauern, Wände, Treppen, Bänke, Handläufe, Maste. Die Stadt ist ihr Lebensumfeld und die Quelle ihrer Lebensäußerungen. In der Stadt entstand Freerun überhaupt erst.

Zuerst in den Pariser Banlieues: Ende der 80er-Jahre entwickelten die Pioniere wie David Bell und Sébastien Foucan einen neuen Bewegungsstil, der bestehende Sportarten zu einer überraschenden Melange verschmolz: klassischen Hindernislauf, asiatische Kampfkunst, Gymnastik. Sie beriefen sich dabei auf George Hébert und seine »Methode der natürlichen Körperkultur«, in der das Training an Hindernissen eine tragende Rolle einnimmt. So entstand auf den Spielplätzen und Straßen der Pariser Vorstadt »Freerun«, oder »Parkour«, und breitete sich von dort über die Welt aus.[131]

Für die zumeist unfreiwilligen Zuschauer mag es wie Sport aussehen, für manche Freerunner auch reine Freizeitbeschäftigung sein – Parkour ist jedoch in erster Linie eine Lebensauffassung, die tiefer reicht als in die Perfektionierung körperlich anspruchsvoller Tätigkeit. Die Bewegung hat sich selbst ein Zeichen gegeben, an dem ihre Mitglieder sich erkennen können, eine Glyphe, die wie ein chinesisches Schriftzeichen aussieht, tatsächlich aber selbst erdacht, designt und mit Bedeutung aufgeladen ist (und sogar als Markensymbol des Netzwerkes Urban Freeflow eingetragen ist). Das komplexe Symbol vereint Bedeutungen wie körperliches Können und Bewusstheit der eigenen Fähigkeiten in sich, steht daneben für Prinzipien wie Gleichgewicht, Gleichheit und Einfachheit.[132] Parkour ist mehr als Sport, es folgt einer Philosophie.

Für den Einzelnen ist Parkour eine Möglichkeit, seine physischen und mentalen Stärken zu finden. Für die Gruppen der »Traceure«, wie sie sich selbst auch nennen, führt diese Stärke zu einem ganz neuen Umgang mit dem öffentlichen Raum. Wo Jugendliche ihn bisher ohnehin stets zweckentfremdet haben, deuten die Freerunner ihn komplett um. Hindernisse werden begangen, ignoriert, genutzt, willkommen geheißen. Wo Passanten Mauern und Gräben sehen, ein Beton gewordenes Regelwerk, dem zwangsweise zu folgen ist, sehen Traceure ihren eigenen Weg.

Sie unterlaufen damit das geplante Raumkonzept der Städte und zeigen den Stadtplanern eine Nase. »Wenn sich die Anhänger von Parkour fließend *über, unter* oder *durch* jegliche Art von Hindernis bewegen, gilt ihr Credo dem Erlangen maximaler Freiheit in der geplanten Umgebung. Im *Freilaufen* der von Architekten und Behörden festgelegten Regeln werden Mauern und Zäune, Kanten und Geländer zu einer Art frei verfügbarem Mobiliar.«[133] Die Stadt und all ihr baulicher Inhalt wird zu reinem Rohmaterial für immer neue Erfindungen von oft halsbrecherischen Bewegungsabläufen. Die ursprünglichen Funktionen der vorgefundenen Bauteile ignorieren die Traceure vollkommen. Was zählt, sind der Fluss der Bewegung, die Herausforderung und das Wachsen daran.

Städte sind – dort wo sie nicht einfach wuchern – auf effizientes Funktionieren hin geplant. Straßen, Ampeln und Begrenzungslinien lassen Fahrzeuge nicht einfach fahren, sie leiten den Verkehr. Zäune, Wände und Mauern demonstrieren Zugangsrechte und setzen sie durch. Personenströme bewegen sich entlang der ausgewiesenen Routen. Mit anderen Worten: Die ganze architektonische Gestalt einer Stadt ist der physische Ausdruck von Regularien, einer Struktur. Diese *Vorstellung* von Stadt unterminieren die Freerunner. Sie finden ihre eigenen Zugänge, Routen und Stromlinien. Ihnen folgen sie mit der Effizienz, die ihre Philosophie ihnen nahelegt, mit den möglichst schlichten, aber wirksamen Bewegungen ihres Körpers.

Schule der Stadtgesellschaft

Die Traceure verändern die Stadt nicht, sie gestalten sie nicht um (wie das zum Beispiel Sprayer tun). Sie deuten sie um und holen sich so ein Stück Lebensraum zurück, der ganz ihren eigenen Vorstellungen und Haltungen entspricht. Sie nehmen sich das Recht auf ihre eigene Stadt. Was sie tun, ist eine Form der Selbstermächtigung.

In der Stadt stoßen die unterschiedlichsten Bedürfnisse, Nutzungs- und Verwertungsinteressen aufeinander. Der eine will Waren verhandeln, der andere einen Anbieter für eine bestimmte Dienstleistung konsultieren; die eine will eine Straße zum Durchfahren benutzen, die andere zum Spazierengehen. Das Panoptikum von Interessen stört die reibungslosen Abläufe in dem komplizierten Organismus, den eine Stadt zweifelsohne darstellt, nicht im Mindesten, er ist so eingerichtet, dass sie allen nachkommen kann. Das hat auch mit Macht zu tun, Macht, die einige wenige haben und die von den vielen als zu dem reibungslosen Ablaufen dazugehörig hingenommen wird. Ob die Macht nun auf demokratischer Legitimation beruht, etwa wenn die Stadtverwaltung entscheidet, dass ein Platz einer Durchgangsstraße weichen muss, oder ob sich die Legitimation auf die Sachzwänge des Marktes beruft, ist zweitrangig. Zeitweise regt sich bei den weniger Mächtigen ein Bewusstsein dafür, dass die Stadt prinzipiell allen Bürgern gehört, dass sie ihrer aller Lebensraum ist und von ihnen gemeinsam gestaltet werden kann.

Die Freerunner fühlen das Stadtbewusstsein als Gestaltungsfreiheit und leben es physisch aus. Die »Urbanauten« dagegen gehen intellektuell an die Sache heran. Ihr Ziel ist »ein grundlegender, stadtübergreifender Diskurs über die Gestaltung und Funktion der öffentlichen Räume. Ein Diskurs, der die vielen einzelnen Phänomene in einen größeren Zusammenhang stellt, um eine neue Perspektive auf sie zu gewinnen.« Der öffentliche Raum, den sie gleichsam »neu erfinden« wollen, ist München, die Isarmetropole, in der sie alle leben. »Sie alle«, das ist ein Dutzend junger Leute, die meisten Anfang oder Mitte 30, Akademiker und Akademikerinnen, der Großteil hat Sozialgeografie studiert, andere Kunstwissenschaft, Architektur, Kulturwissenschaft oder Germanistik. Die Phänomene, um die es ihnen geht, sind vielgestaltig: Nutzung und Umnutzung öffentlicher Räume, Stadtgestaltung, öffentliche Kunst, Wohnentwicklung, lokale Identität, Wachstumsprozesse, Nachhaltigkeit und so weiter.[134] Unterm Strich aber ist es ihr Ziel, den Stadtraum wieder als Raum für Bürger zugänglich zu machen.

Begonnen haben sie damit, ihre Ideen unter sich zu diskutieren, schon bald aber suchten sie den Kontakt zur Öffentlichkeit. Sie ersannen dazu Aktionen, die zunächst einmal Aufmerksamkeit erregen, dann die Leute zum Stutzen bringen und schließlich von ihren Tagesgeschäften kurzfristig abbringen sollen. Wer stehen bleibt und schaut, unterhält sich vielleicht auch mit den Nebenleuten darüber, warum er sich gerade wundert. Schon entsteht kommunikative Öffentlichkeit, ein Raum, in dem Menschen miteinander in Kontakt kommen.

Das Konzept ging auf. Aktionen wie der »Kulturstrand« oder der »Corso Leopold« waren Erfolge und finden inzwischen sogar zum Teil regelmäßig statt. Eines der frühen Events war der »Stadtbalkon Hackerbrücke« im August 2005. Die Hackerbrücke spannt sich einen halben Kilometer vom Hauptbahnhof entfernt über die Bahngleise und wird von Autos und Fußgängern benutzt. Zwischen den stählernen Bögen hält sich kaum jemand länger als nötig auf. »Die beeindruckende Sicht auf die von der abendlichen Sonne beschienenen Dächer und Türme Münchens wird von den gehetzten Münchnern kaum wahrgenommen«, schreiben die Urbanauten auf ihrer Homepage. Das ändert sich an jenem 9. August schlagartig.

»Ca. 100 balkonbegeisterte Picknicker ausgestattet mit Essen, Trinken, Geranien, Sonnenschirmen und Sitzkissen verabreden sich kurz vor 18.17 auf der Hackerbrücke. Plötzlich geht die horizontale Bewegung der Menschen auf der Brücke über in die Vertikale und kommt zur Ruhe! Leute klettern an der Stahlkonstruktion der Brücke ein Stück hoch, machen es sich weiter oben gemütlich, immer mehr folgen. Nach ein paar Minuten sind auch Anzugträger mit schicken Sonnenbrillen darunter. Die Sommersonne strahlt auf die Szene. Schon zieren rosafarbene Geranien das sonst so graue Geländer der Brücke, Musik der EXPRESS BRASS BAND setzt ein und anderswo ist ein erstes Klingen der Augustinerflaschen zu vernehmen ... Bis 21.00 war die Hackerbrücke BALKON UNSERER STADT, ein großes dreidimensionales Sommerpicknick mit Traumblick auf die Züge, den Bahnhof und die Münchner Innenstadt.«[135]

Nicht alle Aktivitäten der Urbanauten sind so spektakulär und ziehen so viele Menschen an. Ihr ursprünglicher Debattierklub trifft sich noch immer, hat seinen Wirkungskreis allerdings um Vorträge und Seminare in der Stadt und an der

Universität erweitert. In ihren Fächern und Interessengebie-
ten schreiben die Urbanauten auch nach wie vor Forschungsarbeiten, Artikel und Diskussionspapiere, die sie zum Teil
einem breiteren Publikum zugänglich machen. Daneben planen sie ständig neue Veranstaltungen, Experimente und Aktionen. Mittlerweile werden sie dafür von der Stadt mit jährlich 33.000 Euro gefördert – für den Zweck »Kunst im öffentlichen Raum«.

Was sie tun, ist allerdings eher eine Rückführung des Stadt-
raumes in die bürgerschaftlich geteilte öffentliche Nutzung.
Dafür bedienen sie sich freilich unter anderem künstlerischer
Mittel, weil sie wissen, dass die gut geeignet sind, um die
nachhaltige Aufmerksamkeit der Leute zu erregen, etwa darauf, dass ihnen öffentliche Orte bestimmte Zwänge aufer-
legen, was sie in der Regel gar nicht bemerken: In Kirchen
verhält man sich schweigsam und still, auf Straßen bleibt man
nicht stehen. Orte bestimmen unser Verhalten. Benjamin
David, Gründer der Urbanauten, erklärt das Phänomen so:
»Da gibt es Kontrollsysteme und Normen, und zwar nicht nur
in Form von Gesetzen – oft sind es ›gefühlte‹ Regeln.« Die
Regeln wollen die Urbanauten sichtbar machen und zeigen,
dass jede auch Ausnahmen erlaubt, die eine freie Bürgerin
wahrnehmen kann, wenn sie bereit dazu ist. So werden ihre
Aktionen zu einer »Schule der Stadtgesellschaft« zum Wohl
jedes einzelnen Bürgers. Denn der langfristige Sinn aller Aktivitäten ist für die Urbanauten »nicht Gewinnmaximierung,
sondern persönlicher Wohlstand«, sagt David[136] – Wohlstand,
der mit der Gestaltung des eigenen Lebensraumes entsteht.

Röntgen mit der Taschenlampe

Benjamin David und seine Mitstreiter erfinden Möglichkeiten,
das gute Leben zu mehren. So dürfen wir ihn wohl deuten,
wenn er von »persönlichem Wohlstand« spricht. Sie wählen
dazu das Mittel der Selbstermächtigung und fordern aktiv
(durch körperliche Anwesenheit, ähnlich wie die Traceure)
ihre Mitwirkung an öffentlichen Prozessen in ihrem Umfeld,

in ihrer Stadt, ein. Sie wollen darüber mitentscheiden, was in München mit öffentlichen Räumen passiert, und dazu nicht den Umweg über die üblichen demokratischen Organe und ihre Vertreter gehen, sondern gleich mit der Raumnutzung beginnen, wie sie sie sich vorstellen.

Ein lebenswertes Umfeld gehört unbedingt zu den Erfüllungschancen eines guten Lebens. Wir müssen zum Beispiel Kontakt zu einer unvernutzten, ungeschädigten Natur haben (wie immer dieser Zustand im Einzelnen aussehen mag). Zu unseren Grundbedürfnissen zählt aber auch eine urbane Umgebung, die wir schätzen können, die uns keinen unnötigen gesundheitlichen Gefahren aussetzt und an deren Gestaltung wir Anteil haben können. Der Zugriff auf städtische Lebensräume darf deshalb nicht allein nach politischen oder wirtschaftlichen Interessen geregelt sein. Oft genug beklagen Bürger jedoch, dass genau das geschieht. Sie fühlen ihr Recht auf eine selbstbestimmte Rolle als gleichwertiger Teil ihrer Stadt eingeschränkt.

Der Eindruck unfairer Behandlung und Übervorteilung ist nicht immer bloß eine Auswirkung der ungleichen Verteilung von Machtpositionen. Selbst bei gutem Willen können Entscheidungsträger nicht fair handeln, wenn die Grundlagen ihrer Entscheidungen, die Rohdaten sozusagen, schon nicht mit der Realität übereinstimmen. Die Messinstrumente, mit denen Markt und Politik die Lage der Welt, einer Volkswirtschaft oder einer Stadtgemeinschaft auf Herz und Nieren prüfen, sind jedoch leider zum Teil hoffnungslos veraltet oder von vornherein ungeeignet gewesen. Dr. Oeconomicus kommt mit einer Taschenlampe zur Röntgendiagnose – und das, obwohl der Kernspintomograf längst erfunden ist.

Vor allem das Grundverständnis von Wohlstand, das jahrzehntelang sowohl die die Wirtschaft betreffenden politischen Entscheidungen als auch die ökonomische Forschung geprägt hat und bis heute prägt, gerät immer mehr in die Kritik. Es bildet nämlich allenfalls einen Ausschnitt aus dem ab, was an dieser Stelle »gutes Leben« betitelt wurde. »Wohlstand« wird nach dem Verständnis der herkömmlichen Wirtschaftspolitik und Ökonomik schlicht gleichgesetzt mit »Menge der umgesetzten Güter und Dienstleistungen«. Seine Maßeinheit ist das Bruttoinlandsprodukt oder BIP (früher Bruttosozial-produkt, BSP). Nach dem BIP wird bis heute der Wohlstand von Nationen bestimmt, die Gesamtsumme der Wertschöpfung innerhalb eines geografischen Raumes damit zur »Summe des Glücks« seiner Bewohner umgedeutet, ganz so, als wollte man den Utilitarismus (siehe Kapitel 1) auf die Spitze treiben. Wenn wir in den Nachrichten hören, dass es uns wieder besser geht, dann ist das BIP wieder um einige Promille angewachsen.

Eigentlich müsste uns schon stutzig machen, was dabei gemessen wird: nicht das Gesamt*gewicht* alles Produzierten (das wäre bei den Dienstleistungen schwierig), natürlich auch nicht die schiere *Anzahl* der Produkte (dann würden uns Büroklammern und Papier zu reichen Leuten machen). Gemessen wird die *Summe der Preise* aller Güter und Dienstleistungen. Nun könnte man einwenden, dass dann ja eine Preiserhöhung von ein paar teuren oder vielen umgesetzten Produkten ausreichen würde, um das BIP in ungeahnte Höhen zu treiben. Das ist allerdings nicht so, da Inflationseffekte aus dem Bruttoinlandsprodukt herausgerechnet werden, man bezieht sich auf neutrale Vergleichspreise. Viel gewichtiger ist dagegen die Frage zu werten, wie Preise denn überhaupt entstehen und inwieweit dabei der tatsächliche Nutzen für die Wohlfahrt jedes Einzelnen eine Rolle spielt. Ist die Eric-Clapton-CD wirklich doppelt so viel wert wie die alte Langspielplatte, obwohl doch die gleiche Musik drauf ist? Wieso kann ein Flug nach London heute zehn Euro kosten, wenn ich vor ein paar Jahren bei der gleichen Airline leicht das 30-Fache bezahlt habe? Warum kostet der Bus aber nur 2,10 Euro, obwohl er mich sicher und trocken durch den Regen bis zu meiner Lieblingstante bringt, wo ich einen sehr netten Nachmittag verbringe, was ich nicht gekonnt hätte, hätte ich zu Fuß gehen müssen? Ein Blatt Papier wiegt in Cent gemessen fast nichts, obwohl doch immerhin einige Gramm Holz (ein kleines Stück Wald also), literweise Wasser, elektrischer Strom und Arbeitskraft in seine Herstellung geflossen sind. Woher also sein Preis?

Das deutsche BIP misst alles, was innerhalb Deutschlands auf dem Markt angeboten wird, einen Preis hat und demgemäß von jedem, der diesen Preis zu zahlen bereit und in der

Lage ist, erworben werden kann. Es sagt etwas darüber aus, was wir haben können, es sagt wenig darüber, wie gut es uns geht. Wenn deklariert wird, dass »der Lebensstandard sich verbessert hat«, das BIP also gewachsen ist, fällt das Easterlin-Paradoxon unter den Tisch, die Tatsache also, dass eben jenes BIP und das Maß der Zufriedenheit der Menschen immer weiter auseinanderklaffen (siehe Kapitel 1). Das hängt damit zusammen, dass Zufriedenheit und Lebensglück (also der »gefühlte Wohlstand«) von sehr viel mehr Faktoren abhängen als dem Euro-Wert alles Kaufbaren.

Ob ich mich in meinem Wohnumfeld – um einmal beim Thema »Lebensraum« zu bleiben – wohlfühle, hängt viel eher von meinen Nachbarn ab, von dem, was ich aus meinen Fenstern sehe, und davon, wie gut alle für mich wichtigen Geschäfte und Einrichtungen zu erreichen sind, als von den Preisen meiner Wohnung, dem Mobiliar oder der Infrastruktur. Auf die gesellschaftliche Ebene gehoben: Der Wohlstand einer größeren Gruppe von Menschen besteht unter anderem darin, wie gut ihre Beziehungen untereinander sind, ob ausreichend lebenswerte Orte für sie vorhanden sind und wie mühelos sie sich mit dem Lebensnotwendigen versorgen können. Diese Faktoren sind immerhin zum Teil quantifizierbar (anders als das Wohlgefühl oder der Frust einer Menge einzelner Individuen). Sie sind deshalb der ökonomischen Forschung einigermaßen zugänglich und lassen sich zu alternativen Wohlstandsindizes zusammenstellen, die in die Bresche springen, die das BIP so lange vakant gelassen hat. Der Ökonom Hans Diefenbacher und der Nachhaltigkeitsforscher Roland Zieschank haben einen solchen Index entwickelt. »Gesellschaftliche Wohlfahrt«, schreiben sie, »ist in markanten Teilen nicht abhängig von wirtschaftlichem Wachstum. Unterschätzt werden die Wohlfahrtssteigerungen jenseits der ›Marktökonomie‹.«

Viele Tätigkeiten, die in die Gesamtwertschöpfung einfließen und für das gute Leben entscheidend sind, tauchen auf der BIP-Rechnung gar nicht auf. Wer die Welt nur durch die Brille des Bruttoinlandsprodukts sieht, verschafft sich also einen künstlichen Neglect, er sieht nur die Hälfte. »Das betrifft etwa ehrenamtliche Tätigkeiten und Hausarbeit«, sagt

Diefenbacher im Interview mit der Wochenzeitung *Freitag*. Mit anderen Worten: Der informelle Sektor beeinflusst die Höhe des BIP nur wenig. Dadurch, dass er aber über die Hälfte der geleisteten Arbeitsstunden ausmacht, entsteht eine gewaltige Verzerrung. Informelle Tätigkeiten, die direkt zum guten Leben beitragen, werden in der volkswirtschaftlichen Gesamtrechnung einfach ignoriert. Diefenbacher resümiert: »Über den tatsächlichen Wohlstand in einer Gesellschaft kann man aus dem BIP also nur bedingt etwas lernen.«

Der Neglect ist aber nicht der einzige Mangel des BIP-Indexes: Das Bruttoinlandsprodukt bewertet Kosten positiv, die ausschließlich durch die Regulierung von Schäden entstehen oder durch Faktoren, die »das Glück« der Menschen vermindern, nicht steigern. »Gesellschaftliche Wohlfahrt kann durch Wirtschaftswachstum teilweise sogar unterminiert werden.«[137] Hergestellt und auf dem Markt angeboten (und damit in die BIP-Summe integriert) werden zum Beispiel auch Filteranlagen für Ruß, Stäube und Schwermetalle, also Geräte, dessen einziger Sinn darin besteht, die Natur nicht dadurch ganz so arg Schaden nehmen zu lassen, dass andere Güter produziert werden. Fällt eine Filteranlage aus, muss jemand kommen, um sie zu reparieren – auch das eine Dienstleistung, die das BIP wieder ein kleines Stück in die Höhe treibt, allerdings ohne dass ein zusätzlicher Nutzen entstünde (die Filteranlage ist nachher immer noch dieselbe); dito die dabei verbrauchten Ersatzteile. Die Arbeit dagegen, die eine 60-jährige Frau leistet, um ihre Mutter zu Hause zu pflegen, wird weder vergütet noch über einen Markt organisiert und taucht deshalb in der BIP-Rechnung erst gar nicht auf. Genauso wenig erscheint dort der Verbrauch an Wasser und Luft, die in der Industrie für Kühlung, Reinigung, Transport oder als Rohstoff eingesetzt werden und den Produktionsprozess teilweise stark verschmutzt wieder verlassen.

Hilfe geben, Loyalität und Zuwendung empfangen und in Würde altern können gehören aber ebenso zur Lebensqualität wie eine unbeeinträchtigte natürliche Lebenswelt und der Schutz vor körperlichem Schaden durch verdreckte Grundstoffe. Das BIP ist nicht in der Lage, dem Rechnung zu tragen. Im Gegenteil: Zieht man vom BIP alle Kosten ab, die dadurch entstehen, dass der Schaden, den unser »Wohlstand« verursacht, abgewehrt oder gemindert wird, bleibt vom suggerierten steten Wachstum nichts mehr übrig. Diese sogenannten »Defensivausgaben« fallen auf die Habenseite des BIP. Wenn etwa hoch verschmutzte Industriebrachen mühsam »renaturiert« werden müssen oder Milliarden in die Heilung berufsstressbedingter Burn-out-Syndrome gesteckt werden müssen, ist das ein Segen für die ökonomische Bilanz. Diese Absurdität und die Tatsache, dass die (real kalkulierten) gesellschaftlichen Kosten für jeden kleinen Zuwachs an Güterreichtum immer weiter steigen, bringen die Kritiker auf die Palme. »Gemessen an der gesamtwirtschaftlichen Rationalität ist die industrielle Wirtschaft unwirtschaftlich geworden«, schreibt der Volkswirtschaftler und Wohlstandsforscher Gerhard Scherhorn und trifft damit die paradoxe Ökonomie mitten ins Herz. Unser »Nettowohlstand« ist in der aktuellen Phase des Kapitalismus mitnichten gestiegen. Das Wachstum des BIP, so schätzt Scherhorn, geht »seit den 70er-Jahren allein auf die Zunahme der Wohlstandskosten« zurück.[138] Unser »Wachstum« ist demnach nichts anderes als eine gigantische Augenwischerei. Der klare Blick auf ein gutes Leben wird uns verstellt durch einen monumentalen Güterberg.

In der Forscher- und Praktikerszene, die sich mit der Entwicklung nachhaltiger Wirtschaftsformen und der Kritik an der Fixierung auf Wachstum befasst, ist die Skepsis am Bruttoinlandsprodukt als Maß aller Dinge besonders groß. Das BIP ist stets mit dem Gedanken stetigen materiellen Wachstums verknüpft gewesen, der die expansive kapitalistische Wirtschaftsform seit jeher auszeichnet. Die Idee funktioniert nicht, wenden die Kritikerinnen ein, oder auch: Sie funktioniert zu gut. Zwar wächst die Menge dessen, was wir auf Märkten verhandeln, in der Tat ständig an, die Kosten für den Zuwachs werden jedoch unterschlagen. In der Ökonomik sagt man euphemistisch: »externalisiert«. Das heißt nichts anderes, als dass Ressourcen, die sich in absehbarer Zeit nicht wieder regenerieren werden, trotzdem verbraucht werden; Naturräume vernutzt werden ohne Rücksicht auf deren Überlebensfähigkeit; Millionen Menschen ihrer Subsistenzgrundlagen beraubt werden; soziale Ungleichheiten vergrößert oder neu geschaffen werden; ein globaler Klimawandel mit unabsehbaren Folgen eingeleitet wird. All diese Kosten tauchen auf dem BIP-Zettel nicht auf, sondern werden an nachkommende Genrationen, die »Dritte Welt«, die Fauna und Flora und so weiter (irgendjemand wird's schon nehmen) durchgereicht. Externalisierung ist ein weiterer selbst verordneter Neglect – damit das wirtschaftliche Wachstum weitergehen kann.

Sicherlich bringt Wirtschaftswachstum nicht nur den wenigen einen Nutzen, die daraus finanzielle und Machtvorteile schlagen. Es kann kurzfristige positive Effekte auf den Arbeitsmarkt haben und Jobs schaffen. Langfristig schafft es verbesserte materielle Lebensbedingungen: Viel mehr Menschen als noch vor 50 Jahren haben heute Kühlschränke und Autos, können ihre Kinder zur Schule oder zur Universität schicken. Der Preis ist allerdings hoch, wenngleich größtenteils externalisiert und damit unsichtbar. Eine reale Schätzung der Kosten würde vielleicht an den Tag bringen, dass sie unseren messbaren Wohlstand und unsere subjektive Zufriedenheit stärker mindern, als die materiellen Vorteile sie vergrößern. Doch nicht nur die Kosten bringen die Wachstumsvorzüge unterm Strich zurück auf null. Die US-Ökonomin Juliet Schor argumentiert in ihrem neuen Buch *Plenitude – The new economics of true wealth*, dass weder Vollbeschäftigung noch ein guter Lebensstandard ein als BIP messbares Wachstum benötigen: Die Produktivität, also die Effizienz, mit der produziert wird, mache den Unterschied. Im Verbund mit einer gerechten Wohlstandsverteilung und einer selbstbestimmten Nutzung des neuen Zeitwohlstandes könne mit weniger Arbeitsstunden und null Güterwachstum ein Anstieg der allgemeinen Wohlfahrt erzeugt werden.[139] Schors Vorstellung kommt den Lebensmodellen der Menschen, über die ich hier erzähle, sehr nahe. Alternative Kleinökonomien wollen mit globalem Wirtschaftswachstum in der Regel wenig zu tun haben.

Summa summarum sollten wir also nicht über das BIP sprechen, wenn wir über das gute Leben reden wollen. Das dämmert mittlerweile auch den politischen Entscheidungsträgern auf den höchsten Ebenen. Im November 2007 richtete das EU-Parlament die Konferenz »Beyond GDP«[140] aus, an der sich neben Parlament und Kommission auch die Vereinten Nationen, die OECD, der WWF, die Weltbank und der Club of Rome beteiligten. Im selben Jahr organisierte die OECD mit dem zweiten Weltforum unter dem Thema »Measuring and fostering the progress of society« eine eigene Veranstaltung zur Verständigung über neue Ansätze zur Messung der gesellschaftlichen Wohlfahrt. Die EU-Kommission wiederum empfiehlt seit Kurzem eine Ergänzung der Datengrundlage und Messziele des BIP. Sie stellt fest, die zukünftigen Aufgaben der Europäischen Union erforderten »umfassendere Indikatoren als den Anstieg des BIP, also Indikatoren, die präzise soziale und ökologische Fortschritte (wie sozialer Zusammenhalt, Verfügbarkeit und Erschwinglichkeit grundlegender Güter und Dienstleistungen, Bildung, öffentliche Gesundheit und Luftqualität) und Fehlentwicklungen (wie wachsende Armut, Anstieg der Kriminalität oder Erschöpfung natürlicher Ressourcen) einbeziehen«. Die EU-Kommission beruft sich dabei auf den sogenannten »Stiglitz-Report«, der 2008 von der französischen Regierung in Auftrag gegeben wurde. Die »Commission on the Measurement of Economic Performance and Social Progress«, die ihn ausgearbeitet hat, war hochkarätig besetzt, unter anderem mit den Nobelpreisträgern Joseph Stiglitz und Amartya Sen. Ihr Abschlussbericht stellt eingangs fest, dass die öffentliche Wahrnehmung der wirtschaftlichen Entwicklung und deren offizielle Messungen oftmals weit auseinanderfallen. Die Lücke sei auch mit psychologischen Effekten nicht zu erklären. Zu oft griffen die politischen Gremien mithin auf Instrumente zurück, die »kein verlässlicher Kompass« mehr sind. Die beteiligten Experten empfehlen schließlich, die Messung von Wohlstand und wirtschaftlicher Entwicklung weitgehend zu überdenken und verbesserte Indikatoren zu entwickeln.[141]

Das Überdenken geschieht bereits. In der jüngsten Zeit wurden an unterschiedlichen Stellen alternative Indizes erdacht, die alle versuchen, ein zutreffenderes Bild von Stand und Entwicklungspotenzialen menschlicher Wohlfahrt zu zeichnen. Die Stiglitz-Kommission hat einen eigenen Vorschlag entwickelt. Sie formuliert ihn in einer Reihe von Empfehlungen. Ihr Rat besteht zum Beispiel darin, die Messungen der Produktion innerhalb einer Volkswirtschaft durch Messungen des Verbrauches und des Einkommens der Akteure zu ergänzen; statt Volkswirtschaften als Ganzes den Privathaushalt als maßgebende Einheit zu wählen; Güter und Aktivitäten zu berücksichtigen, die nicht auf Märkten verhandelt werden; Lebensbedingungen und Fähigkeiten einzubeziehen und so fort. Die Liste nimmt sehr viele der Kritikpunkte am BIP auf, die sich im Laufe der Zeit aufgehäuft haben.[142]

Aus Diefenbachers und Zieschanks Feder stammt der »Nationale Wohlfahrtsindex (NWI)«, der sich als Ergänzung zum BIP um Aspekte einer nachhaltigen Wirtschaftsweise versteht. Er lenkt den Blick daher unter anderem auf die Einkommensverteilung, den informellen Sektor, den längerfristigen Nutzen von Gebrauchsgütern sowie auf Unfälle, Umweltverschmutzung und den Pendelverkehr mit ihrer wohlfahrtsmindernden Wirkung.[143]

Bereits Anfang der 90er-Jahre haben der pakistanische Ökonom Mahbub ul Haq und Amartya Sen im Rahmen eines Projekts des United Nations Development Programme (UNDP) einen »Human Development Index (HDI)« formuliert. Ganz im Geiste von Sens Befähigungsansatz fokussiert der HDI auf die Menschen und was sie sein und erreichen können. Ziel jeder wirtschaftlichen Entwicklung sei es, menschliche Freiheiten und Fähigkeiten zu erweitern. Was zum Leben gebraucht wird – Nahrung, Gesundheit, Bildung etc. –, sollte als Zweck gewertet werden, der keiner weiteren Begründung bedarf. Weder die Zwecke noch der Mensch selbst sollten zu reinen Produktionsfaktoren degradiert werden, was in herkömmlichen Ansätzen der Ökonomik und der wirtschaftlichen Praxis aber geschehe, so die Kritiker. Lebensmittel gerönnen dort zu Investitionen in das Humankapital Mensch und würden dementsprechend nach ihrem »Return on Investment« beurteilt. Der HDI will dem entgegenwirken.[144]

Ebenfalls bereits betagter ist der von Herman Daly und John Cobb initiierte »Index of Sustainable Economic Welfare (ISEW)« (der inzwischen zum »Genuine Progress Indicator

(GPI)« weiterentwickelt wurde). Er orientiert sich ebenso wie der NWI an einer nachhaltigen Entwicklung, benutzt zum Teil ähnliche Teilindikatoren und war ursprünglich ebenfalls als Ergänzung zum BIP gedacht.[145]

Anhand des NWI und des ISEW wird besonders deutlich, wie weit BIP und echte Wohlfahrt auseinanderklaffen, da sie sich gut mit dem BIP vergleichen lassen. Die folgenden Schaubilder demonstrieren, wie sich die Zahlen im direkten Vergleich auseinanderbewegen.

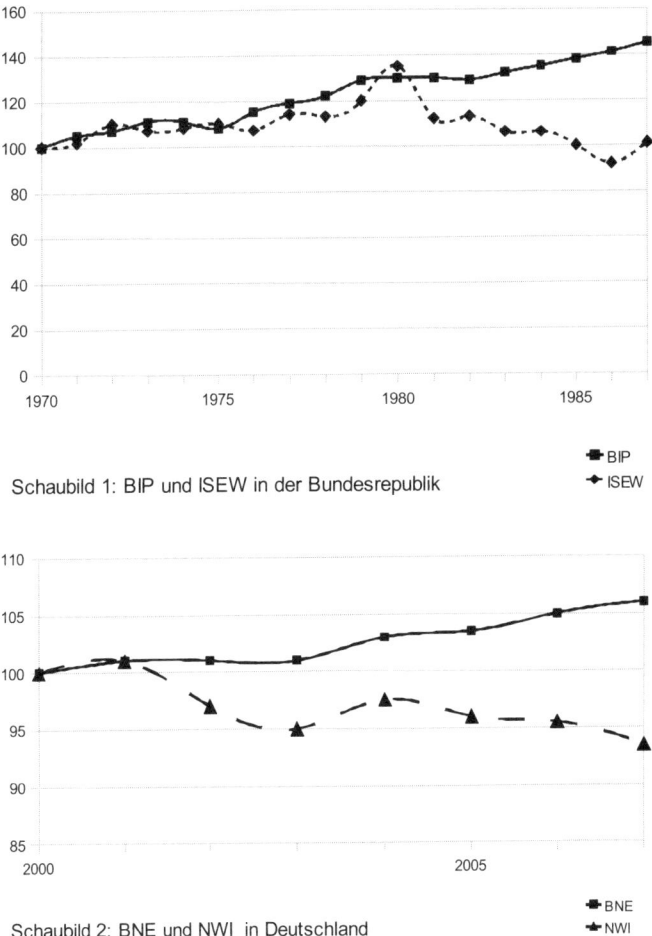

●■ BIP
◆ ISEW

Schaubild 1: BIP und ISEW in der Bundesrepublik

●■ BNE
▲ NWI

Schaubild 2: BNE und NWI in Deutschland

Das Schaubild zeigt die Entwicklung des Bruttoinlandsproduktes der Bundesrepublik Deutschland in den Jahren 1970 bis 1987 im Vergleich zu der des ISEW der BRD für den gleichen Zeitraum. Der Anschaulichkeit halber sind die Zahlen auf Prozentwerte heruntergerechnet, 1970 wurde als Vergleichsjahr mit dem Wert 100 gesetzt. Ein ähnliches Bild ergibt sich für das NWI der Jahre nach 2000 (Schaubild 2). Auch hier wurde 2000 = 100 gesetzt. Vergleichsgröße ist das Bruttonationaleinkommen (BNE), das sich direkt aus dem BIP herleitet.[146]

Beide Schaubilder zeigen zweierlei sehr deutlich: Das Bruttoinlandsprodukt steigt abgesehen von kurzen Zeiten der Krise kontinuierlich an (die erste Ölkrise 1973, die Auswirkungen der zweiten Ölkrise nach 1979, die geplatzte Dotcom-Blase nach 2001). Die anderen Indikatoren nehmen dagegen einen anderen Weg. Der ISEW hält bis etwa 1980 noch mit, danach fällt er dramatisch ab. Diesen abrupten Abfall der Lebensqualität kann man im Übrigen für denselben Zeitpunkt bei mehreren der sogenannten entwickelten Länder beobachten: den Niederlanden, Österreich, den USA. Nur in Großbritannien setzt er schon früher ein.[147] Ebenso flagrant sind die Unterschiede zwischen BIP und NWI in späteren Jahren. Was bei ISEW und NWI gleichermaßen auffällt, ist: Auch wenn das Bruttoinlandsprodukt steigt, stagniert oder fällt der jeweils andere Index.

Der Vergleich bestätigt unterm Strich also, dass die herkömmlichen Messungen des »Wohlstands« in Wahrheit kaum etwas über das gute Leben aussagen können. Diese Taschenlampe sollten wir besser abschalten und uns der moderneren Diagnostik zuwenden, wie mithilfe der alternativen Indizes gefordert wird.

Es ist eure Stadt: Begrünt sie!

Die Beharrungskräfte mögen noch so groß gewesen sein: Und sie bewegt sich doch – die überalterte Vorstellung, das gute Leben könne sich nach Preissummen bemessen lassen. Das könnte unter anderem bedeuten, dass auch die Orte, an denen wir leben, endlich eine Bedeutung für die volkswirtschaftliche Gesamtrechnung bekommen. Wie weit die Einsicht reicht, sei noch dahingestellt. Werden Lebensräume als Teil der Wertschöpfungskette konzipiert, könnten sie weiter der alten Verwertungslogik unterliegen. Lediglich die Preise für Verschmutzung, Verbrauch, Abnutzung würden dann vielleicht realistischer kalkuliert beziehungsweise überhaupt eingerechnet. Ein ganz anderer Zugang ergibt sich, wenn man Lebensräume als Bestandteil oder Quelle eines guten Lebens versteht. Das würde bedeutet, sie einer ökonomischen Nutzung durchaus einmal zu entziehen.

Das Spektrum der Zugangsweisen spiegelt sich in den unterschiedlichen Motiven pro Erhalt der natürlichen Lebenswelt, der »Umwelt«, wider. Wir können Natur erhalten wollen, weil sie uns als Ressourcenquelle dient; weil wir sie als Erholungsraum brauchen; weil sie unseren ästhetischen Sinn anspricht; oder aus weiter gefassten ethischen Gründen: aus einem eher anthropozentrischen Weltbild heraus (Natur ist bewahrenswert, weil wir aus ihr stammen und in ihr leben) oder einem biozentrischen (Natur ist an sich bewahrenswert). All diese Motive sprechen mehr oder weniger stark Funktionen der natürlichen Umwelt für die Wohlfahrt des Menschen an. Das gute Leben hängt an unserem Lebensumfeld, so weit scheinen sich alle einig zu sein.

Die *menschengemachte* Umwelt, darin vor allem unsere Ansiedlungen, bleiben auch in den neueren Wohlfahrtsrechnungen unterbelichtet. Das ist schade, denn gerade die Stadt – das zeigen uns die Traceure und die Urbanauten – hebt einen Faktor des guten Lebens hervor, der schnell vernachlässigt wird: die Selbstbestimmung. Die Traceure bahnen sich ihren höchsteigenen Weg durch die Stadt, die Urbanauten setzen Kristallisationspunkte für eine freie, bürgerschaftliche Nutzung öffentlicher Räume. Beide scheren sich nicht darum, wozu Straßen, Plätze, Brücken und Wände geplant sind oder welche Nutzungsrechte auf ihnen liegen. Kein Traceur geht erst zum Katasteramt oder der Rechtsberatung, bevor er die Schuhe schnallt. Damit sind sie den vielen Grünfreunden verwandt, die in Baulücken ihre Nachbarschaftsgärten eröffnen. Auch sie kümmern sich nicht um den Zweck, den der Inves-

tor für das Gelände vorgesehen hat, ihnen sind ihre Gemeinschaft und ein Stück selbst gemachtes Grün wichtiger.

Sie werden zur Not auch mittels Protest aktiv, wenn es an
ihre Gärten geht. Noch provokanter treibt es eine andere Bewegung, der es ebenfalls darum zu tun ist, Stadtraum zu begrünen. Schon ihr Vokabular ist martialischer: Sie werfen
Bomben. Allerdings dorthin, wo es keinem wehtut. Verletzen
werden sie per se niemanden, bestehen die Bomben doch aus
Lehm, Muttererde und Blumensaat.

Guerilla-Gärtner sind keine Terroristen. Ihr Ziel ist nicht,
Angst zu verbreiten, sondern im Gegenteil: die Stadt lebenswerter zu machen. Also werfen sie ihre Saatbomben über Ma-
schendrahtzäune auf brachliegende Grundstücke und begrünen in Nacht-und-Nebel-Aktionen Verkehrsinseln oder die
Straßenrandstreifen in ihrem Viertel mit Blumen und Nutzpflanzen. Sie pflegen ihre Anpflanzungen, solange die öffentlichen Ordnungsstifter sie lassen. Sie harken, gießen, jäten
und ernten Samenkapseln für neue Saatbomben.

»Guerilla Gardening« hat in den 70er-Jahren in den USA
seinen Ursprung genommen und vor wenigen Jahren nach
Paris, London, New York, Toronto oder Vancouver nun auch
Deutschland erreicht. Minimal definiert bedeutet es »das
selbstbestimmte und nicht ausdrücklich autorisierte Bepflanzen von nicht eigenen, öffentlichen und nicht anderweitig genutzten Flächen«.[148] Wie andere stolze Gärtner auch zeigen
die Gartenpiraten gerne her, was sie geschaffen haben. Fotos von eigenhändigen Begrünungen sind auf den einschlä-
gigen Webseiten zu sehen, etwa auf gruenewelle.org oder
guerillagardening.org. Dort kann jeder Zeuge werden, wie
Mohn, Lavendel oder Fetthenne Baulücken oder Baumscheiben (dem meist kreisförmigen knappen Quadratmeter Erde
um einen Straßenbegleitbaum herum) ihre Tristesse nehmen
und zu Orten machen, an denen man gerne einen Liegestuhl
und einen Grill aufstellen würde – was manche auch prompt
tun. Alles, was brachliegt, ist ein potenzielles Ziel im Kampf
um noch ein kleines bisschen mehr Nutzen für die Stadt-
leute.

Mitmachen kann jeder, Voraussetzungen gibt es keine,
auch keinen Verein, der Voraussetzungen überwachen könn-

te. Eine Kurzanleitung zum Protestgärtnern kann man im Internet nachlesen:

1. Halte Ausschau nach einem verwahrlosten Stück Land, vorzugsweise in der eigenen Nachbarschaft. In Berlin eignen sich besonders gut Baumscheiben, Brachflächen und ungenutzte Pflanzkübel.
2. Entscheide, was du anpflanzen möchtest und ob deine Wahl Sinn macht. Zähe Gewächse und schnell wachsende Blumen geben gute Erfolgserlebnisse für den Anfang.
3. In Gemeinschaft macht's mehr Spaß – finde Verbündete! Sprich mit Freunden und Nachbarn!
4. Lege deinen Garten an. Eventuell musst du noch ein bisschen Blumenerde mitbringen und auf jeden Fall nach dem Einpflanzen angießen!
5. Manchmal macht es Sinn, sein Gärtchen gegen die Herausforderungen des Stadtlebens zu schützen, zum Beispiel mit einem kleinen improvisierten Zäunchen gegen Hunde oder Füße.
6. Pflege dein Gärtchen mit Liebe! Geh regelmäßig hin und gieße.
7. Wenn mal was anders läuft als gewünscht, lass dich nicht entmutigen! Sprich mit anderen Anwohnern! Die meisten werden deine Aktion toll finden und dich mindestens moralisch unterstützen. Und manche machen vielleicht gleich mit! [149]

Daneben gibt es eine sehr skrupulöse Anleitung in bewegten Bildern zur heimischen Herstellung von Saatbomben auf YouTube.[150]

Die Motive der Gartenpiraten sind vielschichtig. Sie werden sicherlich getragen von der Grundeinstellung aller Aktivisten: Sie wollen nicht tatenlos klagen, sondern eigenhändig etwas zum Positiven verändern. Auch warten sie nicht auf eine große Ideologie, sie legen einfach los. Darüber hinaus sind die Gründe, mit dem Guerilla Gardening anzufangen, aber durchaus unterschiedlich. Die eine lockt das gemeinsame Tun in der Gruppe, die Verbindung zu Leuten mit demselben Anliegen, den anderen die Möglichkeit zu kreativem Ausdruck.

Naturerfahrung selbst zu machen oder anderen zu ermöglichen kann genauso ein Motiv sein wie der Stolz auf das mit
den Aktionen Erreichte. Manchmal, gerade in den ärmeren
Vierteln, trägt das wilde Gärtnern sogar zur Grundversorgung mit Nahrungsmitteln bei.[151]

Das übergreifende politische Motiv ist jedoch der Widerstand gegen die Kommerzialisierung und Privatisierung des
öffentlichen Raums. Hierin gleichen sich Guerilla Gardening
und urbane Subsistenzbewegung. Baumscheiben bepflanzen
und die jahrelange Auseinandersetzung um die »Rosa Rose«
(siehe Kapitel 2) stehen in dieser Hinsicht in einer Reihe. Es
sind nur oberflächlich betrachtet Geschichten, in denen der
David des Bürgerprotestes einen kurzen, heftigen Kampf um
ein Stück Lebensraum gegen den bösen Kapitalisten-Goliath
führt und verliert. Ganz so simpel ist die Sache nicht. Der
Sinn hinter der grünen Guerillataktik geht wesentlich tiefer.
Sie ist buchstäblich eine Grassroots-Idee. Das wilde Gärtnern
geht in seinem Anspruch weiter als ein punktueller Protest
gegen einzelne Investoren aus einem romantischen Impuls
heraus. Indem es die Natur zurück in die Städte holt, geht es
gegen die Natur der Marktwirtschaft selbst an.

Privatisierung ist ein intrinsischer Bestandteil des Kapitalismus. Kapitalistische Güterproduktion und Wohlstands-
akkumulation bauen auf dem Besitz und der Vermehrung
von privatem Eigentum auf. So sind auch große Stadtflächen,
die ehedem der gemeinsamen Nutzung überlassen waren,
heute in privatem Besitz (zum Problem der Gemeingüter siehe Kapitel 5). Für den einzelnen Bürger gehört zu einem guten Leben aber unter anderem die Erfahrung, mit anderen
gemeinsam in dem von allen geteilten Lebensraum wirken zu
können und solidarische Arbeit zu leisten, die über die ge-
trennten Individuen hinaus einen umfassenden Nutzen erbringt. Zweitens ist auch die Fähigkeit, Anteil nehmen zu
können an der lebendigen Tier- und Pflanzenwelt, eines der
menschlichen Grundbedürfnisse. Liegen Flächen ungenutzt
in Privatbesitz, die eigentlich Nachbarschaftsgärten sein
könnten, hindert der Besitzer – ob er will oder nicht – die Gemeinschaft daran, die Grundbefähigungen der solidarischen
Tätigkeit und der Naturerfahrung voll zu erreichen. »Durch

die zunehmende Privatisierung des öffentlichen Raumes wird
es immer schwieriger, sich in der Stadt an angenehmen Orten aufzuhalten, ohne Eintritt zu bezahlen oder kostenpflich-
tig etwas konsumieren zu müssen«, schreibt Julia Jahnke,
eine der Berliner Gartenaktivistinnen, in ihrer Masterarbeit,
die sie dem Guerilla Gardening gewidmet hat. So wird es zu
einer Eigenart der Marktökonomie, den Menschen die Gemeingüter vorzuenthalten und der privaten Nutzung (meist der
Kapitaleigner) zuzuführen. Die meisten Bürger reagieren darauf defensiv. Wo sie keine Gemeingüter mehr finden, ziehen
sich die Leute normalerweise ins eigene Heim zurück. »Die
modernen kapitalistisch geprägten Gesellschaftsstrukturen
verlagern das soziale Leben dadurch immer weiter in den
privaten Bereich und das städtische Leben wird zunehmend
anonymer«, so Jahnke weiter.[152]

Genau damit geben sich die Gartenpiraten nicht mehr zufrieden. Sie holen sich den sozialen Raum zurück – mit jah-
relangen Besetzungsaktionen oder einfach im Vorbeigehen
mit einem Bombenwurf. Guerilla Gardening setzt da an, wo
Menschen durch ein Übermaß an Privateigentum von Grundbedürfnissen abgeschnitten werden. Es holt brachliegendes
privates und öffentliches Eigentum in eine menschenfreund-
liche Nutzung zurück. Sein übergreifender Anspruch ist die
»Rückforderung der Allmende«, sein Schlachtruf »Reclaim
the commons«.

Gärtnern wird damit zu einem Mittel, Lebenschancen zu
erweitern. Die grünen Guerillas haben die weiterführenden
Anschlüsse bereits erkannt. Sie verbinden ihr Anliegen zum
Teil mit Formen der urbanen Selbstversorgung, schließen
sich in lokalen Netzwerken einer »moralischen Ökonomie«
zusammen, das heißt einer Wirtschaft auf Gegenseitigkeit
und Vertrauen, oder verbinden ihre Aktivitäten mit einem
Protest gegen die Agrarindustrie. Guerilla Gardening kann
viel mehr sein als beiläufige Stadtverschönerung, es verknüpft Subsistenz, Ökonomiekritik und Engagement für eine
selbstbestimmte Bürgerschaft.

Ein Recht auf Stadt

Wenn es um die Rückforderung der Stadt für die Bürger geht, sind die Hamburger weit vorn mit dabei. In der Elbmetropole kann der Protest gegen die von Stadtentwicklungsinteressen getriebene urbane Restrukturierung auf eine lange Tradition zurückblicken und hat mit der Hafenstraße ein landesweit bekanntes Symbol. Neu ist eine Bewegung mit dem sprechenden Namen »Recht auf Stadt«.[153] Sie hat sich im Sommer 2009 gegründet. Genau genommen ist sie allerdings ein Zusammenschluss aus 30 bereits länger bestehenden Initiativen, die auf einer Demonstration in jenem Sommer ihren gemeinsamen Nenner entdeckt haben. Sie alle stören sich an den jüngsten Bemühungen der Hamburger Regierung, ihre Heimat in die »Wachsende Stadt« zu verwandeln – so der schöne Titel aus der Abteilung Stadtmarketing.

»Recht auf Stadt« ist die direkte Übersetzung eines Buchtitels des französischen Intellektuellen Henri Lefèbvre, in dessen Geiste die Bewegung auch handelt. Man geht auf die Straße, »weil man gemerkt hat, dass es in Hamburg schon ein neoliberal geprägtes Stadtentwicklungsbild gibt, wie in vielen anderen Metropolen auch«, sagt Niels Boeing, Journalist und Aktiver bei LOMU (Local Organized Multitude), einer der bei »Recht auf Stadt« zusammengeführten Initiativen. »Marke Hamburg war das Stichwort – wie machen wir Hamburg interessant, um die Hotshots des globalen Business oder des globalen Tourismus anzuziehen?« Und wie erreichen wir die »Marke Hamburg«? Durch Gentrifizierung, beklagen die aufgebrachten Bürger.

Das Wort klingt geheimnisvoll, hat sich aber mittlerweile durchgesetzt sowohl als Kampfbegriff der neuen Bürgerbewegung als auch in der soziologischen Beschreibungssprache. »Gentry« war im neuzeitlichen England die Bezeichnung für die Schicht der Nicht-ganz-an-der-Spitze-Stehenden aus landbesitzendem Kleinadel, wohlhabendem Bürgertum und Akademikern. Um die Ersteren geht es bei der Gentrifizierung heute weniger, wohl aber um die anderen beiden zahlungskräftigen Gruppen. Gentrifizierung meint im Grunde die Verdrängung von Bewohnern mit vergleichsweise niedrigem Status aus ihrem Wohnviertel, um Mietern oder Käufern von höherem Status einen Zuzug schmackhaft zu machen. Dazu wird die Bausubstanz zunächst saniert, verändert, aufgewertet, was in der Regel ein Ansteigen der Mietpreise zur Folge hat. Diejenigen, die die Mieten nicht mehr aufbringen können, ziehen fort. Der freie Wohn- oder Nutzraum kann weiter aufgewertet oder gleich an Statushöhere und damit »interessantere« Kunden vermietet beziehungsweise verkauft werden.[154]

Die Verdrängten gehören oft zu den sogenannten A-Gruppen, die nur schwer eine neue Wohnung finden: Arbeitslose, Arme, Ausländer und Alleinerziehende. Sie wandern ab in die Randbezirke, ein Prozess, der – sollte er anhalten – die Spaltung der Stadt in einen reichen Kern mit einem Armutsgürtel rundherum befördern wird. In Hamburg – genau wie in anderen Großstädten – verschlimmert sich die Situation der A-Gruppen zusätzlich dadurch, dass der soziale Wohnungsbau drastisch zurückgefahren wurde und Wohnungen aus dem Besitz der öffentlichen Hand an private Bieter verkauft wurden. »Was natürlich dazu führt, dass du Nutzungskonzepte bekommst, die versuchen, möglichst viel Kohle rauszuziehen, es geht um Rendite«, sagt Niels Boeing. Möglichst viel Kohle rausziehen statt Leuten bezahlbaren Wohnraum zur Verfügung stellen: Genau diese Haltung bringt die Protestinitiativen auf die Barrikaden.

Die Städte beteiligen sich mit gezieltem Eingreifen verstärkt seit etwa Mitte der 90er-Jahre als Akteure an der Gentrifizierung. Die globale Konkurrenzsituation hatte auch die Metropolen (und die Orte, die Metropole werden wollen) erfasst und stachelte sie zu einem forcierten Wettbewerb um die raren Plätze am Licht an. Hamburgs sichtbare Konzession an den Struggle for Life zum Survival of the Hippest ist die laufend erweiterte Elbfront, ein gigantisches Sanierungsprojekt, das das gesamte Nordufer der innerstädtischen Elbe von der »Hafencity« im Osten bis über die Hafenstraße in Altona hinaus umschließt. Man will die Innenstadt mit einer glänzenden Schaufassade einkleiden, damit jeder auf den ersten Blick an Hamburgs Potenz glaubt. Ein Balzkleid für die City, ausstaffiert mit den weltweit akzeptierten Schmuckfedern. »Da machen wir dann eine attraktive Umgebung« sei der Leitsatz, ärgert sich Niels Boeing. »Ob das die Docklands in London sind oder das Albertdock in Liverpool, das war eine der ersten von diesen Hafenumbauten in Europa, 1992 schon fertig. Das ist alles supersteril, wie die Hafencity. Ich glaube nicht, dass es da ein richtig durchdachtes Konzept gibt. Starbucks ist dann für die Verantwortlichen Teil von einem städtischen Flair. Ich glaube, die empfinden das tatsächlich so.«

Das »Städtische« soll Investoren anlocken, die wiederum darauf hoffen, dieses besondere Fluidum möge auf sie selbst abfärben und dank seines Sex-Appeals Verkäufe fördern helfen. Dafür nutzen sie auch das, was an Fluidum bereits da ist. »Die Investoren wollen ja nicht einfach den Platz«, analysiert die Wochenzeitung *Freitag*, »sie wollen ›Urbanität‹. Ihre blumigen Anpreisungen sind voll davon, dass sie das verkaufen wollen, was die unmittelbaren Produzenten – die ursprünglichen Bewohner des Viertels und ihre Vorgänger – hergestellt haben.«[155] Die Unternehmen suchen urbanes Flair. Sie finden es vor allem in den lebendigen, vielgestaltigen Stadtvierteln mit einer Tradition von urbanem Flair wie zum Beispiel St. Pauli oder Berlin Friedrichshain. Also setzen sie die Gentrifizierungsbrechstange an: Das Alte muss raus, das Flair bleibt, wird genutzt, und wenn es abgenutzt ist, findet sich schon wieder ein neues, hippes Quartier.

Günstig ist es da, wenn in dem anvisierten Viertel bereits ein paar »Kreative« wohnen und arbeiten: Künstler, Designer oder Journalisten zum Beispiel. Sie fühlen sich mittlerweile als gern gesehene Gentrifizierungsobjekte, was wohl nicht abwegig ist, da sie die Hippness schon mitbringen, die benötigt wird. Mit ihnen läuft es also am glattesten: »Kreative« bringen den Chic. Holt man noch mehr von ihnen dazu, indem man ihnen zum Beispiel günstige Ateliers anbietet (deren Vormieter natürlich zuerst weichen müssen), kommt noch mehr Chic, das Viertel steigt im Wert, wird baulich aufgewertet, steigt noch mehr im Wert. Irgendwann wird der Wohn- und Arbeitsraum für die »Kreativen« schließlich zu teuer, da sie meistenteils ohnehin an der existenziellen Kante leben (siehe die Arbeitssammler in Kapitel 4). Sie ziehen weg, wahrscheinlich zu den Arbeitslosen an den Stadtrand.

Die Initiative »Not in our name, Marke Hamburg«, ebenfalls Teil des »Recht auf Stadt«-Netzwerkes, wehrt sich gegen die Ausnutzung der Kreativarbeiter nach der »Creative City«-Logik, die sich die Großstädte angeeignet haben. Die Aktivisten, größtenteils selbst »Kreative«, stört die einseitige Sicht auf sie als Rohstoff für Hamburgs Markenbildungsprozess. Offensichtlich beeinflusst durch die Thesen des US-amerikanischen Ökonomen Richard Florida, auf den der Begriff »Creative City« zurückgeht, wüssten die Städte nichts mit ihren schöpferisch Tätigen anzufangen, als sie kurzzeitig vor den Attraktivitätskarren zu spannen, um sie danach fallen zu lassen. Die Künstlerin als Lockstoff – »Recht auf Stadt« sagt Danke.[156]

Andrej Holm vom Institut für Humangeografie der Goethe-Universität Frankfurt hat seit Langem ein waches Auge auf Gentrifizierungsprozesse in Deutschland. Er beobachtet, dass es in letzter Zeit vor allem Finanzinvestoren sind, die einen Teil ihrer Geschäfte in Gentrifizierungskampagnen verlegen. Die Eigentümerschaft von Wohnungen und Gewerberäumen wandelt sich in der Folge immer stärker von einer *rente*norientierten, das heißt die Immobilie als langfristiges Anlageobjekt auffassende, in eine *rendite*orientierte, die die Immobilien für möglichst schnelle Aufwertung und profitträchtigen Wiederverkauf haben will. In den immer wiederkehrenden Krisen am Finanzmarkt – am deutlichsten in der Hypothekenkrise von 2008 – erweist sich der Teilmarkt der Immobilienspekulationen als besonders attraktiv für die Anleger, da er noch vergleichsweise hohe Renditen abwirft. Die höchsten aber werfen oft die Luxuswohnbereiche in frisch gentrifizierten Vierteln ab. Sich wiederholende Finanzkrisen führen, mit anderen Worten, in der Konsequenz zu immer neuen Auf- und Abwertungszyklen ganzer Stadtteile.[157] Der menschenblinde Finanzkapitalismus treibt die Gentrifizierung und damit den Verlust an Befriedigung des Bedürfnisses nach intaktem und erschwinglichem Lebensraum an wie ein Durchlauferhitzer.

So gewaltig der Gegner scheint, so elementar sind doch die Forderungen der »Recht auf Stadt«-Aktivisten. Sie wollen, dass jeder dort wohnen und sein Gewerbe treiben kann, wo er sich eingerichtet hat, ungeachtet von Markenbildungswünschen und Investmentinteressen. Sie wollen den Zugriff auf ihre Stadt beibehalten und den der großen Politik und fremder Immobilienbesitzer klein halten. Die Einführung von stadtteilspezifischen Mietobergrenzen wäre ein großer Schritt im Sinne der »Rückeroberung des Stadtraums« durch die Bürger, weil er ein Kernproblem beseitigen würde, ohne das es eine Gentrifizierung überhaupt nicht geben könnte: die frei verhandelbaren Immobilienpreise. Mietpreisbindungen gab es schon einmal, beispielsweise Mitte der 90er-Jahre am Berliner Prenzlauer Berg. Dort wurden sie bald wieder abgeschafft. Es ist angesichts der übergroßen Klebekraft des Glaubenssatzes vom freien Markt fraglich, ob sie sich langfristig durchsetzen ließen.

Auf Schwierigkeiten stoßen die »Recht auf Stadt«-Initiativen genug. Die größten stehen ihnen in den eigenen Vierteln gegenüber, etwa »wenn die Bezirkspolitik hinter verschlossenen Türen ihre Pläne festzurrt. Da werden Sachen ohne Beteiligung der Bürger ausgedealt. Es gibt natürlich die formalen Verfahren zur Bürgerbeteiligung, aber da stellt man immer wieder fest: Der Drops ist schon gelutscht, das Eckkonzept steht schon, es geht nur noch um Kosmetik oder am besten darum, Akzeptanz einzuholen.« Niels Boeing sieht dennoch Land. Gerade hat »Recht auf Stadt« eine »Arbeitsgruppe Demokratie« gegründet, die sich mit Verfahren zu einer direkteren Bürgerbeteiligung befasst. »Warum nicht den Quartieren mehr Selbstorganisation ermöglichen? Ich könnte mir vorstellen, mit zäher Arbeit in zehn Jahren ganz neue Formen der Demokratie auf der unteren Ebene auszuprobieren.« Die Idee bürgerschaftlicher Selbstbestimmung wandert in die Kommunalpolitik ein.

Die Erfolge geben ihr recht. Die Stadt Hamburg hat das Gängeviertel im Westen der Innenstadt von den Investoren zurückgekauft, die es erst kurze Zeit zuvor zugeschlagen bekommen hatten. Eine der ersten gemeinsamen Aktionen von »Recht auf Stadt«, allen voran der Gruppe »Komm in die Gänge«, war die friedliche Besetzung des Quartiers. Mit einer Kunstausstellung wollten die ansässigen »Kreativen« auf die kommende Gentrifizierung ihrer wenigen Gebäude und der zugehörigen Höfe aufmerksam machen, die ohnehin bereits vollständig von gläsernen Bürotürmen eingekreist sind. Mit Erfolg: Der Protest zog solche Kreise, dass die Stadt schließlich einlenkte und die beginnende Gentrifizierung zurückdrehte.[158]

Der Erfolg gab der Bewegung Auftrieb. Das Thema »Recht auf Stadt« ist ein wiederkehrender Bestandteil des öffentlichen Diskurses innerhalb Hamburgs geworden. Es gab inzwischen Anhörungen mit Gentrifizierungskritikern. Die Parteien springen auf den fahrenden Zug auf und übernehmen Slogans für ihre Parteiprogramme. Und aus dem Motto »Hamburg – Wachsende Stadt« ist »Wachsen mit Weitsicht« geworden. Die kritische Masse für eine »Repolitisierung des Öffentlichen«, die auch Andrej Holm fordert, ist offensichtlich erreicht. Die zentralen Konflikte der Gesellschaft, das zeichnet sich immer mehr ab, werden wieder einmal in der Stadt gebündelt. Die Konturen der Konflikte der nächsten Zeit zeichnen sich an der laufenden Gentrifizierungsdebatte bereits ab: »Es geht um Verändern gegen Bewahren, um Eigentum gegen Gemeinwesen und vor allem um Wirtschaftlichkeit gegen Soziales.«[159] Es geht, so könnte man resümieren, um die Zugriffsrechte der wenigen versus die Selbstbestimmung der vielen.

Engagement für das unmittelbare Lebensumfeld findet sich überall, in den Metropolen genau wie auf dem Dorf, in den gut gestellten Vierteln ebenso wie in den sozialen Brennpunkten. Von dieser Art Engagement lebt der informelle Sektor, da hier kaum Geld fließt, das die Leute locken könnte. In denen, die mitmachen, muss etwas von sich aus brennen. Oft ist mindestens ein kleiner Funke Widerstandswille dabei. »Ich würde niemals in die Politik gehen«, sagt die Sporttherapeutin Birgit Böcker aus dem Bielefelder Stadtteil Brackwede, »aber eins macht Spaß: diese Art von Widerstand. Was kann ich in meiner kleinen Welt noch verbessern? Auch, damit ich mich in meiner eigenen Haut wohlfühlen kann. Mein Mann und ich sind beide keine Typen, die sich in den Sessel zurücklehnen.« »Es ist dieser Spirit, den ich auch am Sport schätze«, ergänzt Oliver Böcker.

Der »Spirit« scheint den Sozialarbeiter bei allem, was er anfängt, anzutreiben. Wenn er etwas tut, macht er es gründlich. Und möglichst so, dass noch mehr daraus entsteht. Als er begann, sich für American Football zu interessieren, Mitte der 80er-Jahre, gab es noch keine Mannschaft in Bielefeld, der Sport war in Deutschland noch weitgehend unbekannt. Also gründete er mit ein paar anderen Begeisterten die »Bielefeld Bulldogs«. Es war schwierig am Anfang: Es gab nicht einmal Bälle, von der aufwendigen Ausrüstung ganz zu schweigen, keine Bücher zum Thema; das alles bei eBay zu bestellen kam nicht infrage, 1986 war das Internet noch Science-Fiction. Die Mannschaft hat es später trotzdem bis in die zweite deutsche Liga geschafft. Da war auch Birgit Böcker schon als Cheerleaderin dabei. Heute sind beide Anfang 40, aus dem aktiven Football und Cheerleaden ausgestiegen. Birgit hat noch eine Weile den Nachwuchs trainiert, Oliver ist Coach der »Old Bones«, der Veteranen, geblieben.

Die beiden sind es gewohnt, Dinge aus dem Boden zu stampfen. Den Einsatz zeigen sie im Sport genauso wie in kommunalen Angelegenheiten. In ihrer Umgebung gibt es in ihren Augen lokalpolitisch genug zu tun. Oliver Böcker will »was machen, nicht nur erzählen. Das ist mir nicht egal, was da passiert. Und auch: Die Leute begeistern, mitzumachen.« Was da passiert, passiert gerade überall in Deutschland. Die knappen Kassen der Kommunen zwingen die Verwaltungen dazu, öffentliche Einrichtungen zu schließen. Bäder sind besonders beliebte Objekte der Kürzungspolitik. Ein solches liegt auch den Böckers besonders am Herzen. Das Freibad im Stadtteil Gadderbaum steht schon seit Jahren auf der Streichliste der Stadt: zu teuer, zu wenige Einwohner im Einzugsbereich, kaum verfügbares Personal. Es wäre schon längst weg, wenn es nicht den Förderverein für das Freibad Gadderbaum gäbe. Er zählt heute beeindruckende 2.000 Mitglieder, und kaum ein anderer Förderverein in der Stadt ist rühriger als er. Jedes Jahr steht das Freibad vor der Schließung, jedes Jahr gelingt es dem Verein immer aufs Neue, sie zu verhindern.

Birgit Böcker ist Mitglied im Vorstand. »Gadderbaum ist kein normales Bad, es ist eine andere Hand, die es führt. Wir bemühen uns, das Ganze freundlich zu gestalten, die Leute kriegen von uns Sonnenschirmchen, an der Kasse gibt es Bonbons für die Kinder.« Und selbst im Herbst ist das Bad noch einmal an zwei Samstagen für den »Freibadlauf« und das »Lichterfest« geöffnet. Das Publikum kommt in Strömen. »Die Kinder kommen und sind stolz: ›Boh, ich war im Freibad, mitten im Herbst!‹« Oliver Böcker hilft mit bei den Aktionen, mit denen der Verein das Bad am Leben erhält. »Der Unterschied ist die überschaubare Größe. Es ist familiärer hier.« Seine Frau bringt es auf den Punkt: »Das Motto ist – ›Mein Freibad Gadderbaum‹. Ich bin da groß geworden, habe da schwimmen gelernt, so wie viele andere Besucher auch. Ich möchte, dass das Bad auch weiterhin den Kindern zur Verfügung steht.«

Seine Besitzerin mag die Stadt sein, das Bad gehört jedoch allen. Die Leute, ob alteingesessen oder zugezogen, kommen gerne, weil sie sich mit ihm verbunden fühlen können, weil sie es als Teil ihres Viertels begreifen. Das Bad ist *ihr* Bad. Dass diese Bindung und das Verantwortungsgefühl den Unterschied zu den großen Erlebnisbädern ausmacht, ist den Böckers bewusst. Die kritisieren sie wegen ihrer kommerziellen Orientierung. »Na klar, die ziehen Massen, sie sind beheizt, machen Spaßbadaktionen, bauen Riesenrutschen.« Aber, ergänzt Birgit Böcker, große Besucherzahlen schreibt Gadderbaum auch, und – besonders wichtig: »Die Leute sind bei uns gut aufgehoben, sie sind nicht nur eine Nummer.« Der kommerzielle Charakter der großen, unter riesigem Werbeaufwand überregional konkurrierenden Eventbäder fördert deren Anonymität. Es ist wie im Hamburger Beispiel: Um eine Klientel herzulocken, die Geld in die Kassen spült, folgt man der ökonomischen Logik, sich möglichst groß und sichtbar aufzustellen. Die Währung Aufmerksamkeit soll die Währung Euro mit sich ziehen, die Wünsche und Bedürfnisse der Menschen vor Ort fallen derweil unter den Tisch – die Bedürfnisse nach Gemeinschaft und nach bürgerschaftlicher Selbstbestimmung zum Beispiel, denen die Leute durch ihr Engagement wieder zu seinem Recht verhelfen. »Recht auf Stadt« und der Förderverein in Gadderbaum sind sich darin gleich, dass sie den Vorrang der ökonomischen Interessen ans Licht bringen und zeigen, dass sich eine Politik, die sich zu stark an diesen Interessen orientiert, ihre blinden Flecken hat, bei Weitem nicht alle Bürgerbedürfnisse befriedigen kann und zudem der Selbstorganisation Hindernisse in den Weg legt.

Die städtische Politik steht dem Förderverein nämlich keineswegs zur Seite, im Gegenteil (von einigen Ausnahmen abgesehen). Birgit Böcker hat die Entscheidungen im Stadtrat lange genug mitverfolgt. »Leider sind die Leute im Rat eher kommerziell orientiert, weniger sozial. Das juckt die alle gar nicht. Die gucken nicht, wie es an der Basis aussieht, was deren Interessen und Sorgen sind. Die gucken auf Zahlen mit dem Eurozeichen dahinter und dann wird gestrichen. Aber wir geben der Zahl ein Gesicht.« Nach einem Ratsbeschluss wurde der Eintrittspreis jetzt für alle Bielefelder Bäder unterschiedslos auf vier Euro angehoben. Für kleine Bäder normalerweise ein Todesurteil, da im direkten Vergleich die gut ausgestatteten großen Betriebe bei den Gästen den Vorzug bekommen würden. Der Verein fühlt sich überrumpelt. »Die Politik versucht, uns damit am langen Arm verhungern zu lassen. Wir lieben es aber, ihnen Steine in den Weg zu legen. Wir sind der Politik ein riesen Dorn im Auge. Das Bad hat mittlerweile Kultstatus deswegen.«

Die Gadderbaumer sind froh über ihren Förderverein. Sie wissen, dass sie selbst etwas tun müssen, wenn sie sich nicht einfach Interessen unterwerfen wollen, die sie als schädlich für ihr eigenes gutes Leben erkannt haben. »Recht auf Stadt«, »Mein Freibad Gadderbaum« – Rufe wie diese wird es noch häufiger geben in einem Deutschland, das sich wieder auf die Selbstorganisation besinnt.

7 EINSTEIGEN!

Selbstversorgung, urbanes Gärtnern, Mülltauchen, Eigenarbeit, Tauschringe, Peer Production, Social Commerce, Prosuming, »Neue Arbeit«, Muße, selbst organisierte Betriebe, Arbeitssammeln, Genossenschaften, Erzeuger-Verbraucher-Gemeinschaften, Gemeingüter, Freerun, Urbanauten, Guerilla Gardening, »Recht auf Stadt« und alle anderen neuen und alten Tätigkeiten, Organisationsformen und Initiativen, die die letzten fünf Kapitel bevölkert haben, könnten auf den ersten Blick unterschiedlicher nicht sein. Was die Menschen, die sich mit all diesen Dingen beschäftigen, hier zusammenführt, ist ihre grundsätzliche Haltung. Sie kratzen am Lack unserer eingefahrenen kapitalistischen Marktwirtschaft, gezielt oder im Vorbeigehen. Jeder von ihnen hat das Gefühl, dass etwas nicht stimmt, bei manch einem ist das Gefühl diffus, mancher andere kann es sehr genau artikulieren und seine Ursachen benennen. Und sie alle wollen nicht länger stillhalten und wider besseres Wissen weitermachen wie bisher.

Nichts Vorgefertigtes akzeptieren

Überraschend ist, dass sich die Akteure in diesem Buch in ihrer Herkunft, politischen Ausrichtung oder Weltauffassung auf keinen gemeinsamen Nenner bringen lassen. Sie kommen aus allen möglichen sozialen Schichten, aus der Mitte oder von den Rändern der Gesellschaft. Ihre Bedürfnisse sind nicht bloß die von wenigen, ohnehin schon randständigen Figuren. Sie kommen ebenso aus der Mitte der Gesellschaft, sie könnten jeden und jede betreffen, weil es universelle Bedürfnisse sind: nach gesundem Essen, nach lebensgerechten Gütern und nach selbstbestimmter Tätigkeit, nach Gemeinschaftsgefühl oder nach von Bürgerschaften eingerichteten Lebensräumen. Ähnlich wie die Protestbewegten anno 2010 – Atomkraftgegner, Hartz-IV-Kritiker, Lobbygegner und so weiter – eint die Akteure in diesem Buch der Ruf »So geht es nicht weiter!«. Sie meinen mit dem Ruf zunächst sich selbst und ihre unmittelbare Umgebung, die sie nach ihren Bedürfnissen zu verändern beginnen – doch im Hintergrund steht der Gedanke an das große Ganze.

Ihr Thema – das haben die vielen verschiedenen Beispiele bis hierhin gezeigt – ist das gute Leben. Ihre Ahnung ist, dass sie ihr jeweils eigenes gutes Leben unter den Bedingungen, die ihnen die Marktwirtschaft in ihrer jetzigen Form setzt, nicht erreichen werden. Dazu produziert die moderne Ökonomie zu viele Bedürfnisrisiken, blinde Flecken und Hindernisse, die einem guten Leben im Weg stehen. Um in Nussbaums Terminologie zu sprechen: Die kapitalistische Marktwirtschaft heutigen Zuschnitts lässt einige unserer Grundbefähigungen auf einem zu niedrigen Niveau, als dass sie wirklich günstige Voraussetzungen für das gute Leben schaffen würde. Anlass genug, die Dinge selbst in die Hand zu nehmen.

Die Mittel und Vorstellungen, mit denen das geschieht, sind zum Teil sehr alt (wie etwa das Genossenschaftsmodell), zu einem anderen Teil noch sehr jung oder abhängig von historisch noch frischen Innovationen vor allem in der Informations- und Kommunikationstechnologie (Social Commerce oder Fabbing zum Beispiel). Das unterschiedliche Alter ist letztlich ein Symptom des Umstandes, dass sich Menschen zu allen Zeiten Gedanken über das gute Leben und darüber, wie sie es erreichen können, gemacht haben. Wann immer Existenzen unter Druck geraten, kommt das Thema offenbar wieder zu neuer Blüte: Die ersten Genossenschaften beispielsweise sind eine Reaktion auf die zunehmende Sorge über die mangelnde Versorgung der Arbeiter. Es scheint als Motiv nie richtig vergessen worden zu sein. Eine gute Voraussetzung, um heute daran anzuschließen: Ideen sind bereits da, niemand muss das Rad vollständig neu erfinden.

Erich Fromm, einer der Hauptvertreter der humanistischen Psychologie, ist durch seine These bekannt geworden, die kapitalistische Marktwirtschaft und die mit ihr identifizierbaren Geisteshaltungen (Fokus auf das Materielle, auf Wettbewerb, Individualismus) förderten das Unglück der Menschen und führten zu einer Vermehrung von psychischen Störungen. Die Richtigkeit seiner Annahmen lässt sich nur schwer letztgültig nachweisen, wenn diese auch inzwischen durch eine beeindruckende Menge an empirischem Material unterfüttert werden.[160] Dieses Material kann demnach als Hinweis verstanden werden, dass die kapitalistische Marktwirtschaft bis heute ihren wichtigsten »Auftrag« nicht erfüllt hat: Wirtschaft ist im Grunde nichts weiter als die Summe aller Anstrengungen, die Menschen vollbringen, um ihre alltägliche Existenz zu sichern und sich mit Gütern zu versorgen, derer sie bedürfen und die sie sich wünschen. Das gute Leben resultiert demgemäß aus Wirtschaftshandlungen: aus dem Herstellen, Anbauen, Tauschen, Anbieten, Entgegennehmen, Bewerten und so fort. Der Knackpunkt liegt in der Bestimmung dessen, was denn ein gutes Leben sein soll. Die kapitalistische Marktwirtschaft hat noch in ihrer Wiege liegend die Antwort vermeintlich abschließend im »Wohlstand« gefunden: Glück ist, wenn alle viel haben von dem, was sie brauchen und haben wollen. Dass dieser Begriff vom guten Leben jedoch zu kurz greift, ist mittlerweile klar.

Es geht an dieser Stelle gar nicht darum, der bestehenden Wirtschaftsordnung allgemein negative Wirkungen zu unterstellen, erst recht nicht darum, sie in Bausch und Bogen abzulehnen. Interessant ist aber, dass die Akteure der Selbstorganisation so handeln, als spürten sie ein dauerndes Unbehagen mit den Auswirkungen der jetzigen Wirtschaftsweise auf ihr Leben. Sie reagieren mit einem Drang nach Veränderung, der einen Teil ihres Lebens aus jener Wirtschaftsordnung herausbringt. Sie ahnen, dass Fromm ihrer existenziellen Wahrheit sehr nahe kommt, und haben bereits eine Vorstellung davon, auf welche Weise sie ein größeres Glück finden werden. Keiner der hier Vertretenen stellt sich gänzlich außerhalb der ökonomischen Zusammenhänge (was sicherlich auch kein Weg zum Glück und ohnehin schlechterdings unmöglich wäre). Sie machen einen oder zwei entscheidende Schritte heraus, entledigen sich damit aber schon der diffusen Unzufriedenheit, die viele andere ebenso empfinden.

Sie sind diejenigen, die das gute Leben aktiv zu suchen begonnen haben und dabei ein erneuertes Wirtschaften und Arbeiten *als Teil* des guten Lebens auffassen. Sie suchen *gute* Arbeit und *gutes* Wirtschaften. Sie geben die überkommene Gleichung *gutes Leben = (materieller) Wohlstand* auf, deren reductio ad absurdum durch die Realitäten unter ihren Augen fortdauert. Zu ihren Zielen passt es besser, nach dem Motto zu handeln: »Nichts Vorgefertigtes akzeptieren. Nach eigenen Vorstellungen leben und nach eigenen Kräften.«[161] Der Schritt aus den parat gehaltenen, mutmaßlich selbst bestimmten Funktionsrollen (Festangestellter, Konsument, Wahlbürger und so weiter) in das selbst organisierte Leben ist gleichzeitig einer aus der relativen Bequemlichkeit in die größere Anstrengung, aus der Passivität in die Aktivität, aus einer Struktur in aus eigener Initiative Geschaffenes, das so vielleicht noch nirgends existiert. Wenn Michael Hartl sagt, gemeinsam mit Lisa Pfleger einen Kleinsthof zu beziehen sei eine »logische Konsequenz aus unseren Überzeugungen« gewesen, so ist ihm bewusst, dass die Mehrheit weiterlebt, ohne die Konsequenzen jemals bis zum logischen Ende zu bringen. Selbst organisiertes gutes Leben ist ohne Mut und Selbstaktivierung nicht zu haben.

Ganz ohne Rezepte, die ihnen anweisen müssten, wie es aussehen sollte, finden die Selbstorganisierer das gute Leben, indem sie hingehen und tun. Zwar gibt es Vorbilder für selbst organisiertes oder solidarisches Wirtschaften (Selbstversorgerhöfe, Genossenschaften, Tauschsysteme und so weiter), dennoch ist jede Bewegung aus den gewohnten Strukturen heraus für den Einzelnen ein Experiment mit etwas nie Dagewesenem. Man spielt Versuch und Irrtum mit einem Teil der eigenen Existenz. Die Richtung ist »raus« aus dem alten, das Ziel heißt »rein« ins gute Leben.

Die konkreten Anlässe für den Einstieg in die Selbstorganisation sind dabei selten daseinsumfassend, sondern oft sehr spezifisch. Nahezu universell ist das Motiv, die Dinge selbst in die Hand nehmen zu wollen. Am buchstäblich greifbarsten wird dieser Wunsch in der Eigenarbeit, in der konkrete Gegenstände selbst gestaltet und hergestellt werden, ebenso in der Selbstversorgung. Den Akteuren ist wichtig, dass sie das Produkt erst durch die Arbeit zu ihrem eigenen machen, viel mehr als bei einem Kaufakt. Der Erzeugerstolz, die Mühe, die Kontrolle über das Wie, Wann und Warum sowie die Erfahrung des eigenen Könnens machen das Erzeugte wertvoll. Und nicht bloß das Erzeugte: Das Selbstwertgefühl steigt durch die Erfahrung der Selbstwirksamkeit. Viele der Eigenarbeiter suchen daher aktiv Gelegenheiten, ihre Fähigkeiten zu erweitern, Potenziale auszureizen oder neu zu entdecken.

Auf der anderen Seite möchten die Selbstorganisierer ihr Leben neu einrichten. Wenn sie etwa ihr Arbeitsmodell so arrangieren, dass sie mit drei oder vier Jobs parallel hantieren können, wie einige der Arbeitssammlerinnen es tun, dann gehört dazu auch, die Balance zwischen der Zeit für den Job und der unvernutzten Zeit (die berühmte »Work-Life-Balance«) immer wieder neu auszutarieren. Sich die Tage und Stunden frei einzuteilen ist ein ausgesprochenes Ziel auch bei Selbstversorgern. Das kann bedeuten, die starre Einteilung zwischen »Arbeitszeit« auf der einen und »Freizeit« auf der anderen Seite ganz aufzugeben, die Arbeit nicht bloß als lästige, aber notwendige Mühsal zu sehen und die Befriedigung nicht außerhalb zu suchen, sondern *in* der Arbeit. Selbst organisierte Tätigkeit gehört zum Leben und ist nicht der Zwang, der den schönen Seiten des Daseins – dem »eigentlichen Leben« – unvermeidbar vorausgeht.

Diese privaten Motive stehen allerdings nicht allein, sondern werden ergänzt durch solidarische Motive für Selbstorganisation. Selbstversorger und Eigenarbeiter betonen immer wieder die essenzielle Rolle der Gemeinschaften, innerhalb derer sie arbeiten. Der Gedanke der Solidarität spielt in den Erzeuger-Verbraucher-Gemeinschaften, den Ökonomien auf Gegenseitigkeit oder den selbst verwalteten Betrieben ohnehin die erste Geige. Man weiß dort eben, dass man seine Ziele teilt und dass sie überhaupt nur in der Gemeinschaft zu erreichen sind. Aber auch altruistische Beweggründe finden sich, im Helfenwollen oder dem Wunsch, andere zu unterstützen.

Michael Hartl haben zwei Fragen zu seinem Selbstversorgungsexperiment geführt: »Wie kann mein Lebensstil nachhaltiger werden? Wie kann ich in größerem Einklang mit der Natur leben?« Es sind Fragen nach seiner Verantwortung für das größere Ganze. Dieser Gedanke findet sich bei den Akteuren der Selbstorganisation immer wieder: Sei es als Verantwortungsbewusstsein für die Natur, für kommende Generationen oder die aktuellen Lebensgemeinschaften (Familien, Nachbarschaften), sei es als politisches Motiv, etwa wenn die Urbanauten oder »Recht auf Stadt« die bürgerschaftliche Mitbestimmung und das Gestaltungsrecht für den städtischen Lebensraum durch gemeinsame Aktionen wachrufen.

Oft haben die Akteure in diesem Buch ihre Absicht geäußert, sich außerhalb der ökonomischen Verwertungslogik stellen zu wollen. Da gibt es die, die unabhängig von Geld und Verdienst sein wollen, die aber schon wissen, dass ihr Vorhaben in einer Gesellschaft, in der so vieles am Geld hängt, sehr schwer zu 100 Prozent durchzusetzen sein wird. Da gibt es diejenigen, die sich »unabhängig von kapitalistischer Produktion« machen wollen, die Güter des alltäglichen Bedarfs lieber in die eigene Herstellung nehmen oder von kleinen Produzenten geldlos erwerben. An ihnen wird besonders deutlich, wie wichtig das aktive Tun für die Selbstorganisation ist. Sich abzusetzen vom passiven Konsum und dem Hinnehmen dessen, was an Gütern anonym bereitgestellt wird, ist ein starkes Motiv. Die Selbstorganisierer nutzen die Chancen, sich mit ihren Fähigkeiten und ihrer Begeisterung für die Sache einzubringen.

Dann gibt es diejenigen, die zwar nach wie vor von ihrem Geldeinkommen leben, Güter und Dienste jedoch radikal umgewertet haben, indem sie zum Beispiel – wie die Mitglieder von Otium – frei verfügbare Zeit höher schätzen als das Einkommen, das sie in der gleichen Zeit hätten verdienen kön-

nen. Bisweilen wird wirtschaftlicher Wert schlechthin kleingeschrieben, etwa wenn Niels Boeing beschreibt, wie städti-
scher Raum seiner Auffassung nach zu gestalten ist: »Wir
wollen eher die Vielheit erhalten. Wir sagen nicht: ›Diese und
jene Bar passt nicht in unser Viertel‹, sondern: ›Das hat alles
seinen Platz, solange es nicht zulasten geht von Leuten, die
sich bestimmte Sachen nicht leisten können.‹ Das meine ich
mit ›nicht immer auf die Wirtschaftlichkeit schauen‹.« Vom
Renditedenken absehen kann auch heißen, bisher zu wenig
gewürdigte Arbeiten in Wert zu bringen, indem sie mit denjenigen Arbeiten gleichgesetzt werden, die herkömmlicher-
weise das Erwerbseinkommen sichern. Das betrifft beispielsweise die Hausarbeit, Pflegearbeit, Erziehungsarbeit, die
Nachbarschaftshilfe, generell also viele Formen der Subsistenzproduktion.

Sehr oft ist der Wunsch nach mehr Selbstbestimmung das
Scharnier, um das sich alle anderen Motive drehen. Bei den
Guerilla-Gärtnern oder »Recht auf Stadt« ist es das Selbstbe-
stimmungsrecht als Bürger, gemeinsam mit allen anderen
Anwohnern über die Nutzung des eigenen Stadtviertels zu
entscheiden, das in aktiven Protesten gegen den Zugriff von
Entscheidungsträgern und Kapitaleignern verteidigt wird.
Otium, die Arbeitssammler oder die Selbstversorger dagegen
wünschen sich mehr individuelle Selbstbestimmung, entweder weil sie Fremdbestimmung an sich ablehnen oder weil
sie sehen, dass sie für ein gutes Leben nach ihren Vorstellungen gravierende Nachteile bringt. Das alte Genossenschafts-
motto drückt es im Pathos des 19. Jahrhunderts aus: »Keine
Herren über sich, keine Sklaven unter sich.« Die Selbstorganisierer müssen dabei jedoch eine für sie jeweils geeignete
Balance zwischen Fremdbestimmung und Freiheit finden. Jeder hat seine eigene Grenze, ab der ihn zu viel Handlungs-
spielraum überfordern würde. Dauernde Überforderung aber
ist der Weg fort vom guten Leben.

Dem Markt Grenzen setzen

Alle Akteure in diesem Buch distanzieren sich mehr oder weniger umfassend von der kapitalistischen Marktwirtschaft und »machen etwas anderes«. Zum Teil geschieht die Abgrenzung ganz prononciert. Ulrike Urban und Luzie von Arnim vom Tauschring »Zeitpunkt« wollen ganz bewusst, dass sich bei den Mitgliedern »etwas in den Köpfen verändert«. Tauschen im Ring ist für sie etwas, »das man gegen die normale Marktwirtschaft setzt«, in der sie die Lebensqualität, die sie jetzt haben, so nicht finden konnten. Ähnlich möchte auch Petra Nagler von der Erzeuger-Verbraucher-Gemeinschaft Bremen einen Anstoß zum Umdenken geben: »Wir wollen schon eine Keimzelle sein für ein anderes Wirtschaften, für ein anderes Umgehen mit Lebensmitteln. Dazu gehört, dass es nicht darauf ankommt, immer alles billig zu kriegen, sondern gerade weil wir so reich sind, lieber in sinnvollen Strukturen zu leben.« Wohlstand im herkömmlichen Sinn, das ist bemerkenswert, setzt Nagler schon vom Grundgedanken her von einem »sinnvollen«, lebensgerechten Handeln ab.

Einige der Selbstorganisierer bringen eine sehr differenzierte Kritik an der kapitalistischen Marktwirtschaft vor, andere wollen punktuelle Veränderungen vor allem für sich selbst und reflektieren nicht explizit mit, welche Ursachen ihr Anliegen in der großen Ökonomie haben könnte. Alle aber äußern sich kritisch gegenüber der Wirtschaftsordnung, die sie in ihrem Land vorfinden, und wenn sie sich nicht mit Worten dagegen absetzen, so tun sie es mindestens mit ihrem Handeln. Wenn sie über die ökonomische Praxis in ihrer Stadt, ihrer Region oder über die ganze Volkswirtschaft entscheiden könnten, würden sie wohl einen guten Teil davon verändern.

Es ist kaum möglich, ihre sehr unterschiedlichen Motive, Hintergründe und Weltanschauungen zusammenzufassen und auf einen Begriff zu bringen. Gemeinsam ist ihnen allen jedoch die Suche nach besseren Lebensbedingungen außerhalb der herkömmlichen Muster in Wirtschaft, Arbeit und Biografie. Die implizite Kritik an der kapitalistischen Marktwirtschaft, die in dieser Haltung steckt, deckt sich interessanterweise mit den Ansichten kapitalismuskritischer Wissenschaftlerinnen und Wirtschaftspraktiker. In deren facettenreichen Denkansätzen spiegeln sich die grundlegenden Momente der Selbstorganisation wider, die wir an dieser Stelle kennengelernt haben.

Oft beunruhigt sie die als Allmacht empfundene Omnipräsenz ökonomischer Prinzipien: Wenn der Einzelhandel in den Innenstädten ausstirbt, wird das schnell als Auswirkung des Wachstums auf Effizienz getrimmter Verbrauchermarktketten gesehen. Die Universitäten sind seit der Bologna-Reform in den Ruf geraten, nur noch »für die Wirtschaft« auszubilden, statt jungen Menschen Bildung zu ermöglichen. Politiker werden als Erfüllungsgehilfen der Lobbygruppen gesehen (nicht erst seit der neuerlichen Atomausstiegsdebatte). »Jetzt ist die Wirtschaft die Maschine, nach der sich alles richtet«, sagt auch Maria Mies, »sie bestimmt, was gemacht wird: Sie bestimmt den Bildungsweg, die Pädagogik, die Philosophie.« Der Kulturwissenschaftler Nico Stehr sieht eine »Ausweitung des Marktregimes« auf Institutionen und Aktivitäten mit wichtigen öffentlichen Funktionen, die ihm vorher nicht unterlagen, etwa das Gesundheitssystem, das Erziehungswesen oder die Kirchen. Die Entgrenzung geht, so Stehr, mit einer Differenzierung der Märkte einher: Der Markt bläst sich auf.[162]

Daran wäre weniger Schlechtes zu finden, wenn die Ausweitung des Marktprinzips die gesellschaftlichen Institutionen in ihrem Zweck unterstützen würde, den Bürgern individuell oder der Gesellschaft als Ganzes erweiterte Verwirklichungschancen zu bringen. Dass das nicht uneingeschränkt zutrifft, nehmen die Selbstorganisierer als Anlass ihrer Kritik (so zum Beispiel Niels Boeing, wenn er davon spricht, »nicht immer aufs Wirtschaftliche zu schauen«). Damit befinden sie sich in einflussreicher Gesellschaft. Sogar Finanztycoons wie George Soros disqualifizieren die Annahme, es sei per se gut, möglichst viele Bereiche des gesellschaftlichen Lebens in der Form von Märkten einzurichten, inzwischen als »Marktfundamentalismus«. Abgesehen vom Ideologieverdacht liegen die Gründe für die Skepsis in der Einsicht, dass der Markt eben nicht allen Vorteile bringt.

Aus der einseitigen Wachstumsidee des Marktfundamentalismus folgen weitere Pferdefüße, die verhindern, dass unsere Wirtschaftsweise als durchgehend positiv angesehen werden könnte. Das folgenreichste Marktversagen der jüngeren Zeit, so die US-Ökonomin Juliet Schor, ist der Klimawandel, der uns langfristig alle bedroht.[163] Wachsende Verteilungsungerechtigkeiten zwischen den oberen und unteren Einkommensschichten einerseits sowie zwischen den industrialisierten Ländern und der sogenannten Dritten Welt sprechen ebenfalls nicht für das Wachstumsprinzip. Der Markt – scheint's kann man es drehen und wenden, wie man will – geht sehr sparsam mit seinen Vorteilsgeschenken um.

Marktprinzipien pauschal zu verdammen wäre dennoch ein Fehler. Aus der Distribution von Gütern waren sie schon vor dem Aufkommen des kapitalistischen Organisationsmodells von Wirtschaft nicht wegzudenken. Die heutigen Schieflagen entstehen, weil *bestimmte* Modelle marktwirtschaftlichen Handelns zu erfolgreich waren. Vor allem die einseitige Konzentration der kapitalistischen Marktwirtschaft auf das in Geld gemessene Kapital wird zunehmend zu einem Problem.

Rücksicht auf Menschen oder die Natur ist in der kapitalistischen Wirtschaftsordnung eine Soll-, keine Muss-Bestimmung. Gott sei Dank halten sich viele Unternehmer an das »Soll« und achten von sich aus auf gerechte Löhne und ökologische Standards. Eine »natürliche« Grenze für das Bestreben nach Profitsteigerung auf Kosten von Mitarbeitern und Umwelt gibt es jedoch nicht, und auch Tarifverträge, Arbeitsschutzbestimmungen oder Umweltschutzauflagen sind mit dem nötigen Nachdruck prinzipiell änderbar. Vor allem größere Unternehmen unterliegen vonseiten des Finanzmarktes einem immer stärker gewordenen Zwang zur Wertsteigerung ihres Produktivkapitals. Deshalb zieht heute in erster Linie die Marktwirtschaft in ihrer speziellen Form des Finanzmarktkapitalismus die kritische Aufmerksamkeit derer auf sich, die die Zeit für alternative Wirtschaftsweisen für gekommen halten.

Der Soziologe Zygmunt Bauman hat die Flüchtigkeit der modernen Form des kapitalistischen Marktgeschehens in einem treffenden Bild festgehalten. Es setzt an bei einem Vergleich zum älteren Industriekapitalismus:

»Die Passagiere auf dem Dampfer des ›schweren Kapitalismus‹ vertrauten ... darauf, dass die Mitglieder der Mannschaft, die Zugang zum Oberdeck hatten und von dort das Schiff steuerten, auf dem richtigen Kurs waren. Derweil konnten sie sich voll darauf konzentrieren, sich die Regeln einzuprägen, die auf dem Passagierdeck in Großbuchstaben für sie angebracht waren. ... Demgegenüber müssen die Fluggäste im Überschallflugzeug des ›leichten Kapitalismus‹ mit Erschrecken feststellen, dass das Cockpit ihrer Maschine leer ist und dass sich die geheimnisvolle Black Box namens Autopilot beharrlich weigert, Informationen über die Flugroute, das Flugziel und darüber, wer entscheidet, auf welchem Flughafen man landen wird, preiszugeben. Auch erteilt sie keine Auskünfte, ob die Fluggäste an Bord irgendeinen sinnvollen Beitrag für eine sichere Landung leisten können.«[164]

Die Verengung des Wirtschaftens auf den schnellen, unkontrollierbaren, finanzmarktgetriebenen Kapitalismus und seine unerwünschten Auswirkungen auf Individuum, Gesellschaft und Natur sind es also, die zu kritisieren sind. Der Enge entkommen wir nur, wenn wir Räume öffnen und Mittel zur Verfügung stellen, die den Alternativen genug Platz bieten, sich zu entwickeln und das Experimentieren mit anderen »Lebens-, Kooperations- und Tätigkeitsformen erlauben«, wie André Gorz schreibt.[165] Eben hier setzen die selbst organisierten Tätigkeiten an, sie nutzen den Raum für Entwicklungen, wo sie ihn gerade finden können. Das mag schließlich dahin führen, dass Maria Mies' Forderung realisiert wird:

»Wirtschaft«, sagt sie, »muss wieder eingebettet werden in die Gesamtheit aller Lebensbereiche. Wenn sie wieder Teil der Kultur wäre, wäre sie eher wie ein Haushalt. Sie wäre ›Ökonomie‹ im ursprünglichen griechischen Wortsinne von ›oikos‹. In einem Haushalt wird vorausgedacht: Wenn ich im Herbst ernten will, muss ich im Frühjahr etwas säen. Und wenn meine Kinder auch noch was haben wollen, muss ich auch das möglich machen. Wirtschaft muss organisiert werden wie eine Menge von vielen großen Haushalten. Eine als ›oikos‹ verstandene Wirtschaft muss eine *vorsorgende* Wirtschaft sein. Sie kann nicht auf den Prinzipien des permanenten Wachstums, des Eigennutzes, der Privatisierung, der Konkurrenz und des weltweiten ›freien Marktes‹ beruhen. Subsistenzwirtschaft hingegen bedeutet: Die Erde ist begrenzt, unser Leben ist begrenzt, unsere Bedürfnisse sind begrenzt, Wachstum ist begrenzt.«

Das Wirtschaften nachhaltig machen

Die als »oikos« verstandene Wirtschaft ist eine nachhaltige Wirtschaft. Selbst organisierte Subsistenztätigkeiten können daher für sich in Anspruch nehmen, einer Ökonomie wirklicher Nachhaltigkeit die Türen zu öffnen. Für Maria Mies ist das ein Grund, in ihrer Zunahme eine Notwendigkeit zu sehen. Subsistenzinitiativen wie die Gemeinschaftsgärten in den Großstädten werden ihrer Ansicht nach durch die akuten ökonomischen Krisen befördert. Gerade den Gartenbewegungen aber stünde entgegen, dass sehr viele Flächen privatisiert sind; es fehlen die Allmenden, die es vor den Privatisierungen noch gab.

Der bereits durchindustrialisierte Teil der Welt wird also möglicherweise nicht umhinkommen, sich wieder stärker an das Subsistenzhandeln zu gewöhnen. Selbstversorgung und Eigenarbeit kommen allmählich zurück, genauer gesagt: Sie waren nie ganz fort. Andererseits sollte Subsistenz nicht auf eine bloße Reaktion auf einen als misslich empfundenen Zustand reduziert werden. Subsistenz ist nicht eine angstvolle oder von Ärger angespornte Flucht. So, wie die Menschen in diesem Buch sie betreiben, ist sie eine Erforschung eigener, brachliegender Ressourcen. Sie ist etwas aktiv Positives, weil sie Möglichkeiten für ein Leben in größerer Fülle eröffnet. Sie ist eine Chance, die immer schon da war.

Subsistenz ist eine ökonomische und allgemeinmenschliche Notwendigkeit. Aus diesem Grund konnte sie auch nie verschwinden. Sie ist lediglich unsichtbar geworden und hat derweil ihre Gestalt verändert. »Subsistenzproduktion und -tätigkeiten«, schreibt Veronika Bennholdt-Thomsen in *Geld oder Leben*, »verlieren an Wertschätzung und können sich nicht entfalten, aber das unmittelbare, selbstversorgende, fürsorgliche Tun verschwindet nicht und kann auch gar nicht verschwinden«, da wir Bedürfnisse nach Gütern und Zwischenmenschlichkeit haben, die im Weltbild des Homo oeconomicus gar nicht auftauchen. Versorgung in Eigenregie und gemeinschaftlichem Tätigsein sei dagegen die »Basis für eine zivilgesellschaftliche Politik der Befreiung aus der Zwangsjacke der Wachstumsökonomie«.[166]

Die primären Versorgungsleistungen, wie sie durch Subsistenztätigkeiten gestellt werden, sind langfristig auf die natürliche Lebenswelt angewiesen. Das zu ignorieren, wie wir es in der Phase der Hochindustrialisierung getan haben und bis heute tun, hieße, in die Falle des »Materialitätsparadoxons« zu tappen, wie Juliet Schor das Phänomen nennt: Die materiellen Grundlagen unseres Wirtschaftens stufen wir als relativ unbedeutend, weil billig zu haben, ein, gleichzeitig demonstriert uns ihr Schwinden immer deutlicher unsere Abhängigkeit von ihnen.[167] Anders gewendet: Je aufwendiger unser Lebensstil wird, desto mehr schaden wir unserer langfristigen Lebensqualität und desto mehr Scheuklappen müssen wir anlegen, um den Schaden zu ignorieren. Subsistenzökonomien vermeiden das Materialitätsparadoxon: Auf steigendes Ressourcenangebot reagieren sie, indem sie ihren Verbrauch an Gütern konstant halten und stattdessen den Aufwand für ihre Beschaffung reduzieren. Was bedeutet: Sie geben den immateriellen Gütern Zeit und Muße den Vorzug. In Subsistenzia Otium.

Dem falschen Wohlstand eine Absage erteilen

Über den immateriellen Wohlstand und wie er zu erreichen ist machen sich wohl alle Einsteiger ins gute Leben einmal Gedanken, entweder weil sie ihn von vornherein als Ziel gesetzt haben oder weil sie im Laufe ihrer Tätigkeiten auf die Idee stoßen. Sie setzen damit andere Bedürfnisprioritäten als die große Masse der Konsumenten, oder besser gesagt: Ihnen sind ihre ursprünglichen Bedürfnisse bewusster. Ihr Umgang mit den Gütern und ihrer Verteilung durch das Wirtschaftssystem, ihr Umgang mit der Wohlstandsfrage also, ist damit reflektierter und souveräner. In der Konsummoderne sind die Wünsche nach Besitz, Status und Attraktivität zur Normalität geworden, sie sind die gesellschaftlich am breitesten anerkannten Bedürfnisse. Tatsächlich können sie am ehesten von einer kommerziell (also um die Verfügbarkeit von Geld herum) organisierten Wirtschaft erfüllt werden. Kritiker meinen jedoch, bei den auf die Rolle von Konsumenten beschränkten Menschen eine Getriebenheit zu entdecken, die sie auf eben diese Beschränkung zurückführen.

»Die Frustration der marktfreien Bedürfnisse nach menschlichen Beziehungen, Einsatz für die Gemeinschaft, selbstbestimmter Entfaltung macht krank, wenn bei steigendem Wohlstand die Wünsche einseitig auf materielle Güter fixiert bleiben«, schreiben zum Beispiel Dahm und Scherhorn. Fatal sei dabei, dass die kapitalistische Marktwirtschaft auf beständiges Wachstum baut und damit auch die Bedürfnisse nach ihren Gütern permanent mitwachsen müssen. Diese Wirtschaft braucht den maßlosen Konsumenten. Wünsche dürfen nicht an ein Ende kommen. Konkrete Bedürfnisse nach Nahrung, Kleidung oder zwischenmenschlichem Kontakt werden durch ein »generalisiertes Wünschen« ersetzt, dem Dauerzustand nicht zufriedengestellter Begehrlichkeiten. Konsumenten, so Zygmunt Bauman, leben in der Unsicherheit, nicht zu wissen, ob sie wirklich das Beste erworben, das Optimale herausgeholt oder das Maximum gegeben haben. Ein souveräner Umgang mit ihren authentischen Bedürfnissen, die mit dem Konsumverhalten ja nur teilweise erfüllt werden, sieht anders aus. Als Erstes müssten die authentischen Bedürfnisse dazu überhaupt erkannt werden. Subsistenzarbeit kann dazu beitragen, insofern sie auch »Arbeit am Selbst, am Sinn, an den menschlichen Beziehungen, in der Muße« ist.[168]

Die Erkenntnis kann jedoch nur ein erster Schritt zu einem souveräneren Umgang der Menschen mit den Gütern sein, der letztlich zu einem ausgewogeneren Verhältnis von materiellem und immateriellem Wohlstand führt. Wir müssten außerdem eine für die Moderne typische Erwartung an unsere Lebenswelt relativieren, nämlich die Erwartung, alles bereits »konsumfertig« und in möglichst vielen Variationen vorzufinden, sodass wir nur noch die genehmste Alternative auswählen müssen.

Ein weiteres Hindernis für ein souveränes gesellschaftliches Handeln sind die sogenannten positionalen Güter, das heißt solche, die als Symbole für sozialen Status ihrem Träger eine relativ hohe Position innerhalb der Gesellschaft verleihen, etwa Nerzmäntel oder Karten für den Wiener Opernball. Positionale Güter werden typischerweise verknappt (zumeist über den Preis). Wären sie allgemein zugänglich, verlören sie ihre symbolische Funktion der Statuserhöhung. In Tausch-, Leih- oder Schenksystemen dagegen ist der Zugang zu den Gütern demokratisiert. Wie das Beispiel des Prosuming oder des Social Commerce zeigen, bieten webbasierte Produktions- und Handelsplattformen weitere Möglichkeiten für eine Verbreiterung der Versorgungsgrundlagen.

Um »echten« Wohlstand zu erreichen, müssten drittens die Güter selbst einen anderen Charakter annehmen. Juliet Schor plädiert für Güter, die sowohl Bedürfnisse zufriedenstellen als auch eine nachhaltige Ressourcennutzung erlauben. Dafür sieht sie nur solche geeignet, die die drei Anforderungen Langlebigkeit, Multifunktionalität und Benutzerangepasstheit erfüllen.[169] Langlebig sollten Produkte sein, um den Ressourcenverbrauch und das Abfallaufkommen niedrig zu halten. Von Menschen, die Eigenarbeit betreiben, wird gerade dieses Merkmal als eines der wichtigsten für ihre selbst hergestellten Produkte angegeben. Ähnliches gilt für die Multifunktionalität. Geräte, die nur einem einzigen, zudem sehr eingeschränkten Zweck dienen (eine elektrische Salatschleuder zum Beispiel), werden als absurd, überkandidelt oder schlicht als »Platzverschwendung« abgelehnt. Benutzerangepasste Gegenstände schließlich sind das definierende Thema für alle Cultural Hacker, Fabber und Prosumenten. Auch der Social Commerce oder (im Falle von Dienstleistungen) die Tauschringe sind per se sehr patent darin, individuellen Bedarf in die passenden Güter zu verwandeln.

Die Arbeit befreien

Wie gut es Menschen geht, hängt in einem hohen Maß von der Tätigkeit ab, mit der sie sich einen guten Teil ihrer wachen Zeit beschäftigen: ihrer Arbeit. Dabei kommt es mindestens ebenso sehr darauf an, dass sie überhaupt Arbeit haben, um ihr Dasein bestreiten zu können, wie auf die *Art* der Arbeit. Die meisten derer, die in diesem Buch zu Wort kommen, sind zur Selbstorganisation übergegangen, nachdem sie die Fremdbestimmung ihrer Tätigkeiten, mangelnde Qualität der Produkte oder unfaire Arbeitsbedingungen nicht länger hinnehmen wollten. Sie arbeiten heute selbstbestimmter, kontrollieren die Qualität dessen, was sie anbieten, und haben die Rahmenbedingungen ihrer Tätigkeit besser in der Hand.

Insofern sie für sich die Alleinselbständigkeit oder eine gemischte Erwerbsform gewählt haben (wie die Arbeitssammler) beziehungsweise insofern sie Eigen- und Selbstversorgungsarbeit betreiben, stellen sie sich außerhalb eines Rahmens, der heute als der Kern der Erwerbstätigkeiten schlechthin akzeptiert wird: Der Arbeitnehmer bietet Arbeitskraft, der Arbeitgeber zahlt Lohn. Die Lohnarbeit ist die gängige Normalform. Das war sie nicht immer. Blickt man in die Geschichte zurück, so entwickelte sich menschliche Arbeit von einer direkten Versorgungsleistung für den Arbeitenden zu einem Produktionsfaktor, dessen Mehrwert nun auch einer Reihe nicht überschaubarer Interessen Dritter diente. Was lag näher, als den Produktionsfaktor Mensch in seinem Output zu optimieren, um immer größeren Nutzen aus ihm zu ziehen.

»Als man erst einmal entdeckt hatte, dass Arbeit die Quelle des Reichtums war, setzte man alles daran, diese Quelle nach den Regeln des Verstandes besser und effektiver zu nutzen und auszubeuten«, schreibt Zygmunt Bauman.[170]

Heute gehört der fordistische Gesellschaftsvertrag »Arbeit gegen Geld« zum kulturellen Gemeingut. Wer dabei sein und nicht als Sonderling gelten will, muss zudem bestimmte Konsummuster erfüllen: im Verbrauchermarkt einkaufen können, ein Handy haben, automobil sein, Mitglied in einem Social Network sein. Der Erwerb der nötigen Mittel, all das zu bezahlen, ist ein zentrales Lebensthema in der Mitte der Gesellschaft, eines, das viele jedoch zeitweise oder dauerhaft unter erheblichen Druck setzt. Eine Lohnarbeitsgesellschaft ist nämlich nur dann für alle gut, wenn auch für alle ausreichend bezahlte Arbeit da ist. Ausreichende Versorgung *außerhalb* von Geldverdienst scheint zudem in Deutschland heute fast unmöglich zu sein. Dass sie sehr wohl ihren Platz hat, zeigen die vielen Beispiele selbst organisierter Versorgung in diesem Buch.

Es ist sehr gut möglich, dass in Zukunft noch viele dem Ruf der Selbstorganisation folgen werden, weil sie der Falle der Lohnarbeit entgehen wollen. Der fordistische Gesellschaftsvertrag bröckelt. Das sogenannte »Normalarbeitsverhältnis« ist keine sichere Bank mehr. Immer mehr Menschen müssen sich immer mehr Gedanken darum machen, wie sie ihren Broterwerb organisieren sollen, wenn nicht durch einen regelmäßigen, ausreichend entlohnten und verlässlichen Job. Wenn dann noch weder die Qualität der Lohnarbeit zufrieden macht, noch ihre Menge hinreicht, um alle zu versorgen, müssen wir uns tatsächlich überlegen, ob das alte Modell noch das allein selig machende sein kann. Alternative Modelle stehen schon in der Warteschleife, um endlich auch in der Breite getestet zu werden, sei es Bergmanns Vorschlag einer dreigeteilten »Neuen Arbeit« oder Ulrich Becks »Bürgerarbeit«. Menschen wie Frauke Hehl oder die Arbeitssammler warten nicht mehr auf ein allgemeines, öffentliches Umdenken, sie gehen voran und finden ihre neue Arbeit, und zwar genug davon und in der Güte, die sie sich wünschen.

Arbeit ist zu einer großen Baustelle geworden. Soll sie

mehr als heute zum guten Leben beitragen, ist es Zeit zu entscheiden, ob jeder, der mitbaut, weiter allein vor sich hin wer-
keln soll, oder ob nicht doch besser alle nach einem gemeinsamen Bauplan suchen wollen.

Die ermöglichende Politik fordern

Doch wer soll es machen? Wer übernimmt die Bauleitung –
nicht nur für den Wandel der Arbeitswelt, der schließlich nur
ein Teil eines viel umfassenderen Wandels ist, in dem sich
unsere Form, Wirtschaft zu betreiben, in ihrer Gänze befindet? Braucht es überhaupt eine Bauleitung, jemanden, der von
oben lenkt und sagt, wo es hingehen soll?

Braucht es hier also die Politik und ihr lenkendes Eingreifen? Die Akteure der Selbstorganisation machen sich ihre eigenen Gedanken darüber, nicht immer hoffnungsfrohe allerdings. Petra Nagler von der EVG Bremen wartet nicht mehr
auf die Politik. »Man kann froh sein, wenn sie einen nicht
behindert«, winkt sie ab. »Das Genossenschaftsgesetz hat
uns riesige Auflagen gemacht. Die Strukturen sind für viel
größere Genossenschaften gemacht, auf uns kleine passt das
alles nicht.« Unter den Arbeitssammlern hört man ähnliche
Klagen: Die steuerlichen Auflagen erschweren den Schritt in
die Nebenerwerbsselbständigkeit durch unnötig hohe Barrie-
ren, die soziale Sicherung ist viel zu teuer für das laufende
Einkommen, überall bleibt man an zu starren und engen Ras-
tern hängen. Stört die Politik also die Selbstorganisation?

Ironischerweise legt sie Hindernisse in den Weg, ohne
selbst zu wissen, wo anders es denn langgehen soll. Angesichts immer ungebundener handelnder Wirtschaftsakteure
agieren die politischen Entscheidungsträger oft genug mit er-
schütternder Hilflosigkeit. »Der Nationalstaat hat sich selbst
entwertet«, ärgert sich die Subsistenzforscherin Maria Mies.
»Politiker wissen überhaupt nicht mehr, wie sie mit der Krise
umgehen sollen. Die großen Unternehmen und Banken machen weiter, wie sie es bisher gemacht haben, und die Politik
kann ihr System nicht mehr zähmen.« Tatsächlich sind die

ohnehin zaghaften Rufe, jetzt endlich könne man Ernst machen mit einem grundsätzlichen Umdenken, die in der Finanzkrise Ende 2008 hier und da hörbar wurden, längst wieder verstummt. Die schwarz-gelbe Politik ist zum business as usual (im buchstäblichsten Wortsinne) zurückgekehrt, das von den internationalen Konzernen und der Großfinanz trotz Krise offensichtlich ohnehin nie aufgegeben wurde.

Die Kapitalismuskritiker deuten das politische Handeln dieser Tage als Ausdruck flagranter Handlungsunfähigkeit. Dabei braucht es eine wirkungsfähige und breit legitimierte Politik vielleicht nötiger denn je. Selbst organisierte Aktivitäten machen deutlich, worum es der Politik gehen sollte, will sie im Interesse der Menschen handeln: darum, »zu garantieren, dass allen Menschen die notwendigen Bedingungen und Ressourcen zur Verfügung stehen, um so handeln zu können«, dass sie ihren Handlungen einen hohen Wert beimessen können.[171] Martha Nussbaum formuliert hier die Grundlage einer »ermöglichenden Politik«, und damit eines staatlichen Agierens, das sich auf seine fundamentale Aufgabe zurückbesinnt, nämlich allen Bürgern Chancen auf ein gutes, gelingendes Leben zu schaffen.

Ob in einer Markt-, Lohnarbeits- und Konsumgesellschaft oder in einer Gesellschaft, die auf Selbstorganisation gründet: Der Staat ist notwendig, um Subsistenzmittel zur Verfügung zu stellen. Infrastruktur und Verkehr, allgemeine Bildung, Zugangsrechte zu Information, die Durchsetzung des Rechtes, das Gesundheitswesen, Beziehungen zu anderen Nationen und so fort lassen sich, sollen sie für alle Bürger prinzipiell den gleichen Nutzen erbringen, nur auf der staatlichen Ebene organisieren. In welchem über die Mindestversorgung hinausreichenden Maß jedoch staatliche Strukturen notwendig sind und ob sie nicht teilweise durch selbst organisierte Strukturen von gleicher Funktion ergänzt werden können, bleibt eine offene Frage. Lisa Pfleger zum Beispiel denkt über ihren Kleinsthof in der Buckligen Welt hinaus und fragt sich, ob es in einer von Selbstorganisation geprägten Umgebung so viele Kindergärten oder Krankenhäuser bräuchte: »Was, wenn Eltern mehr Zeit für ihre Kinder hätten beziehungsweise abwechselnd auf mehrere aufpassen könnten? Was, wenn wir durch selbst produzierte, gesunde Nahrung gar nicht erst so häufig krank würden?«

Auch über die notwendigen staatlichen Aufgaben hinaus kann mehr als bisher auf der lokalen Ebene entschieden und organisiert werden. Für eine Ermöglichung weitgehender Selbstorganisation wäre dies sogar eine Voraussetzung. Eine Stärkung des Subsidiaritätsprinzips wäre die Konsequenz. In diese Kerbe schlägt auch Subsistenzforscher Daniel Dahm. Er drängt auf einen Veränderungsprozess, der von unten, aus der Zivilgesellschaft kommt. In seinen Forschungsarbeiten hat er sich lange mit Initiativen der urbanen Subsistenz befasst. Aus seiner Erfahrung sieht er allerdings auch, dass die allein nicht ausreichen werden, da die Zeit zum Umsteuern knapp geworden ist.»Es gehört mehr dazu, als es bei den lokalen Initiativen zu belassen, die können das allein nicht leisten. Wir brauchen einen großen zivilgesellschaftlichen ›Aufstand‹, und der kann nicht von oben verordnet werden. Wir brauchen aber eine gewisse Geschwindigkeit der Veränderung, weil wir an den Punkt kommen, an dem eine sanfte Veränderung nicht mehr möglich ist.« Insofern, so Dahm weiter, sollten wir auch Elemente einer steuerungsmächtigen Politik schätzen, da in ihnen das wirksamste Potenzial liegt, zum Beispiel den Klimawandel zu bremsen und den ökologischen GAU zu verhindern.

Das richtige Maß zwischen zentralistischer Steuerung und subsidiären Freiheiten ist mithin noch lange nicht gefunden. Zudem könnte es je nach historischer Situation unterschiedliche Maße geben. Der Politik stünde es zunächst gut an, den überall aufkeimenden Willen zur Selbstorganisation zuzulassen. Der große, »kümmernde« Staat macht sich zunehmend unbeliebt, weil er den Eindruck erweckt, dass er sich immer nur um die gleiche Klientel kümmert. Die Akteure in diesem Buch zieht es zu kleineren, autarken Einheiten, zu Produktionsgemeinschaften, Quartiersgemeinschaften, Nachbarschaften, Interessenbünden, Erzeuger-Verbraucher-Systemen. Sie wollen Selbständigkeit in der Gruppe, freundschaftliche Verbindungen und freie Kooperation zu gegenseitigem Nutzen statt anonymer Hersteller-Verbraucher-Beziehungen, globaler Lieferwege, Präferenzorientierung und Konkurrenz um den schönsten Platz im Leben. Sie sind auf dem Weg von der Systemabhängigkeit zur Bindung an die Gemeinschaft.

Das, was der Staat in einem solchen Szenario noch zu steuern hätte, habe ich oben bereits beschrieben. Will er die Selbstorganisation unterstützen, muss er dabei allerdings das lieb gewordene wirtschaftsliberale Credo überdenken. »Der Staat muss sich davon verabschieden, nur der Vollstrecker der Marktlogik zu sein«, meint auch Christa Müller von der Stiftungsgemeinschaft anstiftung & ertomis. »Er sollte nicht mehr dem Credo folgen ›Was für das Kapital gut ist, ist letztlich für die Gesellschaft gut‹. Ich plädiere vielmehr für einen Staat, der selbst eine Subsistenzlogik vertritt und die Wirtschaft so reguliert, dass sie sozial und ökologisch in einem globalen Kontext verträglich ist und dazu beiträgt, dass dieser Globus weiter von Menschen bewohnt werden kann. Das geht nicht allein auf lokaler Ebene.«

Wir brauchen den Staat, ja – aber einen Staat mit einem anderen Anspruch als dem heutigen.

Der dritte Weg: Dem überkommenen Leben ein Stück gutes entgegensetzen

Eine kurze Periode lang hat die Ökonomie der Verschwendung uns in ein Märchen entführt. Besoffen von unserem »Traum immerwährender Prosperität« konnten wir nach Herzenslust völlern und prassen. Aber jetzt »hat das Schlaraffenland zugemacht«, sagt Daniel Dahm. Es sei keine Frage mehr, *ob* wir die Kurve kriegen. Die Welt *wird* sich verändern und wir *werden* morgen anders wirtschaften als heute.

»Wenn du einem Fischer in Sri Lanka sagst: ›Geh besser, hier kommt gleich ein Tsunami‹, wird er nicht auf dich hören. Er kann sich den Tsunami nicht vorstellen, weil es den hier noch nie gab. Also bleibt er. Der Tsunami kommt trotzdem. Egal, ob der Fischer auf dich hört oder nicht, es macht im Ergebnis keinen Unterschied – er wird hier morgen nicht mehr sein.«

Wir sollten nicht einfach an der Stelle bleiben wie der Fischer. Denn dann würden wir uns die einzige Wahl nehmen, die wir noch haben: Zu entscheiden, ob wir die verbliebenen Möglichkeiten zum Eingreifen nutzen und den weiteren Weg souverän mitgestalten wollen oder nicht. »Nein« hieße, sich weiter blinden und gleichgültigen Marktkräften und der fatalen Eigendynamik, die sie ausgelöst haben, überlassen. Die Selbstversorger, Eigenarbeiter, Arbeitssammler oder selbstbewussten Bürger besinnen sich dagegen auf ihre Grundbedürfnisse. Die Selbstorganisierer sehen keine gebratenen Hühnchen mehr am Himmel fliegen. Sie schütteln den falschen Traum ab und stehen zu ihrer Verantwortung für eine Welt, deren Gestalt sie mitbestimmen wollen.

Selbstorganisation führt zurück zu grundsätzlichen Fragen an das Wirtschaften: Was kann Wirtschaft den Menschen Gutes tun? Wie geht es uns (und nicht dem Bruttoinlandsprodukt) eigentlich mit der Wirtschaft, die wir haben? Können wir uns, indem wir so wirtschaften, wie wir es tun, wirklich mit allem versorgen, das wir brauchen und uns wünschen? Haben die Spezialisten für das Wirtschaften, die Ökonomen und Wirtschaftspolitiker, den Blick für die grundlegenden Bedürfnisse schon verloren?

Die selbst organisierte Gesellschaft beginnt sich zu entfalten, in diesem Augenblick, in dem wir zu begreifen beginnen, dass das Schlaraffenland uns nur kurz zu Besuch hereingelassen hat, und dass, sollten wir weiter so tun, als wären wir seine unkündbaren Langzeitmieter, wir uns die Chancen auf jedes gute Leben endgültig verbauen, indem wir unsere eigenen Lebensgrundlagen zerstören. Die selbst organisierte Gesellschaft beginnt auf der niedrigstmöglichen Ebene, bei Einzelnen und kleinen Gemeinschaften. Ihre Fragen und Anliegen gehen dennoch uns alle an. Es ist erstaunlich: So viele verschiedene Bemühungen, einem falschen Leben ein Stück richtiges entgegenzusetzen, ohne einen großen Überbau, ohne die Hilfe der Politik, ohne die Unterstützung der Gesellschaft.

Seit anderthalb Jahrhunderten ringen die zwei großen Systeme des Kapitalismus und des Sozialismus/Kommunismus miteinander darum, welches von beiden das seligmachendere ist. Inzwischen, nach 1990, ist nicht mehr nur Heiner Geißler klar, dass sie beide gescheitert sind.[172] Dem Sozialismus ist der Totenschein längst ausgestellt, aber auch die Morbidität des Kapitalismus lässt sich nicht länger als für Kinderkrankheiten eben typische Symptomatik verharmlosen. Aus vielen Gründen – einige davon habe ich hier bereits skizziert – macht auch die freie Marktwirtschaft nicht wohlhabend und frei, sondern abhängig, unsicher und manchmal krank. Wenn aber keines der beiden Systeme in Zukunft noch tragfähig ist, dann nimmt es doch Wunder, warum nach wie vor an beiden festgehalten wird. Ein plausibler Grund für die Sturheit ist: Bisher ist keinem ein besseres System eingefallen. Ohne neue, allumfassende Idee am Horizont bleibt halt nur, am Alten festzuhalten.

Die Selbstorganisierer schütteln den Kopf über so viel Fantasielosigkeit. Sie können auf beide, Kapitalismus und Sozialismus, gleichermaßen verzichten. Jeder von ihnen tut, was er für richtig und notwendig hält. Im Ergebnis passiert aber etwas Entscheidendes: Alle gemeinsam tragen sie Puzzlestücke zu einem neuen Entwurf zusammen. Schemenhaft sind bereits die Formen eines ganz anderen, dritten Weges zu erkennen, der nicht »von oben« kommt, nicht als intellektuelle Idee beginnt, sondern sich aus den Handlungen derjenigen auffädelt, die das richtige Handeln suchen. Ihre vielen verstreuten Bemühungen – die mannigfaltigen Veränderungen vor Ort in kleinem Maßstab – sind zusammen genommen schon als Ganzes zu erkennen, das mehr ist als die Summe seiner Teile. Sie sind die Reagenzien in einem riesigen Versuchslabor, in dem irgendwann der Systemwechsel als entscheidender Durchbruch gefeiert werden könnte. Der wäre allerdings in der Tat nobelpreisverdächtig.

Interessant an der Versuchsanordnung ist, dass sie aus der akademischen Sphäre zwar mitversorgt wird, die Energie aber aus der alltäglichen Praxis kommt. Die Chemie passiert auf der Straße. Sie ließe sich wahrscheinlich auch nicht von oben »verordnen«, der Impuls von unten ist wichtig, er wirkt für den Prozess wie die intrinsische Motivation für den Einzelnen. Was in der Selbstorganisation passiert, ist nichts, »das wir künstlich von Intellektuellen propagieren lassen können«, wie der Politikwissenschaftler Michael Vester zu einem ähnlichen Thema schreibt. »Was wir können, ist beobachten und auch anerkennen, was in der Bevölkerung selbst passiert.«[173]

Milas Welt

Was wir beobachten können – alle, die es sehen wollen –, darüber hat dieses Buch erzählt. Noch unsichtbar bleibt das Ganze einer Gesellschaft des dritten Weges. Hier sind wir weiter auf die Fantasie angewiesen. Es lohnt sich, für einen Moment über die Gegenwart hinauszudenken, die Beispiele heutiger Selbstorganisation aufzugreifen und weiterzuspinnen, was sie an Fäden bereits ausgelegt hat. Angenommen, wir wären runde 30 Jahre weiter: Wie sähe ein Deutschland aus, in dem Selbstorganisation das Leitbild ist? Unter welchen Vorzeichen stünde unser Alltag dann? Sagen wir: der Alltag einer jungen Frau, die heute gerade einmal geboren ist.

Mila lebt seit vier Jahren in einem der neuen Niedrigenergiehäuser am Rand der Innenstadt. Wie jede Wohneinheit (auch die in den höheren Stockwerken) hat sie eine Terrassenfläche, auf der sie einen Garten angelegt hat. Das Zwölf-Parteien-Haus ist im Besitz eines Urban-Gardening-Conviviums, dem alle Mieter als Mitglieder angehören. Die Regeln des Conviviums sehen vor, das jeder Bewohner mindestens die halbe Fläche seines Kleingartens für den Anbau von Nutzpflanzen gebraucht. Das Convivium unterhält über die Mietwohnungen hinaus Ackerflächen außerhalb der Stadt, die zum Teil von den Mitgliedern in Gemeinschaftsarbeit bewirtschaftet werden, unterstützt von professionellen Landwirten. Wer möchte, kann sich auch an der Pflege der Nutztiere beteiligen. Die Grundversorgung mit Nahrungsmitteln ist für alle Mitglieder sichergestellt, Milas Convivium mit seinen insgesamt acht Häusern erwirtschaftet sogar regelmäßig Überschüsse.

Es wird viel getauscht zwischen den Nachbarn. Auf Milas Ebene liegt der Werkraum, in dem der MultiMaker des Hauses steht, ein kleiner 3-D-Drucker für Kunststoff und Metalle. Er wird fast nur noch für Reparaturen und Teileersatz benutzt, es ist ein älteres Modell und die Bewohner sind bereits mit allem ausgestattet, was man darauf herstellen könnte. Mila »bastelt« gerne, zurzeit vor allem die gerade sehr angesagten auswechselbaren »Cover«, das heißt Schalen für E-Reader, die den ehedem aufwendig gestalteten Buchdeckeln in puncto Design den Rang abgelaufen haben. Sie tauscht sie bei Bekannten in ihrem stadtweiten Tauschkreis oder verschenkt sie an Freunde und Nachbarn. Dafür bekommt sie Geschenke zurück, gestern einen Gürtel von ihrer Kollegin, letzte Woche ein Essen von ihrem besten Freund. Gegenseitiges Schenken ist zu einem veritablen ökonomischen Faktor geworden.

Ihre Coverentwürfe stellt Mila auf einer Nutzer-Gestalter-Plattform ins Netz. Dort bekommt sie Punkte für jeden Download von jedem Nutzer, dem ihr Entwurf besonders gefallen hat. Die Punkte kann sie in den Tausch- oder Nutzerkreisen einlösen, die mit der Plattform einen Partnerkontrakt abgeschlossen haben. Mila ist manchmal unzufrieden, weil ihre Entwürfe so unterschiedliche Punktzahlen einbringen, aber schließlich ist die Covergestaltung nur eine Nebenbeschäftigung für sie.

Mila ist sich dessen bewusst, dass ihre Eltern noch ganz anders gelebt haben, als sie um die 30 waren. Und sie fragt sich, wenn sie davon erzählen, wie das damals möglich war. Heute ist alles sehr klar und menschenfreundlich, so empfindet es Mila jedenfalls. Sie denkt viel über die Bedingungen nach, unter denen sie lebt. Da sie gerne Ordnung in ihre Gedanken bringt, kann sie das, was sie an ihrer Gesellschaft schätzt, in einer Liste formulieren.

1. Menschengerechter Wohlstand

Geld ist für viele Menschen nur noch ein Existenzmittel unter vielen. Die Mittel der Versorgung haben sich vervielfacht, vor allem weil wieder vermehrt Subsistenzwirtschaft betrieben wird und kooperative Arten der Selbstversorgung in ihrer Bedeutung stark gewachsen sind. Der Einkauf im Supermarkt ist nur noch eine Option unter vielen. Konsum hat seine gesellschaftstragende Funktion verloren. Der immaterielle Wohlstand wird von den Menschen mehr gesucht als früher.

Mila kauft nur alle drei Wochen in einem der wenigen Verbrauchermärkte ein. Lebensmittel machen nur die Hälfte des
Einkaufs aus: Reis, Hefe, Bananen, Milch, Tee hin und wieder.
Dazu kommen Toilettenartikel. Die Palette ist gegenüber dem
Einkaufszettel ihrer Eltern viel schmaler geworden, weil das
meiste nicht mehr zentral im Einzelhandel gekauft werden
muss. Seife macht die Quartiersmanufaktur zwei Blocks weiter. Kleidung bestellt sie nur noch über ConCom oder eine
andere Social-Commerce-Plattform, die alle an das Abhollager
ihres Conviviums liefern. Kürzlich hat sie gelernt, Fruchtjo-
ghurt selbst zu machen. Sie war so begeistert, dass sie sofort
ein paar Freunde eingeladen hat. Das ist Wohlstand für sie:
einfach Dinge ausprobieren zu können, weil für das Nötige
ohnehin schon gesorgt ist. Sie hat Muße genug dazu. Und die
Gewissheit, ihren Reichtum an guten Dingen aus der eigenen
Hand zu empfangen.

2. Gesundheit

Die guten Dinge sind für Mila vor allem die Lebensmittel, die
sie in ihrem Garten anbaut. Erfolgreiches Gärtnern hat sie in
der Mittelstufe auf der Schule gelernt, gemeinsam mit dem
wichtigsten Hintergrundwissen über Lebensmittelchemie,
Grundlagen in Pflanzenbiologie, den Wirkungen der Inhalts-
stoffe auf die Physiologie und den basalen Zubereitungstech-
niken. Sie fühlt sich sicher in der Materie – genau wie alle
ihre Nachbarn auch – und in dem Wissen, dass sie den Stoff-
kreislauf von der Bodenbereitung über die Anzucht bis zur
Ernte und schließlich Kompostierung der Abfälle nachvollzie-
hen kann. Über alle hinzugekauften oder -getauschten Stoffe
informieren die Hersteller auf Anfrage sehr ausführlich. Darüber, wie ein Nahrungsmittel auf ihre Gesundheit wirkt, weiß
sie also gut Bescheid, genauso wie darüber, dass ihre Nahrung gesünder ist als die, die ihre Eltern zu sich genommen
haben.

Zudem gibt es kaum noch große Agrarbetriebe oder Fabriken, die den Herstellungsprozess mit einem unvertretbaren
Aufwand an Logistik, Ressourceneinsatz und enormem Schad-
stoffausstoß bewerkstelligen müssen. Mila lebt deshalb außerdem in einer gesünderen Umwelt als ihre Eltern.

3. Dezentrale Produktion

Der Verzicht auf große Produktionsbetriebe zugunsten einer kleinteiligeren, lokalen Produktion ist zumindest in den fortschrittlichen Regionen weitgehend durchgesetzt. Die Energieversorgung wird größtenteils von Blockheizkraftwerken besorgt. Quartiersmanufakturen, die von den Convivien betrieben werden, tragen gemeinsam mit Kleingärten, Gemeinschaftsanlagen, MultiMakern und FabLabs arbeitsteilig den täglichen Bedarf an Haushaltsgütern. Die Produktion dient nicht mehr in erster Linie dem Geldverdienen (durch Abschöpfen von Überschüssen oder Erhalt von Arbeitslohn), sondern der Versorgung mit dem Lebensnotwendigen.

4. Gute Arbeit

Es gibt nur noch wenige Leute, die Vollzeit an einer Arbeitsstelle gegen ein Gehalt arbeiten. Die meisten folgen einem Mischmodell, das ein oder zwei abhängige Beschäftigungen, einen Teil Versorgungsarbeit in den eigenen Haushalten und den Gemeinschaftsanlagen sowie einen Teil umfasst, der nach Belieben ausgefüllt wird. Dieser letztere wird formal nicht als »Arbeit« bezeichnet, spielt jedoch oft genug einen tragenden Part für den alltäglichen Wohlstand. Sehr viele sind mit ihm de facto zu Kleinselbständigen geworden, sodass sie gleichzeitig Minipreneure, Bauern, Handwerker und Angestellte sind, alles »in Teilzeit«.

Das Covergestalten bringt Mila einige Annehmlichkeiten, die sie ohne eine solche Tätigkeit nicht hätte. Sie sagt »Arbeit«, wenn sie darüber spricht. Der Job, mit dem sie Geld verdient, ist allerdings ein anderer: Sie führt 15 Stunden in der Woche für ein Reiseunternehmen Touristen durch die City und zeigt ihnen die brachliegenden Großbauten der ehemaligen Kaufhäuser und Einkaufspassagen, die nun nach langem Hin und Her endlich unter Denkmalschutz gestellt werden sollen. Der Stundenlohn ist durchschnittlich, viel Geld braucht sie aber ohnehin nicht. Sie könnte ihre Stundenzahl noch vermindern, aber die Arbeit macht ihr Spaß.

5. Kooperation

Da vieles in der Verantwortung der Bürger vor Ort liegt, also subsidiär aufgeteilt ist, ist Zusammenarbeit auf Augenhöhe zu einer ständigen Notwendigkeit geworden. Mila kann sich genauso wenig aus den vielfältigen Tauschbeziehungen mit Nachbarn oder Komitgliedern herausziehen wie ihr Convivium aus den Kooperationen mit anderen Convivien, Betrieben oder Commerce-Plattformen. Sie sieht die dichte Vernetzung als Vorteil: Durch die zahlreichen Mitgliedschaften erweitern sich ihre Möglichkeiten, gleichzeitig erweitert Mila durch ihre Mitgliedschaft die Möglichkeiten der anderen ein Stück weit. Dinge werden erreichbarer, je dichter die Netze sind. Was man allein nicht schafft, schafft man nun gemeinsam und das Leben wird für alle ein bisschen reicher.

6. Aktive Bürgerschaften

Mila kümmert sich um ihr Stadtviertel, sie kann sich gar nicht vorstellen, ihren unmittelbaren Wohnort nur als abstrakten Verwaltungsbezirk zu begreifen. Die Gestaltung und Pflege der Straßen liegt – in Rücksprache mit der Stadtverwaltung – in der Hand der Quartiersbewohner. Auf einer Brachfläche haben die drei in der Straße anliegenden Convivien letztes Jahr einen Biergarten eingerichtet. Die Stadt hat ein Baufahrzeug mit Fahrer gestellt, um die Einfahrt zu planieren. Die Bürger sind insgesamt gewohnt, sich um ihr Lebensumfeld selbst zu kümmern. Das Verhältnis zur Kommune ist ein partnerschaftliches geworden.

Öffentlicher Raum wird wieder als solcher genutzt. Bei gutem Wetter ist der kleine Platz am Ende der Straße tatsächlich ein Ort, an dem man sich einfach mal trifft. Kontakte sind notwendiger und daher häufiger geworden – schon aufgrund der vielen kooperativen Verbindungen, die jeder hat. Viele nutzen ihre Zeit dafür, diese zu pflegen. Auch die Politik wird öffentlicher: Den Platz haben schon einige Verwegene als »Speaker's Corner« benutzt (wenn auch mit wenig politischem Erfolg).

Einen menschengerechten Wohlstand, gesunde Produkte und Umgebungen, dezentrale Produktionsstätten, vielfältige Formen gemischter Arbeit, Kooperationsnetze und aktive Bürgerschaften findet Mila jeden Tag vor. Sie sind die greifbaren Veränderungen, die ihren Alltag von dem ihrer Eltern unterscheiden. Darüber hinaus sind Mila aber noch einige übergreifende Gesichtspunkte wichtig, die einem oberflächlichen Betrachter vielleicht zunächst nicht auffallen werden, die die selbst organisierte Gesellschaft des dritten Weges dennoch bewirkt hat.

7. Gelinderte »Zivilisationskrankheiten«

Sogenannte »Zivilisationskrankheiten«, vor allem psychische Auffälligkeiten, deren Ursachen nie vollständig aufgeklärt werden konnten, gehen stetig zurück: Depressionen, Burnout-Syndrome, Angststörungen oder andere »seelische Überlastungsbrüche« haben an Zahl deutlich abgenommen. Umfragen bestätigen, dass die Neigung zu materialistischen Einstellungen rückläufig ist, die Lebenszufriedenheit insgesamt parallel zugenommen hat. Die Leute reagieren sehr positiv auf die Steigerung ihres Selbstwertgefühls, die ihnen in der aktiven Gesellschaft in der Regel widerfährt. Dennoch: Die Probleme mit diffusen psychischen Symptomen haben sich zum Teil nur verlagert. Selbstorganisation auf diesem hohen Niveau verlangt von einigen Menschen zu viel an Kraft und Eigeninitiative, sodass noch immer zu viele Fälle von Überforderung eintreten.

8. Öffnung für Kreativität

Indem die Möglichkeiten für die Einzelne, sich in vielen verschiedenen Formen an relevanten Aufgaben zu beteiligen, sich so sehr verbreitert haben, steigen auch die Chancen, schöpferische Leistungen zu erbringen, deren Ergebnisse in der Lebenswelt wirksam sind. Durch den niedrigschwelligen Zugang zu Produktionsmitteln ist es vergleichsweise leicht geworden, Neuentwicklungen zur Herstellungsreife zu bringen. In den dezentralen Produktionsstätten ist die »Innovation durch jedermann« gefragt. Neue Produkte und vor allem Dienstleistungen werden permanent durch die zahlreichen Mikrounternehmen auf den Markt gespült (viele verschwinden allerdings ebenso rasch wieder).

9. Nachhaltigkeit

Subsistenz ist ökologisch und sozial nachhaltiger als eine kapitalistische Marktwirtschaft, das war bereits Milas Eltern klar. Jetzt ist ein Großteil der Bevölkerung an Formen der Subsistenz beteiligt, die zudem durch technologische Entwicklungen flankiert werden und das Wirtschaften damit effektiv nachhaltiger machen. Mila kann sich zum Beispiel sicher sein, dass die allermeisten der Verbrauchsgüter und Gegenstände, die sie täglich benutzt, aus der unmittelbaren Umgebung ihres Wohnortes stammen (sofern sie nicht ohnehin im Convivium oder einer der Quartiersmanufakturen produziert werden). Der Transport der wenigen Importe wird ressourcenschonend bewerkstelligt. Auf ein logistikintensives On-Demand-System wird längst verzichtet, Wartezeiten werden dafür in Kauf genommen. Der Eintrag von Schadstoffen und klimawirksamen Gasen in die Umwelt hat sich dramatisch verringert.

10. Soziale Gerechtigkeit

Die Verbreiterung der Existenzbasis der Bürger durch eine Vervielfältigung der Versorgungsmittel (Selbstversorgung plus Eigenarbeit plus Geld plus Tausch etc.) bedeutet eine Entprivilegierung der Versorgungsmittel. Geld hat seinen Monopolstatus verloren. Ebenso sind die Produktionsmittel zu einem guten Teil entprivilegiert, indem sie dezentral organisiert sind. Prinzipiell hat jede (sofern sie möchte) Zugang zu Werkstätten, Rechnern, Gärten und so weiter. Die sich lange Zeit hindurch immer weiter öffnende Schere zwischen den Reichsten und den Ärmsten, die nun nicht mehr allein in Geld und geldwertem Besitz bemessen wird, hat sich in der Folge wieder ein Stück geschlossen.

11. Selbstbestimmung

Auf allen Ebenen – der Produktion, der Arbeit, der Lebensmittelversorgung, der bürgerschaftlichen Interessenvertretung und so fort – hält die Selbstbestimmung des Einzelnen und von Gruppen Einzug. Ein Problem bleibt weiterhin, Selbstbestimmung nicht aufzuzwingen. Das bedeutet: Die unterschiedlichen Fähigkeiten der Einzelnen, mit Freiheiten und Wirkmöglichkeiten umzugehen, müssen angemessen berücksichtigt werden. Grundsätzlich ist die weitgehende Selbstbestimmung jedoch als hohes Gut bestätigt worden durch die Praxis des dritten Weges.

12. Respektierte Grundbedürfnisse

Selbstbestimmung ist gemeinsam mit dem letzten Punkt, dem Respekt vor den menschlichen Grundbedürfnissen (zu denen auch die Selbstbestimmung zählt), die durchgreifendste und weitreichendste Veränderung. Sie beide betreffen das Menschenbild der Gesellschaft der Selbstorganisation. Es ist ein Menschenbild, das die Grundbefähigungen des Individuums zum erstrebenswertesten Güterkanon macht. Sie so weit wie möglich zu garantieren für eine so hohe Menschenzahl wie möglich ist das erste Ziel jeden Wirtschaftens. Das ist der wichtigste Durchbruch und das deutlichste Symbol der neuen Gesellschaft des dritten Weges.

Mila ist, wie gesagt, gerade erst geboren. Dass sie einmal in genau der Welt leben wird, die ich ihr an dieser Stelle auf den Leib geschrieben habe, ist mehr als unwahrscheinlich. Dass wir in diese Richtung vorankommen – vorankommen müssen –, hat allerdings einige Plausibilität.

Allmählich wachsen sie nämlich zusammen, die vielen verstreuten Initiativen zur Selbstorganisation. Oft hängt das Zusammenführen noch an Einzelnen, die vorangehen und den Weg frei machen, Leute wie Frauke Hehl zum Beispiel. Für sie sind neue Arbeitsformen, Selbstversorgung, Eigenarbeit und bürgerschaftliches Engagement im Grunde schon eins. Frauke Hehl ist in den verschiedensten Arten der Selbstorganisation zu Hause, und sicher hat sie sich dafür vorher keinen Plan zurechtgelegt. Ihre Hoffnung ist, dass noch viel mehr ihrer Mitbürger den Impuls bekommen, ihr Leben in die eigene Hand zu nehmen, aktiv an den Bedingungen ihrer Existenz mitzuwirken, statt passiv Arbeits- oder Konsumangebote wahrzunehmen. Wichtig ist allerdings auch, dass Strukturen vorhanden sind, in denen eine aktive Selbstorganisation stattfinden und gebündelt werden kann. Für breite gesellschaftliche Veränderungen ist noch mehr nötig, als heute bereitsteht. »Eine kritische Masse wird am ehesten erreicht über mehrere einzelne, kleinere Projekte«, schätzt Frauke Hehl, »weil dort mehr als in großen, administrierten Institutionen Vielfalt und Bauchentscheidungen möglich sind. Die Herausforderung ist, eine kritische Masse herzustellen, aber die Vielfalt, das Individuelle zu bewahren.«

Die Menschen in diesem Buch haben demonstriert, welche neuen Wege Menschen gehen können, um sich noch ein Stück gutes Leben freizuschaufeln und damit irgendwann eine »kritische Masse« zu schaffen. Christa Müller ist überzeugt: »Die neuen Wege sind schon da, man kann sie schon beobachten. Die Leute greifen etwas auf, das in der Luft liegt, und spielen damit. Das ist ein Spielen, es ist sehr leicht, und das ist auch notwendig, damit es als Attraktor funktionieren kann.« Ihnen bleibt zunächst nur, »mit den Mitteln, die vorhanden sind, das Beste zu machen«. Auf ihrem Weg schaffen sie jedoch neue Vorbilder für andere. Die Selbstorganisation, die hier so zahlreiche bunte Blüten treibt, ist anregend und mitreißend.

Und sie macht Mut und Hoffnung. Hoffnung darauf, dass es ein anderes Wirtschaften tatsächlich geben kann, eines, das die Risiken, blinden Flecken und Hindernisse der alten Ökonomie vermeidet, das sich der Frage, wie es den Menschen eigentlich in ihr ergeht, annimmt und ihnen ein reichhaltigeres und selbstbestimmteres Leben als zuvor eröffnet, in dem ihre Grundbefähigungen endlich gesichert sind.

Die Menschen in diesem Buch haben einen Anfang gemacht. Er ist zugleich eine Aufforderung: Wir haben euch Chancen genug gezeigt, etwas im Kleinen zu tun! Wartet nicht, dass jemand anderes es für euch tut, keine Politik und keine Interessenvertretung! Die Lücken sind da, nutzt die Räume!

Ich sehe das Spaltengrün auf dem Gehsteig neben meinem Fiesta immer noch jeden Morgen. Niemand hat es entfernt. Ist auch eine Plackerei, das Gekratze und Geschabe. So wächst es weiter, jeden Tag vielleicht einen halben Millimeter, jedenfalls so langsam, dass man es nicht dabei beobachten kann, langsam genug auch, dass es den Gehsteig nicht heben oder sprengen wird, solange ich hier wohne. Der Gehsteig wird ein Gehsteig bleiben.

Ich beschließe, das Grün wachsen zu lassen, auch wenn das Ärger mit den Nachbarn bedeutet. Man wird immer noch auf dem Gehsteig gehen können, aber er wird sich verändern. Aus den Ritzen heraus wird ihn das Grün allmählich überwuchern, zudecken mit einer lebenden Matte. Er wird immer noch eben sein, aber schöner, alle werden weich auf ihm gehen können und mit ein bisschen Glück werden am Rand Kräuter wachsen. Es wird ein besserer Gehsteig sein, wenn man nur ein paar winzige Pflanzen ihrem Daseinszweck nachgehen lässt. Als ich einsteige und den Motor starte, höre ich schon wieder ein neues Rasseln.

DANK

Mein herzlicher Dank geht an alle, die an diesem Buch mitgearbeitet haben. In erster Linie sind das diejenigen, die mich in Interviews an ihren Erfahrungen und Ansichten zur Selbstorganisation großzügig teilhaben ließen:

Dr. Kenneth Anders – Kulturwissenschaftler, Gründer des Büros für Landschaftskommunikation im Oderbruch. Bad Freienwalde.

Birgit Böcker – Sporttherapeutin, Vorstandsmitglied des Fördervereins für das Freibad Gadderbaum. Bielefeld.

Oliver Böcker – Sozialarbeiter, Football-Trainer. Bielefeld.

Niels Boeing – Physiker, Wissenschafts- und Technikjournalist, Mitglied von LOMU – Local Organized Multitude. Hamburg.

Richard Christian – Philosophiestudent, Nutzer der Werkstätten des Hauses der Eigenarbeit. München.

Dr. Daniel Dahm – Geograf, Nachhaltigkeitsforscher, Wirtschaftsberater. Berlin.

Daniel Guthor – Diplom-Kaufmann, Geschäftsführer von Groupido und onestra. Saarbrücken.

Monika Haberl – Buchbinderin, Kursleiterin und Fachberaterin im Haus der Eigenarbeit. München.

Michael Hartl – Executive Director von more onion, seit Kurzem Selbstversorger. Wien/Bucklige Welt.

Frauke Hehl – Gründerin der workstation – Ideenwerkstatt. Berlin.

Peter Huth – Maschineningenieur, Landwirt. Wollup.

Prof. Dr. Maria Mies – Soziologin, Subsistenzforscherin. Köln.

Prof. Dr. Klaus Michael Meyer-Abich – Naturphilosoph, Autor von *Vom Baum der Erkenntnis zum Baum des Lebens* und *Was es bedeutet, gesund zu sein.* Hamburg.

Dr. Christa Müller – Soziologin, geschäftsführende Gesellschafterin der Stiftungsgemeinschaft anstiftung & ertomis. München.

Petra Nagler – Biologin, Mitgründerin der Erzeuger-Verbraucher-Gemeinschaft Bremen. Bremen.

Lisa Pfleger – Studentin, seit Kurzem Selbstversorgerin. Wien/Bucklige Welt.

Felix Quadflieg – Lehrer, Gründer von Otium – Initiative zur Rehabilitierung von Muße und Müßiggang. Bremen.

Dr. Elisabeth Redler – Sozialwissenschaftlerin, Leiterin des Hauses der Eigenarbeit. München.

Josef Schromm – Buchbindermeister, Kursleiter und Fachberater im Haus der Eigenarbeit. München.

Dr. Christian Siefkes – freiberuflicher Softwareentwickler, IT-Berater und Autor. Berlin.

Hans Sporer – Feinmechaniker und Elektrotechniker, Kursleiter und Fachberater im Haus der Eigenarbeit. München.

Ulrike Urban – Vorstandsmitglied des Tauschrings »Zeitpunkt«. Bielefeld.

Luzie von Arnim – Vorstandsmitglied des Tauschrings »Zeitpunkt«. Bielefeld.

Elisabeth Voß – Betriebswirtin und Publizistin, Redaktionsmitglied der Zeitschrift *Contraste*. Berlin.

Ein nicht weniger herzliches Dankeschön geht an
Martin Janik, Programmleiter Wirtschaft, und das ganze Team des Carl Hanser Verlags,

Ernst Piper, Literaturagentur Piper & Poppenhusen,
für ihre vielen guten Worte und dafür, dass ich auch in Zukunft auf sie bauen kann.

HINWEISE

für alle, deren Interesse geweckt ist und die mit dem Einstieg ins gute Leben gerne weiter kommen wollen als bis ans Ende dieses Buches:

Selbstversorgung:

experimentselbstversorgung.net
www.oderbruchpavillon.de
Ackerflächen »mieten«: www.oekolandbau.de/erzeuger/oekonomie/ vermarktung/gemueseselbsternte/was-ist-die-gemueseselbsternte
www.agropolis-muenchen.de
Frei zugängliches Obst: www.mundraub.org

Subsistenz:

Literatur:
Dahm, Daniel; Scherhorn, Gerhard (2008): *Urbane Subsistenz – Die zweite Quelle des Wohlstands*. München: oekom.

Bennholdt-Thomsen, Veronika (2010): *Geld oder Leben – Was uns wirklich reich macht*. München: oekom.

Urbane Gärten:

www.urbanacker.net

Literatur:
Müller, Christa (Hrsg.) (2011): *Urban Gardening – Über die Rückkehr der Gärten in die Stadt*. München: oekom.

Mülltauchen:

container.blogsport.de

Eigenarbeit:

www.hei-muenchen.de
Liste Offener Werkstätten:
www.anstiftung-ertomis.de/opencms/opencms/offene_werkstaetten/

Do it yourself:

www.dawanda.com
www.etsy.com

Tauschen und schenken:

www.tauschring-bielefeld.de
www.tauschringportal.de

Tauschringadressen in Deutschland hat: www.tauschringadressen.de
www.umsonstladen.de

Literatur:
Hoffmann, Günter (1998): *Tausche Marmelade gegen Steuererklärung – Ganz ohne
Geld: die Praxis der Tauschringe und Talentbörsen.* München: Piper.

Fabbing:

www.fabfoundation.org
hci.rwth-aachen.de/fablab
www.fablab-hamburg.org

Literatur:
Neef, Andreas; Burmeister, Klaus; Krempl, Stefan (2005): *Vom Personal Computer
zum Personal Fabricator – Points of Fab, Fabbing Society, Homo Fabber.* Hamburg:
Murmann.

Social Commerce:

www.groupido.com
www.ponoko.com

Peer Production:

www.siefkes.net
www.keimform.de

Neue Arbeitsformen:

www.neuearbeit-neuekultur.de
workstation-berlin.org
www.arbeitssammler.de
www.otium-bremen.de
www.cppStudios.de

Literatur:
Plöger, Peter (2010): *Arbeitssammler, Jobnomaden und Berufsartisten –
Viel gelernt und nichts gewonnen? Das Paradox der neuen Arbeitswelt.*
München: Hanser.

Genossenschaften, Erzeuger-Verbraucher-Gemeinschaften
und Ökodörfer:

www.dgrv.de (Deutscher Genossenschafts- und Raiffeisenverband)
www.foodcoops.de
www.eden-eg.de
www.regiostar.com
www.siebenlinden.de

Literatur:
Einfach gut leben e. V. (2009): *Eurotopia.* Poppau.

Sense.Lab e. V. (Hrsg.) (2009): *Fair, bio, selbstbestimmt – Das Handbuch zur
Gründung einer Food-Coop.* Norderstedt: Books on demand.

Gemeingüter:

www.commonsblog.de

Guerilla Gärtnern:

www.guerillagardening.org
gruenewelle.org

Literatur:
Reynolds, Richard (2009): *Guerilla Gardening – Ein botanisches Manifest.* Freiburg: Orange Press.

Gentrifizierung:

wiki.rechtaufstadt.net
www.buko.info/fileadmin/user_upload/stadtraum/buko_rezeptbuch_web.pdf

Literatur:
Holm, Andrej (2010): *Wir bleiben Alle! Gentrifizierung – Städtische Konflikte um Aufwertung und Verdrängung.* Münster: Unrast.

Zum Weiterlesen:

Baier, Andrea; Müller, Christa; Werner, Karin (2007): *Wovon Menschen leben – Arbeit, Engagement und Muße jenseits des Marktes.* München: oekom.

Habermann, Friederike (2009): *Halbinseln gegen den Strom – Anders leben und wirtschaften im Alltag.* Königstein/Taunus: Helmer.

Reader Selbstorganisation. Bei www.alltagsalternative.de.vu.

Schor, Juliet (2010): *Plenitude – The new economics of true wealth.* London: Penguin.

Voß, Elisabeth (2010): *Wegweiser Solidarische Ökonomie – ¡Anders Wirtschaften ist möglich!* Neu-Ulm: AG SPAK.

Zeitschriften:
Contraste – Monatszeitung für Selbstorganisation
Oya – Anders denken. Anders leben.

ANMERKUNGEN

1 Für Gruppen, die sowohl männliche als auch weibliche Personen enthalten können, benutze ich im gesamten Text abwechselnd die feminine und die maskuline Pluralform.
2 Pinzler 2010, S. 21.
3 www.worldpublicopinion.org/pipa/pdf/mar09/BBCEcon_Mar09_rpt.pdf.
4 Bettelheim 1965, S. 7.
5 Stehr 2007, S. 170.
6 Fenner 2007, S. 59.
7 Fetchenhauer/Enste/Köneke 2010, S. 18.
8 Lane 2000, S. 13. Alle Übersetzungen aus dem Englischen hat der Autor besorgt.
9 Layard 2005, S. 62 ff.
10 Frey 2008, S. 29, 71 ff.
11 Frey 2008, S. 27ff., 38; Layard 2005, Kapitel 4.
12 Easterlin 1995; Kahnemann/Krueger 2006, S. 14 f.
13 Braudel 1986, S. 48 ff.
14 Machatschek 1999.
15 Machatschek 1999, S. 168; zum Thema »Aussteigen, um Einzusteigen« s. Oya Vol. 2 (2010).
16 Meyer-Renschhausen 2004.
17 www.weltverbessern.info.
18 www.stiftung-interkultur.de/berlin/berlin-friedrichshain-rosarose.
19 Meyer-Renschhausen 1999, S. 124.
20 www.agropolis-muenchen.de.
21 Poddig 2009, S. 10.
22 »Frisch auf den Müll«, ARD, 20.10.2010.
23 Gernert 2007.
24 www.dw-world.de/dw/article/0,,3268134,00.html. Fotos von aus Containern geborgenen Lebensmitteln auf container.blogsport.de.
25 www.jungle-world.com/artikel/2008/52/32347.html.
26 Selbstverständlich möchte ich diejenigen nicht unter den Tisch fallen lassen, die tatsächlich hungern oder denen Nahrungsmittel nur in niedriger Qualität oder geringer Menge zur Verfügung stehen. Die Zahl derer, die von den Tafeln oder den Schulküchen verköstigt werden müssen, wächst bedauerlicherweise offensichtlich – angesichts der Möglichkeiten, die der Wohlstand dieses Landes seiner Gesellschaft bietet, kein tragbarer Zustand.
27 Maslow 1970, Kapitel 4. In der ursprünglichen Version der maslowschen Pyramide ist das Bedürfnis nach Transzendenz noch nicht vorhanden, Maslow hat es erst später ergänzt.
28 Nussbaum 1998, S. 208.
29 Die gesamte Auflistung aus: Nussbaum 1999, S. 57 f. Nussbaums Terminus wird hier mit »Fähigkeit« übersetzt, gemeint sind im Grunde aber Verwirklichungschancen.

30 Sen und Nussbaum, das soll an dieser Stelle nicht unterschlagen werden, haben den »Befähigungsansatz« nicht als reines Theoriekonstrukt entwickelt. Er ist unter anderem aus ihrer zum Teil gemeinsamen Arbeit während Feldstudien in Indien und anderen Ländern entstanden und ist eng mit einer politischen Vision verknüpft.

31 Müller 2002, S. 62.

32 Bennholdt-Thomsen/Mies 1995, S. 25.

33 Fürstenberg 1971, S. 66.

34 Müller 2002, S. 62.

35 Anders 2010, S. 1.

36 Bennholdt-Thomsen/Mies 1995, S. 37 ff.

37 www.mundraub.org.

38 Haus der Eigenarbeit München, Sommerprogramm 2010, S. 3.

39 Stöcker/Lischka 2007; Marguier 2009, S. 56; Gerbert/Hartmann-Wolff 2009.

40 Berger/Hawthorne 2005; Spencer 2007.

41 www.washingtontimes.com/news/2008/sep/29/queen-punk-does-diy-fashion/print.

42 www.anstiftung-ertomis.de/opencms/opencms/offene_werkstaetten.

43 Carbonaro in Gerbert/Hartmann-Wolff 2009; Marguier 2009, S. 56.

44 Das Zeitpunkte-Modell hat damit starke Ähnlichkeit mit der Idee des alternden Geldes des Freiwirtschaftspioniers Silvio Gesell.

45 Zeitpunkt Bielefelder Tauschring e. V.: Lebensqualität durch Geben und Nehmen.

46 Reader Selbstorganisierung, S. 43.

47 Reader Selbstorganisierung, S. 39 ff.; Loewenberg 2010, S. 48 ff.

48 Dahm/Scherhorn 2008, S. 166.

49 Zur informellen Arbeit gehören darüber hinaus illegale Beschäftigung (Schwarzarbeit) und kriminelle Tätigkeiten, die zur Versorgung beitragen.

50 Birkhölzer 1997, S. 105.

51 Rifkin 2004, S. 238.

52 Teichert 2000, S. 73.

53 Dahm/Scherhorn 2008, S. 36, 57, 40.

54 Rifkin 2004, Kapitel 16 und 17; Dahm/Scherhorn 2008, S. 40.

55 Mehr Beispiele in Berger/Hawthorne 2005; Liebl 2008.

56 Berger/Hawthorne 2005, S. 8. Alle Übersetzungen aus dem Englischen hat der Autor besorgt.

57 Friebe/Ramge 2008, S. 130.

58 hci.rwth-aachen.de/fablab.

59 www.heise.de/tr/blog/artikel/The-future-is-fab-942575.html; www.fablab-hamburg.org.

60 www.wissen.dradio.de/index.36.de.html?dram:article_id=2110&sid=&random=1efb97.

61 Neef/Burmeister/Krempl 2005, S. 8.

62 Siefkes 2008, S. 145 ff., 83 f., 14 ff., 45; vgl. Siefkes 2010, S. 32 f.

63 createordie.de/cod/artikel/2654; www.groupido.com.

64 Siefkes 2008, S. 145 f.

65 Bonß 2000, S. 395.

66 Gabriel/Lang 1995, S. 188.

67 »... und was machen Sie so im Leben«, Manifest der glücklichen Arbeitslosen: www.diegluecklichenarbeitslosen.de/dieseite/seite/rahmen.htm.

68 Bergmann/Friedland 2007.

69 Gorz 2000, S. 103 f.; www.neuearbeit-neuekultur.de.

70 Baier/Müller/Werner 2007, S. 223.

71 Arendt 2007.

72 Bonß 2000, S. 390, 394; Bude 2000, S. 129.

73 Lutz 1984; Bonß 2000, S. 335.

74 Ribolits 1997, S. 264.

75 Beyer 2010, S. 65.

76 www.otium-bremen.de; Manifest der Glücklichen Arbeitslosen: www.die glueclichenarbeitslosen.de/dieseite/seite/rahmen.htm.

77 Gorz 2000, S. 134.

78 Beyer 2010, S. 66.

79 Pflüger 2009.

80 Pflüger 2009, S. 169, 252; Bauer 2009, S. 206.

81 See 1997, S. 60.

82 Die »Bunten Seiten« der Monatszeitung *Contraste* bieten ein allgemein zugängliches Adressverzeichnis selbst verwalteter Betriebe und Projekte, das in Bälde über die Homepage zugänglich sein wird: www.contraste.org.

83 See 1997, S. 71.

84 Triebel 2010, S. 148.

85 An anderer Stelle beschreibe ich die Situation der Arbeitssammler ausführlicher (siehe Plöger 2010a). Die folgenden Beispiele stammen aus Interviews, die ich zwischen 2007 und 2009 geführt habe. Die echten Namen der Arbeitssammler werden hier durch Pseudonyme ersetzt.

86 Baier/Müller/Werner 2007, S. 220.

87 Beck 2000a, S. 64.

88 Plöger 2010b; Mehr zu den fünf Arbeitssammlertypen siehe Plöger 2010a, Kapitel 1.

89 Albers 2010.

90 Pflüger 2009, S. 165; Layard 2005, S. 156 ff.

91 Dahm/Scherhorn 2008, S. 150.

92 Deci 1995, S. 26 ff., Kapitel 3; Layard 2005, S. 159.

93 Argyle 2001, S. 91 ff.

94 Deci 1995, S. 9.

95 Dahm/Scherhorn 2008, S. 169 ff.

96 Deci 1995, Kapitel 5; Rawls 1975, S. 464.

97 Dahm/Scherhorn 2008, Kapitel 6.

98 Deci 1995, S. 38, 50 ff., 68.

99 Fromm 1954.

100 Siefkes 2008, S. 15; Pflüger 2009, S. 232, 139.

101 Triebel 2010, S. 147.

102 Vgl. Plath 2000, S. 588 ff.

103 Pflüger 2009, S. 146.

104 Vgl. Lessenich 2008.

105 Deci 1995, S. 84.

106 Heussen 2008; http://workstation-berlin.org.

107 Klein 2009, S. 15.

108 Novy/Prinz 1985, S. 12.

109 www.dgrv.de/de/genossenschaftswesen.html; Voß 2010, S. 20 ff.

110 www.dgrv.de/de/genossenschaftswesen/dasgenossenschaftsgesetz/errichtungdergenossenschaft.html

111 www.regiostar.com.

112 www.siebenlinden.de/htmcontent2000.html.

113 Halbach 2010, S. 40 ff.; www.siebenlinden.de.

114 Voß 2010; Mies 1994; Sense.Lab 2009, S. 15; www.solidarische-oekono mie.de/alte_seite/index.php?id=doku.
115 Altenkirchener Erklärung, www.oekoop.de/bag___contenido-4.4.5/cms/ upload/pdf/Archiv_EVG.pdf.
116 Bennholt-Thomsen/Mies 1997, S. 129; Altenkirchener Erklärung, www.oekoop.de/bag___contenido-4.4.5/cms/upload/pdf/Archiv_EVG.pdf; Sense.Lab 2009, S. 15.
117 Bauer 2009, S. 36.
118 Hoffman 2010, S. 22 f.; Bauer 2009, S. 71, 85.
119 Kasser 2002, S. 28.
120 Scherhorn 2007a, S. 327; Lane 2000, S. 145.
121 Kasser 2002, Kapitel 4 & 5; Layard 2005, Kapitel 4.
122 Kasser 2002, Kapitel 6 & 7.
123 Kasser 2002, S. 93 ff.
124 Lane 2000, S. 158.
125 Schor 2010, S. 140 f.
126 Klein 2009, S. 17.
127 www.eden-eg.de.
128 Baier/Müller/Werner 2007, S. 26, 209.
129 Helfrich 2009, S. 7.
130 Siefkes 2009, S. 10.
131 Mörtenböck 2008, S. 264 f.
132 www.urbanfreeflow.com/the-glyph-explained/.
133 Mörtenböck 2008, S. 261.
134 www.die-urbanauten.de/cms/urbanauten/-die-urbanauten/-philosophie.html; www.die-urbanauten.de/cms/urbanauten/-die-urbanauten/-club-o-nauten. html.
135 www.die-urbanauten.de/cms/urbanauten/-inszenieren/-abgeschlossen.html.
136 *Münchner Merkur* 31/2008, S. 36; Baier/Müller/Werner 2007, S. 111, 113.
137 Diefenbacher/Zieschank 2009, S. 2; Strohschneider 2009.
138 Scherhorn 1997, S. 191.
139 Schor 2010, S. 173 f.
140 GDP bedeutet »Gross Domestic Product« und entspricht funktional dem deutschen »BIP«.
141 eur-lex.europa.eu/LexUriServ/LexUriServ.do?uri=COM:2003:541:FIN:DE: PDF, S. 3; Stiglitz/Sen/Fitoussi 2009.
142 Stiglitz/Sen/Fitoussi 2009, S. 12 ff.
143 Diefenbacher/Zieschank 2009, S. 4 ff.
144 Anand/Sen o. J., S. 138 f.
145 Costanza et al. 2001, S. 153 ff.
146 Costanza et al. 2001, S. 158; Diefenbacher/Zieschank 2009, S. 8.
147 Costanza et al. 2001, S. 157 ff.
148 Jahnke 2007, S. 1.
149 Die gesamte Auflistung auf: www.gruenewelle.org/index_de.html;
150 www.gruenewelle.org/index_de.html; www.youtube.com/watch?v=a5TKN meFRU4.
151 Jahnke 2007, Kapitel 4.5.
152 Jahnke 2007, S. 32.
153 www.rechtaufstadt.net.
154 Holm 2010, S. 7; Oehmke 2010, S. 95.
155 Spehr 2010, S. 13.
156 http://nionhh.wordpress.com; Florida 2002.

157 Holm 2010, S. 24, 27.
158 www.gaengeviertel.info.
159 www.bpb.de/themen/5Q64EM.html; Oehmke 2010, S. 96.
160 Vgl. Lanes (2000) materialreiche Diskussion.
161 Baier/Müller/Werner 2007, S. 221.
162 Stehr 2007, S. 56 f.
163 Stehr 2007, S. 130; Schor 2010, S. 83.
164 Bauman 2003, S. 73 f.
165 Gorz 2000, S. 110 f.
166 Bennholdt-Thomsen 2010, S. 45, 46.
167 Schor 2010, S. 40 f.
168 Dahm/Scherhorn 2008, S. 43 f.; Bauman 2003, S. 92, 78; Scherhorn 2007, S. 109.
169 Schor 2010, S. 130 ff.
170 Bauman 2003, S. 168.
171 Nussbaum 1998, S. 217.
172 www.heiner-geissler.de/documents/heiner-geissler.de_thema_kapitalismus-kommunismus.pdf.
173 Vester 1998.

LITERATUR

Aicher, Florian; Breuß, Renate (2005): *eigen + sinnig – Der »werkraum bregenzerwald« als Modell für ein neues Handwerk*. München: oekom.

Albers, Markus (2010): *Meconomy – Wie wir in Zukunft leben und arbeiten werden – und warum wir uns jetzt neu erfinden müssen*. Berlin: epubli.

Anand, Sudhir; Sen, Amartya (o. J.): »Human Development Index – Methodology and measurement«. UNDP. hdr.undp.org/en/reports/global/hdr1994/papers/oc12.pdf.

Anders, Kenneth (2010): Wir sind Analphabeten der Selbstorganisation – Thesen zur Subsistenz. Manuskript.

Arendt, Hannah (2007): *Vita Activa oder Vom tätigen Leben*. 6. Auflage, München & Zürich: Piper.

Argyle, Michael (2001): *The Psychology of happiness*. 2. Auflage, London & New York: Routledge.

Baier, Andrea; Müller, Christa (2006): »Der Bielefelder Subsistenzansatz«. www.coforum.de/?1228.

Baier, Andrea; Müller, Christa; Werner, Karin (2007): *Wovon Menschen leben – Arbeit, Engagement und Muße jenseits des Marktes*. München: oekom.

Bauer, Joachim (2009): *Prinzip Menschlichkeit – Warum wir von Natur aus kooperieren*. 3. Auflage, München: Heyne.

Bauman, Zygmunt (2003): *Flüchtige Moderne*. Frankfurt: Suhrkamp.

Beck, Ulrich (Hrsg.) (2000a): *Die Zukunft von Arbeit und Demokratie*. Frankfurt: Suhrkamp.

Beck, Ulrich (2000b): »Wohin führt der Weg, der mit dem Ende der Vollbeschäftigungsgesellschaft beginnt?« In: Beck 2000a, S. 7–66.

Bennholdt-Thomsen, Veronika (Hrsg.) (1999): *Das Subsistenzhandbuch – Widerstandskulturen in Europa, Asien und Lateinamerika*. Wien: Promedia.

Bennholdt-Thomsen, Veronika (2010): *Geld oder Leben – Was uns wirklich reich macht*. München: oekom.

Bennholdt-Thomsen, Veronika; Mies, Maria (1997): *Eine Kuh für Hillary – Die Subsistenzperspektive*. München: Frauenoffensive.

Berger, Shoshona; Hawthorne, Grace (2005): *ReadyMade – How to make (almost) everything*. London: Thames & Hudson.

Bergmann, Frithjof; Friedland, Stella (2007): *Neue Arbeit kompakt – Visionen einer (selbst)bestimmten Gesellschaft*. Freiamt im Schwarzwald: Arbor.

Bettelheim, Bruno (1965): *Aufstand gegen die Masse – Die Chance des Individuums in der modernen Gesellschaft*. 2. Auflage, München: Szczesny.

Beyer, Susanne (2010): »Leben im Stand-by-Modus«. *Spiegel* 29/2010.

Birkhölzer, Karl (1997): »Für eine Soziale Ökonomie – Der Dritte Sektor als Ausweg aus Armut und Arbeitslosigkeit«. In: Heckmann/Spoo 1997, S. 102–106.

Bonß, Wolfgang (2000): »Was wird aus der Erwerbsgesellschaft?« In: Beck 2000a, S. 327–415.

Braudel, Fernand (1986): *Die Dynamik des Kapitalismus*. Stuttgart: Klett-Cotta.

Bude, Heinz (2000): »Was kommt nach der Arbeitnehmergesellschaft?« In: Beck 2000a, S. 121-134.

Costanza, Robert et al. (2001): *Einführung in die Ökologische Ökonomik*. Stuttgart: Lucius & Lucius.

Dahm, Daniel; Scherhorn, Gerhard (2008): *Urbane Subsistenz – Die zweite Quelle des Wohlstands*. München: oekom.

Deci, Edward L. (1995): *Why we do what we do – Understanding self-motivation*. London: Penguin.

Diefenbacher, Hans; Zieschank, Roland (2009): »Ein Vorschlag für einen neuen Wohlfahrtsindex – Intentionen, Konstruktion, Interpretation und offene Fragen. Forschungsstätte der Evangelischen Studiengemeinschaft«. www.polsoz.fu-ber lin.de/polwiss/forschung/systeme/ffu/projekte/laufende/07_wohlfahrtsindex/ bmu_workshoppapier2_neu_deutsch.pdf.

Düllo, Thomas; Liebl, Franz (Hrsg.) (2005): *Cultural Hacking – Kunst des strategischen Handelns*. Wien & New York: Springer.

Easterlin, Richard A. (1995): »Will raising the incomes of all increase the happiness of all?«. In: *Journal of Economic Behavior and Organization*, Vol. 27, S. 35-47.

Fenner, Dagmar (2007): *Das gute Leben*. Berlin & New York: de Gruyter.

Fetchenhauer, Detlef; Enste, Dominik H.; Köneke, Vanessa (2010): *Fairness oder Effizienz? Die Sicht ökonomischer Laien und Experten*. München: Roman Herzog Institut.

Florida, Richard (2002): *The rise of the Creative Class – and how it's transforming work, leisure, community and everyday life*. New York: Basic Books.

Frey, Bruno (2008): *Happiness – A Revolution in Economics*. Cambridge (MA) & London: MIT Press.

Friebe, Holm; Ramge, Thomas (2008): *Marke Eigenbau – Der Aufstand der Massen gegen die Massenproduktion*. Frankfurt & New York: Campus.

Fromm, Erich (1980): *Haben oder Sein – Die seelischen Grundlagen einer neuen Gesellschaft*. 4. Auflage, München: dtv.

Fromm, Erich (1954): *Psychoanalyse und Ethik*. 2. Auflage, Konstanz: Diana.

Fürstenberg, Friedrich (1971): »Soziale Muster der Realisierung von Glückserwartungen«. In: Herbert Kundler: Anatomie des Glücks. Köln: Kiepenheuer & Witsch, S. 58-70.

Gabriel, Yiannis; Lang, Tim (1995): *The unmanageable consumer – Contemporary consumption and its fragmentations*. London et al.: Sage.

Gernert, Johannes (2007): »Die Mülltaucher«. In: *Tagesspiegel* 07.03.2007.

Gorz, André (2000): *Arbeit zwischen Misere und Utopie*. Frankfurt: Suhrkamp.

Halbach, Dieter (2010): »Geld, Subsistenz, Markt und freie Gabe«. In: *Oya* 3/2010.

Heckmann, Friedrich; Spoo, Eckart (Hrsg.) (1997): *Wirtschaft von unten – Selbsthilfe und Kooperation*. Heilbronn: Distel.

Helfrich, Silke (2009): »Die neue Erzählung des 21. Jahrhunderts«. In: *Contraste* 12/2009.

Heussen, Yana (2008): »Die Arbeiterin an der Arbeit«. In: *taz* 15.08.2008.

Hitschfeld, Oswald (2009): *Der Kleinsthof und andere gärtnerisch-landwirtschaftliche Nebenerwerbsstellen – Ein sicherer Weg aus der Krise*. 7. Auflage, Kevelaer: Organischer Landbau Verlag.

Hoffmann, Edward (2010): »Durch dick und dünn: Freunde für alle Jahreszeiten«. In: *Psychologie heute* 5/2010.

Hoffmann, Günter (1998): *Tausche Marmelade gegen Steuererklärung – Ganz ohne Geld: die Praxis der Tauschringe und Talentbörsen*. München: Piper.

Holm, Andrej (2010): *Wir bleiben Alle! Gentrifizierung – Städtische Konflikte um Aufwertung und Verdrängung*. Münster: Unrast.

Jahnke, Julia (2007): *Eine Bestandsaufnahme zum globalen Phänomen »Guerilla Gardening« anhand von Beispielen in New York, London und Berlin*. Humboldt-Universität Berlin.

Kahnemann, Daniel; Krueger, Alan B. (2006): »Developments in the measurement of subjective well-being«. In: *Journal of Economic Perspectives*, Vol. 1, S. 3–24.

Kasser, Tim (2002): *The high price of materialism*. Cambridge: Bradford.

Klein, Stefan (2009): »Wie kommt das Gute in die Welt?« In: *Zeit* 22.12.2009.

Lane, Robert E. (2000): *The loss of happiness in market democracies*. New Haven & London: Yale University Press.

Layard, Richard (2005): *Happiness – Lessons from a new Science*. London: Penguin.

Lessenich, Stephan (2008): *Die Neuerfindung des Sozialen – Der Sozialstaat im flexiblen Kapitalismus*. Bielefeld: transcript.

Liebl, Franz (2008): »Konsuminnovationen durch Cultural Hacking: Das Beispiel des Ikea-Hacking«. In: Richard / Ruhl 2008, S. 33–54.

Loewenberg, Stella (2010): »Weniger kaufen, mehr leben! Wirtschaftlicher Erfahrungsraum jenseits des Marktes«. In: *Oya* 3/2010.

Lutz, Burkart (1984): *Der kurze Traum immerwährender Prosperität*. Frankfurt: Campus.

Machatschek, Michael (1999): »Aus dem Geld sein in Südtirol«. In: Bennholdt-Thomsen 1999, S. 164–169.

Marguier, Alexander (2009): »Wir basteln uns eine Weltanschauung«. In: *Frankfurter Allgemeine Sonntagszeitung* 19.04.2009.

Maslow, Abraham (1970): *Motivation and Personality*. 2. Auflage, New York et al.: Harper & Row.

Meyer-Renschhausen, Elisabeth (1999): »Die Gärten der Frauen«. In: Bennholdt-Thomsen 1999, S. 120–136.

Meyer-Renschhausen, Elisabeth (2004): *Unter dem Müll der Acker – Community Gardens in New York City*. Königstein: Ulrike Helmer.

Mies, Maria (1994): »Brauchen wir eine neue ›Moral Economy‹?« In: *Politische Ökologie*, Sonderheft 6, S. 18 ff.

Mörtenböck, Peter (2008): »Hürdenläufe der Ermächtigung: Free Running und die Inanspruchnahme der Idee von Stadt«. In: Richard / Ruhl 2008, S. 261–270.

Müller, Christa (2002): *Wurzeln schlagen in der Fremde – Die Internationalen Gärten und ihre Bedeutung für Integrationsprozesse*. München: oekom.

Neef, Andreas; Burmeister, Klaus; Krempl, Stefan (2005): *Vom Personal Computer zum Personal Fabricator – Points of Fab, Fabbing Society, Homo Fabber*. Hamburg: Murmann.

Novy, Klaus; Prinz Michael, (1985): *Illustrierte Geschichte der Gemeinwirtschaft – Wirtschaftliche Selbsthilfe in der Arbeiterbewegung von den Anfängen bis 1945*. Berlin & Bonn: Dietz.

Nussbaum, Martha (1998): »Menschliches Tun und soziale Gerechtigkeit«. In: Steinfath, Holger (Hrsg.): *Was ist ein gutes Leben? Philosophische Reflexionen*. Frankfurt: Suhrkamp, S. 196–234.

Nussbaum, Martha (1999): *Gerechtigkeit oder Das gute Leben*. Frankfurt: Suhrkamp.

Oehmke, Philipp (2010): »Stadt der Gespenster«. In: *Spiegel* 1/2010.

Pflüger, Gernot (2009): *Erfolg ohne Chef – Wie Arbeit aussieht, die sich Mitarbeiter wünschen*. Berlin: Econ.

Pinzler, Petra (2010): »Wachstumsskeptisch – Eine Umfrage zeigt: Die Deutschen zweifeln am Kapitalismus«. In: *Zeit* 19.08.2010.

Plath, Hans-Eberhard (2000): »Arbeitsanforderungen im Wandel, Kompetenzen für die Zukunft – Eine folgenkritische Auseinandersetzung mit aktuellen Positionen«. In: *Mitteilungen zur Arbeitsmarkt- und Berufsforschung*, Vol. 4, S. 583–593.

Plöger, Peter (2010a): *Arbeitssammler, Jobnomaden und Berufsartisten – Viel gelernt und nichts gewonnen? Das Paradox der neuen Arbeitswelt*. München: Hanser.

Plöger, Peter (2010b): »Arbeit braucht Erfinder«. In: *Edition Le Monde Diplomatique*, Vol. 8: Nano. Gen. Tech., S. 28.

Poddig, Anna (2009): *Radikal mutig*. Berlin: Rotbuch.

Rawls, John (1975): *Eine Theorie der Gerechtigkeit*. Frankfurt: Suhrkamp.

Reader Selbstorganisation. Bei www.alltagsalternative.de.vu.

Reynolds, Richard (2009): *Guerilla Gardening – Ein botanisches Manifest*. Freiburg: Orange Press.

Ribolits, Erich (1997): *Die Arbeit hoch? Berufspädagogische Streitschrift wider die Totalverzweckung des Menschen im Post-Fordismus*. 2. Auflage, München & Wien: Profil.

Richard, Birgit; Ruhl, Alexander (Hrsg.) (2008): *Konsumguerilla – Widerstand gegen die Massenkultur?* Frankfurt & New York: Campus.

Rifkin, Jeremy (2004): *The End of Work – The decline of the global labor force and the dawn of the Post-Market Era*. 2. Auflage, New York: Penguin.

Scherhorn, Gerhard (1997): »Das Ganze der Güter«. In: Meyer-Abich, Klaus Michael (Hrsg.): *Vom Baum der Erkenntnis zum Baum des Lebens – Ganzheitliches Denken der Natur in Wissenschaft und Wirtschaft*. München: Beck.

Scherhorn, Gerhard (2007a): »Das Ganze der Arbeit«. In: Lang, Eva; Busch-Lüty, Christiane; Kopfmüller, Jürgen (Hrsg.): *Wiedervorlage dringend – Ansätze für eine Ökonomie der Nachhaltigkeit*. München: oekom.

Scherhorn, Gerhard (2007b): »Wirtschaftliche Leitbilder und Einstellungen«. In: Moser, Klaus: *Wirtschaftspsychologie*. Heidelberg: Springer, S. 309–335.

Schor, Juliet (2010): *Plenitude – The new economics of true wealth*. London: Penguin.

See, Hans (1997): In: Heckmann/Spoo 1997, S. 50–72.

Sense.Lab e. V. (Hrsg.) (2009): *Fair, bio, selbstbestimmt – Das Handbuch zur Gründung einer Food-Coop*. Norderstedt: Books on demand.

Siefkes, Christian (2008): *Beitragen statt tauschen – Materielle Produktion nach dem Modell Freier Software*. Neu-Ulm: AG SPAK.

Siefkes, Christian (2009): »Von kopierbaren Dingen, offenen Produktionsstätten und berührbaren Bits«. In: *Contraste* 12/2009.

Siefkes, Christian (2010): »Was ist Peer-Produktion? Wie man nützliche Dinge herstellt – freiwillig und ohne Boss«. In: *Oya* 3/2010.

Spehr, Christoph (2010): »Die Produktdesigner«. In: *Freitag* 02.09.2010.

Spencer, Amy (2007): *The crafter culture handbook*. London & New York: Marion Boyars.

Stallman, Richard M. (2002): *Free Software, free society*. Boston: GNU Press.

Stehr, Nico (2007): *Die Moralisierung der Märkte – Eine Gesellschaftstheorie*. Frankfurt: Suhrkamp.

Stiglitz, Joseph E.; Sen, Amartya; Fitoussi, Jean-Paul (2009): »Report by the Commission on the Measurement of Economic Performance and Social Progress«. www.stiglitz-sen-fitoussi.fr/documents/rapport_anglais.pdf.

Stöcker, Christian; Lischka, Konrad (2007): »Hippe Handarbeit – Hacker zu Strickliseln«. *Spiegel online* 25.05.2007.

Strohschneider, Tom (2009): Der falsche Standard. In: *Freitag* 23.04.2009.

Teichert, Volker (2000): *Die informelle Ökonomie als notwendiger Bestandteil der formellen Erwerbswirtschaft – Zu den ökonomischen, sozialen und ökologischen Wirkungen informellen Arbeitens*. Berlin: WZB papers.

Thielemann, Ulrich (2009): *System Error – Warum der freie Markt zur Unfreiheit führt*. München: Westend.

Triebel, Claas (2010): *Mobil, flexibel, immer erreichbar – Wenn Freiheit zum Alb-traum wird*. Mannheim: Artemis & Winkler.

Vester, Michael (1998): Interview in *Psychologie Heute* 7/1998.

Voß, Elisabeth (2010): *Wegweiser Solidarische Ökonomie – ¡Anders Wirtschaften ist möglich!* Neu-Ulm: AG SPAK.

REGISTER

HANSER

Arbeit ohne Netz
und doppelten Boden

Plöger
**Arbeitssammler, Jobnomaden
und Berufsartisten
Viel gelernt und nichts gewonnen?
Das Paradox der neuen Arbeitswelt**
256 Seiten
ISBN 978-3-446-41767-0

Trotz Bildung nichts gewonnen – das ist heute die Realität, mit der immer mehr Hochqualifizierte zurechtkommen müssen. Sie leben mit schwankendem Einkommen, erratischen Arbeitszeiten und einer ungewissen Zukunft. Ihre Karrieren führen nicht mehr nach oben, sondern von der Uni ins Multijobbing, von der Akademie ins Prekariat.

Gesellschaft und Staat stehen damit vor Herausforderungen, denen die jüngsten Reformen nur unzureichend begegnen. Die Politik stellt sich taub für die speziellen Probleme der hochqualifizierten »Prekären«. Das ist fatal: Denn sie ignoriert damit vielleicht die Prototypen der Arbeitswelt von morgen. Die »Arbeitssammler« bringen für Arbeit- und Auftraggeber den Vorteil eines hohen Ausbildungsniveaus mit, verzichten dabei aber auf die teuren Privilegien eines »normalen« Arbeitsverhältnisses. Auf ihre Flexibilität und Eigeninitiative werden wir in Zukunft nicht verzichten können. Wohin aber geht eine Gesellschaft, in der auch Qualifikation immer weniger vor einer unsicheren Existenz schützt?

Mehr Informationen zu diesem Buch und zu unserem
Programm unter **www.hanser.de**

Der neue Generationenvertrag

Henzler/Späth
Der Generationen-Pakt
Warum die Alten nicht das Problem,
sondern die Lösung sind
ca. 208 Seiten
ISBN 978-3-446-42348-0

Immer weniger Berufstätige müssen für immer mehr Rentner aufkommen. Gleichzeitig leisten wir uns eine gigantische Verschwendung: Viele alte Menschen, die körperlich und geistig noch fit sind, verbringen Jahrzehnte im recht inaktiven Ruhestand.

Auf Dauer ruiniert das unseren Sozialstaat, wenn wir nichts tun. Herbert Henzler, Senior Advisor der Credit Suisse, langjähriger Unternehmens- und Politikberater, sowie der Politiker und Manager Lothar Späth machen in diesem Buch erfrischend konkrete Lösungsvorschläge.

Ein langes Leben ist nicht nur Geschenk, sondern auch Verpflichtung. Henzler und Späth zeigen in diesem Buch, wie wir den Ausgleich zwischen den Generationen bewahren können, und stellen eine politische Agenda für den demographischen Wandel auf.

Mehr Informationen zu diesem Buch und zu unserem Programm unter **www.hanser.de**